Das irische Jahrhundert

THE HULTON GETTY PICTURE COLLECTION

Das irische Jahrhundert

Michael MacCarthy Morrogh

Vorwort von Neil Jordan

Bildrecherche: Bill Bagnell
und Mick Farrelly

KÖNEMANN

Schmutztitel: Belfaster Kinder beim Straßenspiel. Titelseite: Heuernte um die Jahrhundertwende im Clogher-Tal, Grafschaft Fermanagh. Oben: Der Bischof der Church of Ireland, Lewis Crosby, und Gattin bei einer Ausstellung moderner Gemälde in Dublin, um 1950. Gegenüber: Kinder beim Erhaschen von Seifenblasen, die ein Dorfopa pustet.

First published in 1998
by George Weidenfeld & Nicolson Ltd
The Orion Publishing Group
5 Upper St Martin's Lane
London WC2H 9EA

Redaktion und Satz der deutschen Ausgabe:
Thomas Paffen Buchproduktion, Münster
Übersetzung aus dem Englischen: Caroline Gutbrod
Umschlaggestaltung: Peter Feierabend
Projektkoordination: Sylvia Hecken
Druck und Bindung: Nuovo Istituto d'Arte Grafiche, Bergamo
Printed in Italy
ISBN 3-8290-1454-6

10 9 8 7 6 5 4 3 2 1

INHALT

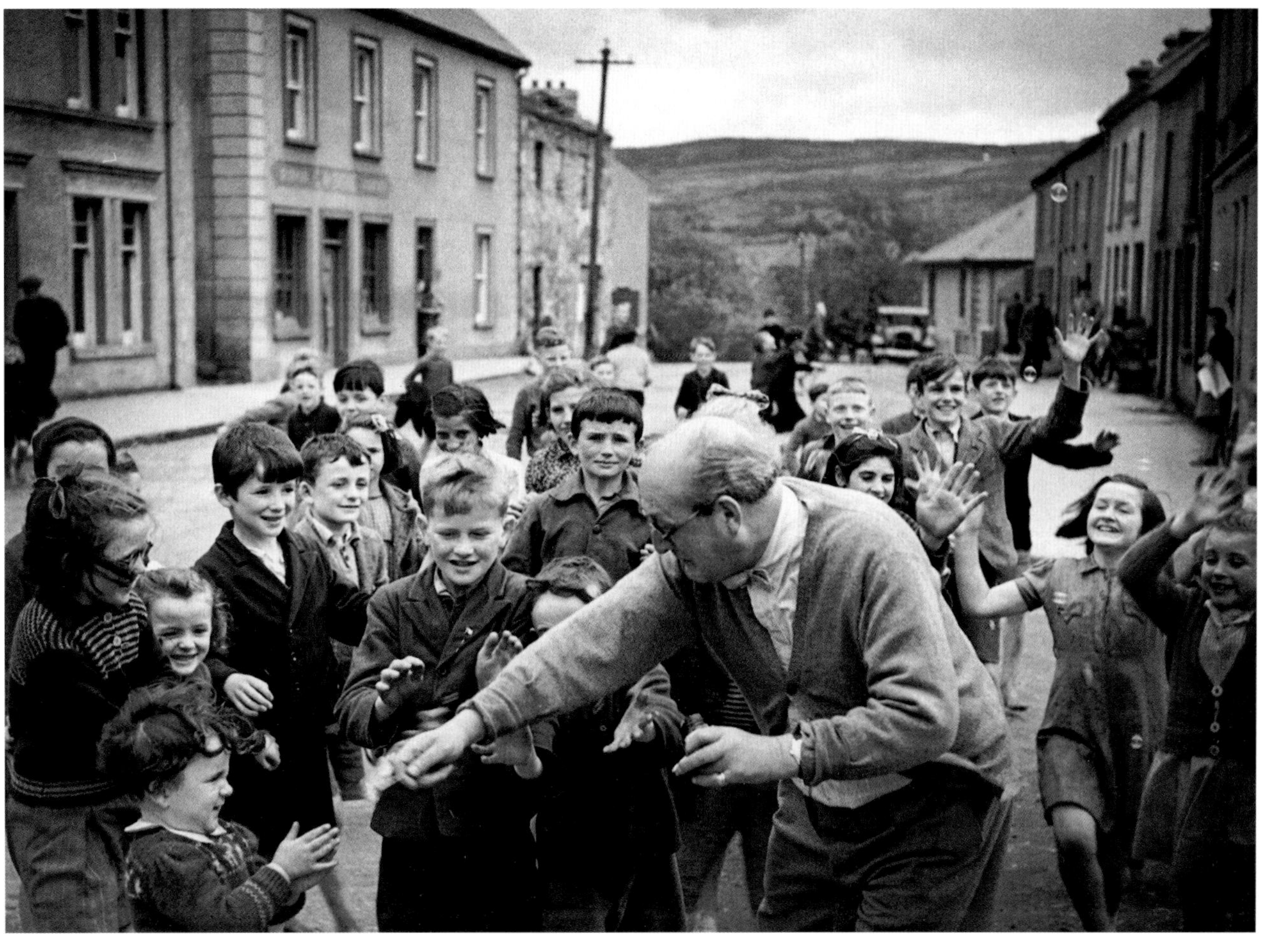

Vorwort

Das Jahr 1998 könnte möglicherweise das erste in der irischen Geschichte sein, in dem die Vergangenheit ihrem Namen wahrlich gerecht wird. Sie wird nicht mehr in die Gegenwart eindringen und ein Deckmäntelchen bieten, unter dem sich die Iren verstecken können, oder auch nur einen Schal, mit dem sie sich erdrosseln können. In den Gälischstunden in der Schule – ich habe von dem Schulsystem in der Republik Irland profitiert – gab es eine Zeitform, die mich immer verwirrt hat, sie wurde »gna-chaite« genannt. »Gna« bedeutet andauernd, und »chaite« bedeutet Vergangenheit. Ich bin zwar kein Grammatikexperte, aber ich glaube nicht, daß es in der englischen Grammatik eine Entsprechung gibt.

»Gna-chaite«: Der Ausdruck beschreibt eine Vergangenheit, in der man existiert, gegenwärtig ist – das erscheint völlig absurd. Aber das ist die Zeit, in der wir Iren leben mußten, eine Zeit, aus der wir nun ausbrechen.

Wie der unruhige Geist von Hamlet oder die Toten in Horrorfilmen, die nie zur Ruhe kommen, bringt eine Vergangenheit, die auf die Gegenwart übergreift, Monster hervor. Am Anfang des Buches steht das Bild einer Zwangsvollstreckung, und der Text beginnt dem Versuch des britischen Premierministers Gladstone, 1886 die Homerule durchzusetzen, und endet mit den Friedensverhandlungen der letzten Monate. Die Jahre dazwischen, in denen man diese Monster schon oft besiegt geglaubt hatte, werden sehr eindrucksvoll beschrieben und illustriert. Daß die Monster weiterlebten, sagt mehr über die Bedeutung der Geschichte, Erinnerung und Sprache für die Politik, als ich mir vorzustellen wage. Das »gna-chaite« lebte fort, ging um und sorgte gelegentlich für Ausbrüche von Gewalt. Nun bleibt nur zu hoffen, daß diese Macht ein Ende gefunden hat, daß das »gna-chaite« auf eine wunderschöne Sprache beschränkt bleiben wird und uns, wie der Blinddarm oder das Steißbein, an eine Aufgabe erinnert, die es einmal hatte.

NEIL JORDAN
Mai 1998

Gegenüber: Arbeiter in der Guinness-Brauerei in Dublin, fotografiert von Bert Hardy.
Folgende Seite: Ein Rundturm erhebt sich aus dem Wald von Glendalough, Grafschaft Wicklow.

Anmerkung des Herausgebers

Die in diesem Buch reproduzierten Fotografien stammen aus privaten und öffentlichen Archiven im Vereinigten Königreich und in der Republik Irland. Als Inspiration diente die Fotojournalismus-Sammlung der Hulton Getty Collection, die auf dem Gebiet der politischen Geschichte Irlands besonders umfangreich ist. Eine weitere wichtige Quelle waren die außergewöhnlichen Aufnahmen von Father Brown, der das irische Alltagsleben zwischen 1920 und 1940 mit besonderem Feingefühl festhielt. Darüber hinaus ist die Cashman Collection in den RTE Archiven eine hervorragende Quelle für Bilder aus dem Bürgerkrieg. Sean Sextons Bilder vom Leben im ausgehenden 19., frühen 20. Jahrhundert sind bemerkenswert. Auch George Duncan, Fotograf der Dubliner Gesellschaft, hinterließ eine beeindruckende Dokumentation Irlands in der Zeit von 1940 bis 1970. In den lebendigen Bilder des Hamburgers Klaus Francke kommen irische Bräuche und Traditionen besonders gut zum Ausdruck. Erwähnenswert sind schließlich die Porträts von Bobby Hanvey, der das Vertrauen der Unionisten ebenso wie der Loyalisten, Katholiken und Protestanten genoß.

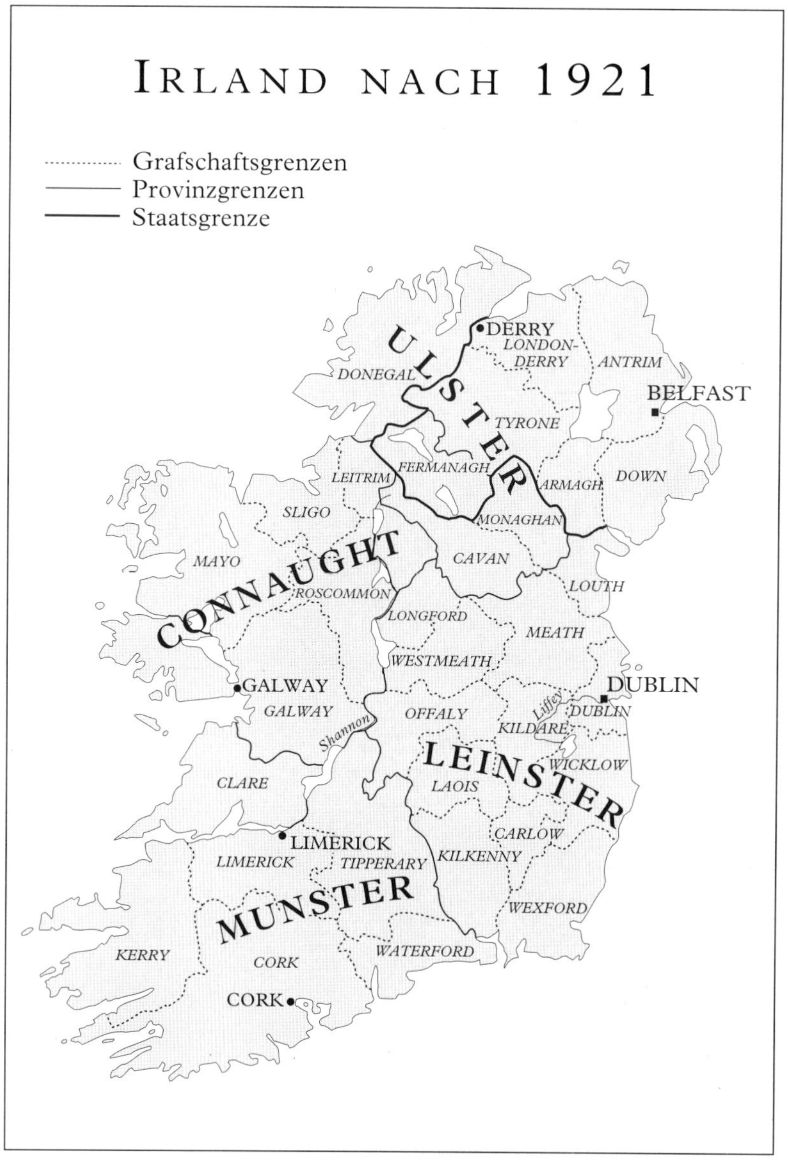

Ein Landhaus unter Belagerung. *An einem der Häuser auf dem Landgut Vandeleur kommt auf dem Höhepunkt der Auseinandersetzungen zwischen den Pächtern und den Grundherren Ende der 1880er Jahre ein Rammbock zum Einsatz. Die von der nationalistischen Land League als Plan of Campaign bezeichneten, von den Pächtern gemeinsam durchgeführten Aktionen zielten darauf ab, vor dem Hintergrund der Agrarkrise eine Pachtsenkung zu erzielen. Einige Grundherren gaben nach, andere dagegen forderten ihre Pacht und waren bei Nichterfüllung sogar bereit, die Pächter zu vertreiben. Rammböcke wurden nur selten eingesetzt, weil sie die Häuser beschädigten, aber einige Pächter verbarrikadierten sich tatsächlich in ihren Häusern und errichteten »regelrechte Festungen. Große Baumstämme und riesige Kalksteinplatten waren in vielen Häusern angebracht worden.« Die Land League nutzte solche Momente natürlich für Propagandazwecke. Das Foto mag heute gestellt erscheinen, es wurde jedoch während einer tatsächlichen Vertreibung aufgenommen.*

PROLOG

VON ALLEN GROSSEN MOMENTEN IM BRITISCHEN Unterhaus waren nur wenige so aufregend und spannungsgeladen wie der Moment, in dem der britische Premierminister William Ewart Gladstone den ersten Entwurf des Homerule-Gesetzes für die Selbstregierung Irlands einbrachte, der anschließend abgelehnt wurde. Die erste Lesung fand am 8. April 1886 um 16.30 Uhr statt. »In der Lobby herrschte reges Treiben«, berichtete ein Beobachter, »Fürsten, Botschafter, Abgeordnete und vornehme Ausländer drängten sich in der Halle und blockierten die Türen, um hereinzustürmen, sobald der Eingang freigegeben wurde.« Die Princess of Wales saß auf der Besuchergalerie für Frauen, wo auch Gladstones Frau schon so oft gesessen und die außergewöhnlichen parlamentarischen Schachzüge ihres Gatten verfolgt hatte.

Die Sitzreihen des Unterhauses waren bis auf den letzten Platz gefüllt, so daß man noch eine Reihe Stühle hinzugefügt hatte, die von den Abgeordneten schon am frühen Morgen mit darauf abgelegten Hüten reserviert worden waren. Ein erstaunlich neutraler Reporter der englischen Satirezeitschrift *Punch* berichtete, daß ein humorvoller Abgeordneter die Hüte vertauschte, als die Mehrzahl der Abgeordneten zum Frühstück gegangen war. Ein Mitglied des Oberhauses hatte sich ins Parlament einschmuggeln und Flugblätter verteilen können, die gegen die irische Unabhängigkeit gerichtet waren. Die irischen Abgeordneten nahmen sich seiner an: »Er wurde mitsamt den übriggebliebenen Flugblättern rausgeschmissen«.

Am späten Nachmittag betrat Gladstone mit seinem altmodisch hohen Kragen (ein Geschenk für Karikaturisten) und, völlig ungewöhnlich für ihn, einer Rose im Knopfloch das Unterhaus. Die Mitglieder der regierenden Liberal Party und ihres Koalitionspartners, der Irish Party, sprangen auf, jubelten ihm zu und schwangen ihre Hüte. Die Abgeordneten der Tory-Opposition saßen natürlich unbewegt auf ihren Plätzen, ebenso eine unheilvoll wirkende Gruppe auf den hinteren Regierungsbänken. Angeführt wurden diese aufsässigen Unabhängigkeitsgegner – sie fühlten sich miteinander etwas unwohl, verband sie doch ansonsten keinerlei Gemeinsamkeiten – von Lord Hartington, dem ältesten Sohn des Duke of Devonshire und Repräsentanten der Whigs, und Joseph Chamberlain, der seit seinem Eintritt ins Parlament im Jahre 1876 der Schrecken der Großgrundbesitzer war und deswegen den Spitznamen »Radical Joe« trug.

Mit Hilfe seiner Spezialmischung aus rohen Eiern und Sherry hielt Gladstone eine dreieinhalbstündige Rede, die allgemein als die beste in seiner – bis zu seinem Ruhestand 1894 – 63jährigen Karriere angesehen wurde. Die zentrale Aussage war, daß es Zeit sei, das Ziel der wichtigsten irischen Partei durchzusetzen und den Iren eine gewisse Unabhängigkeit zu gewähren. Dazu müsse zunächst in Dublin ein Parlament eingerichtet werden, das über Fragen der irischen Innenpolitik entscheiden sollte; Fragen, die das britische Empire betrafen, also Außen- und Verteidigungspolitik, sollten nach wie vor in Westminster entschieden werden. Dieses Parlament sollte also mehr sein als eine Wiedereinsetzung des Parlaments, das bis zum Act of Union im Jahre 1800 in Dublin getagt hatte. Es bedeutete nicht die Unabhängigkeit Irlands, aber doch mehr als nur eine Er-

Der Grand Old Man. *Gladstone gegen Ende seiner 63 Jahre währenden Karriere in der Politik. In dieser Zeit war er viermal Premierminister, zuletzt mit 84 Jahren. Auf diesem Bild hat Gladstone seinen Hut abgenommen und entblößt den »sagenhaften Kopf«, der 20 000 Bücher gelesen hat und eine endlose Flut von gesprochenen und geschriebenen Worten hervorbrachte, während er das mächtigste Land der Welt regierte.*

Auf dem Weg ins ferne Amerika. *Im Hafen von Queenstown in der Nähe von Cork, dem wichtigsten Auswanderungshafen, erwartete die Iren eine letzte Erniedrigung: eine Augenuntersuchung durch den Schiffsarzt auf ein Glaukom. Die Auswanderung wurde zum Sicherheitsventil gegen Überbevölkerung. Die Bevölkerungszahl sank in der Zeit der großen Hungersnot in den 1840er Jahren bis 1960 von 8 auf 4,5 Millionen. Die junge Bevölkerung stellte den Großteil der Emigranten: »Die erste Wahl, die Blüte des Landes sozusagen, verläßt das Land.«*

[FOTO: FR. BROWNE S. J.]

weiterung der Regionalregierung. Das Hauptzugeständnis war die Gründung eines gesetzgebenden Organs, eines Parlaments, das die irische Verwaltung ernennen und kontrollieren sollte.

Der Wunsch der Iren, im Rahmen der Verfassung und mit friedlichen Mitteln eine Form der Selbstregierung zu erreichen, war nicht neu. Nachdem Daniel O'Connell 1829 die Katholikenemanzipation, das Recht der Katholiken auf Vertretung im Parlament, erreicht hatte, setzte er alles daran, die Union mit Großbritannien zu beenden. Irland sollte wieder ein Parlament haben, diesmal jedoch sollten auch Katholiken zugelassen und somit die gesamte Bevölkerung vertreten sein. O'Connell hatte jedoch nicht bedacht, daß Irland mit Aufhebung der Union nicht nur sein Parlament, sondern auch eine von London ernannte und von dort kontrollierte Exekutive zurückerhalten würde. Isaac Butt erkannte diesen Fehler und gründete zu Beginn der 1870er Jahre die Home Rule Party. Er hielt dies für sinnvoller, als O'Connells Bewegung wiederzubeleben, die in den 1840er Jahren an Schwung verloren hatte.

Kurz nach Butts Tod 1879 übernahm Charles Stewart Parnell, eine eindrucksvolle Persönlichkeit und von ähnlichem Charisma wie O'Connell, die Führung der Home Rule Party. Mitte der 1880er Jahre hatte er die Partei so gut organisiert, daß er mit Hilfe des neuen Wahlrechts eine klare Mehrheit von 85 der 103 irischen Sitze im Parlament gewann. Mit Ausnahme des nordöstlichen Teils der Provinz Ulster konnte sich Parnell als Vertreter Irlands bezeichnen. Dank der Unterstützung des britischen Premierministers schien es, daß das Homerule-Gesetz im Sommer 1886 verabschiedet werden würde.

Aber Gladstone hatte, wahrscheinlich mehr als Parnell, die Unbeliebtheit des Gesetzes in England unterschätzt. Für die Anhänger der Homerule handelte es sich um eine Frage der Gerechtigkeit. Mehr als vier Fünftel der Bevölkerung hatten sich dafür ausgesprochen. Die Haltung der Provinz Ulster, so dachte man, sei hauptsächlich Wichtigtuerei; schließlich könne nicht der Schwanz mit dem Hund wedeln. Sollte das Gesetz durchfallen, würde Irland wieder von einer Zwangsregierung unterdrückt werden, die mit Notstandsgesetzen regierte, um die zu Recht enttäuschten Iren unter Kontrolle zu halten. Gladstone war der Ansicht, daß die Homerule die irische Frage löse und gleichzeitig der Fortbestand des Vereinigten Königreichs in seinem bestehenden Rahmen gesichert sei.

In der Öffentlichkeit unterstützte Parnell diese Ansicht, aber in seinen radikaleren Tagen hatte er deutlich gemacht, daß er die Homerule nur als einen Schritt zur völligen Unabhängigkeit betrachtete. Und dies war natürlich auch einer der Gründe, warum der Gesetzesentwurf in England auf Widerstand stieß. Er bedrohte die Einheit des Empire und des Vereinigten Königreichs. Der größte Alptraum ängstlicher Politiker: Ein Präzedenzfall könnte geschaffen werden und die Unabhängigkeit Vorbildcharakter für andere Länder haben. Wo sollte das enden? Außerdem, so das Argument, seien die Iren zwar in Irland in der Mehrheit, im Vereinigten Königreich jedoch, dem entscheidenden Maßstab, in der Minderheit und ihr Verlangen somit Verrat. Die Gefühle der Einwohner von Ulster wurden durch die geschickte Rhetorik von Lord Randolph Churchill aufgeheizt. Joseph Chamberlain wies auf die praktischen Schwierigkeiten hin, die die Homerule mit sich bringen würde. In einer Reihe glänzender Reden wurde die Frage erörtert, ob die irischen Abgeordneten weiterhin in Westminster vertreten sein sollten, wenn erst einmal ein Parlament in Dublin eingerichtet worden wäre – die gleiche Frage erhitzt heute die Gemüter, wenn die Frage der schottischen Unabhängigkeit erörtert wird. Und wie schon damals gibt es auch heute keine Antwort auf diese Frage.

Die radikalste, wenn auch selten geäußerte Meinung war, daß die Iren überhaupt keine Volksvertretung verdienten. Eines der viktorianischen Bilder von Irland war das eines häßlichen Landes, bevölkert von affenartigen Menschen mit niedriger Stirn, ausgeprägten

Kieferknochen und Stupsnasen, die mit ihren Handrücken über den Boden schleiften und unter ihren lumpigen Kleidern Donnerbüchsen, Spitzhacken und andere Waffen verbargen. In den 1880er Jahren hatte sich das Irlandbild normalisiert und war geprägt von einer wunderschönen präraffaelitischen Maid, »Hibernia«, trotzdem kam es gelegentlich noch zu Ausbrüchen von nationalistischen Rüpeleien. Der Marquis von Salisbury, Vorsitzender der Conservative Party, konnte seine Vorurteile immer moch kundtun, ohne den Verlust seines Ansehens zu riskieren. In einer sehr gelassen vorgetragenen Rede erklärte er, es gebe Rassen wie die Hottentotten und die Hindus – und die Iren –, die unfähig seien, sich selbst zu regieren. Die einzige Art, mit dem Land umzugehen, sei eine starke, imperialistische Kontrolle, verbunden mit der Verschiffung von einer Million überzähliger Iren in die Weiten von Manitobe in Kanada.

Im Zentrum der hitzigen, zwischen den beiden Lesungen stattfindenden Debatte im Unterhaus und den Treffen am Rande stand das völlige Unverständnis der Engländer gegenüber nationalistischen Gefühlen. Da sie seit fast tausend Jahren nicht für ihre Unabhängigkeit hatten kämpfen müssen, verstanden sie nicht, welche Emotionen die Liebe zum eigenen Vaterland in den Menschen wachrufen konnte. Teil des englischen Erstaunens, der Enttäuschung und schließlich Wut war die Feststellung, daß ein benachbartes Volk *freiwillig* die Verbindung zu dem überlegenen Land aufgeben wollte.

Alle Kommentatoren bestätigten, daß die Reden während der letzten Debatte überragend waren. Zum Schluß sprach Gladstone, diesmal dauerte die Rede »nur« eine Stunde und vierzig Minuten, beachtlich für einen 76jährigen. Sein letzter Appell war voller Überzeugungskraft und Schwung; er schloß mit den Worten: »Denken Sie gut darüber nach, denken Sie weitsichtig und vorausschauend, denken Sie nicht an heute, sondern an die Zukunft, bevor Sie diesen Gesetzesentwurf ablehnen.« Aber genau das tat das Parlament; der Entwurf wurde mit 341 zu 311 Stimmen abgelehnt.

1893 unternahm Gladstone einen zweiten Anlauf für ein Homerule-Gesetz; diesmal wurde es vom Unterhaus angenommen, obgleich es an einem Abend Prügeleien zwischen 40 Abgeordneten gegeben hatte, dann aber im Oberhaus von einer überwältigenden Mehrheit zurückgewiesen. Über Jahre hinweg war es unter Historikern beliebt, Gladstones Bemühungen als bloß wahltaktische Manöver abzutun – erfolglose Schachzüge, die auch noch zur Spaltung seiner Partei führten und diese zu einer sehr unbeliebten Politik trieben. Die Geschichte Irlands im 20. Jahrhundert scheint zu beweisen, daß Gladstones Versuche tatsächlich zum Scheitern verurteilt waren. »Wie verblendet von uns«, sagte König Georg V. 1930 zu Ramsey MacDonald, »Gladstones Homerule-Gesetz abgewiesen zu haben.«

KAPITEL EINS

ZWEI GESICHTER IRLANDS

DER WOHL GRÖSSTE ROMAN DES 20. JAHRHUNDERTS, *Ulysses* von James Joyce, spielt in Dublin im Jahr 1904. Joyce wählte dieses Jahr, weil er und Nora Barnacle zur selben Zeit Irland verließen; es steht auch für eine Zeit, in der im öffentlichen Leben nicht viel geschah. Dublin und der überwiegende Teil Irlands hatten nationalistische Angelegenheiten scheinbar zurückgestellt, das tägliche Leben nahm unbeeinflußt von den Äußerungen der Politiker seinen gewöhnlichen Gang. Unsere Vorstellung von der ruhigen und friedlichen Edwardianischen Zeit um die Jahrhundertwende wird durch die Vorgänge in Irland während der ersten Dekade des 20. Jahrhunderts nicht getrübt: immerwährender Sommer, in den Musikpavillons Hörner und Posaunen, die Frauen trugen Weiß, die Männer steife Strohhüte und die kleinen Mädchen Schürzen. Im Hintergrund eine Dampflokomotive und, eingehüllt in eine Staubwolke, die ersten Automobile.

Irland war allerdings nicht immer so friedlich und malerisch: Seine Geschichte verzeichnete Streit und Konflikte, Heimsuchungen durch wiederholte Invasionen, aber auch einige herausragende kulturelle Errungenschaften. Eine vorgelagerte Insel, die zu einer ebenfalls vorgelagerten Insel gehört – das erschien den Kontinentaleuropäern einigermaßen abgelegen. Polybius meinte, die Insel habe die Form eines Eies; gar kein so falscher Vergleich, obschon ihre Topographie eher einer Untertasse entspricht: ein sumpfiges und feuchtes zentrales Tiefland, umgeben von Hochland. Das Klima wird allgemein als mild, feucht und wechselhaft beschrieben, dessen einzige Konstante der Regen ist. Im Gegensatz zu den Briten jedoch freuen sich die Iren über Regen. Ihrer Ansicht nach macht Nieselregen einen Tag »mild«. Voller Stolz zeigen die Bewohner von Cork Besuchern den Mount Gabriel und erklären: »Wenn Sie den Berg sehen können, gibt es Regen, wenn Sie ihn nicht sehen können, dann regnet es bereits.« Vom Golfstrom erwärmt, weist die buchtenreiche Westküste gemäßigte Winter und eine üppige Vegetation auf. Über zwei Drittel der Fläche Irlands sind mit fruchtbarem Boden gesegnet, den Rest bedecken Moore, Berge und Buschwerk. Bäume hingegen sind selten; Irland ist das am geringsten bewaldete Land Europas.

Vor kurzem wurden nördlich von Dublin die Überreste einer römischen Festung entdeckt. Eine Art Siedlung kann jedoch nur sehr kurze Zeit bestanden haben, denn Irland gehörte nie zum Römischen Reich, obwohl Agricola im Jahre 81 n. Chr. eine Invasion erwogen hat. Damals erfolgten Eroberungen in umgekehrter Richtung: Im 4. und 5. Jahrhundert unternahmen die Iren Invasionen nach Westengland und Wales (wobei sie den späteren Nationalheiligen St. Patrick gefangennahmen). Die Scotii genannten Nordiren siedelten in Westschottland – das schottische Kintyre liegt kaum mehr als 20 Kilometer von der irischen Küste entfernt. Während Europa ins »finstere Mittelalter« stürzte, wurde Irland zum Bollwerk westlicher Zivilisation und des Christentums. Die »Insel der Heiligen und Gelehrten« entwickelte eine blühende Kultur, die sich auch im Ausland entfaltete.

Gute Zeiten. *Um die Jahrhundertwende erlebte Irland eine 20 Jahre währende Ruhepause; typisch für diese Zeit waren Feste wie dieses auf dem Schiff nach Bangor in der Grafschaft Down, anläßlich der Eröffnung einer genossenschaftlichen Bäckerei in Belfast, 1906. Damals war das Verhältnis zwischen Arbeitern und Geschäftsleitung in Irland im allgemeinen besser als in England.* [FOTO: F. J. BIGGAR]

Engländer während einer Rundfahrt *halten bei Kilcrea Abbey, 1859. Der Diener und der Esel der adligen Besucher warten hinter dem Torbogen. Die Abtei war 1465 von Cormac MacCarthy, Lord of Muskerry, für die Franziskaner erbaut worden. Der MacCarthy aus Blarney, der sich bei Elisabeth I. einschmeichelte, liegt hier begraben.* [FOTO: W. ENGLAND]

An einem heiligen Brunnen *(unten), 1900 – diese Szenen kann man im ländlichen Irland immer noch erleben, allerdings gegen den Widerstand der Kirche.* [FOTO: F. J. BIGGAR]

Das Hochkreuz von Muiredach *(rechts) in den Ruinen des Klosters Monasterboice in der Grafschaft Louth, das im 9. Jahrhundert errichtet wurde, zu einer Zeit, als das Christentum in Irland erblühte. Im Hintergrund steht einer der 65 nur in Irland existierenden Rundtürme, die sowohl zur Ehre Gottes als auch zum Schutz vor Wikingerüberfällen errichtet worden waren.*

Mönche und Missionare gingen nach Schottland, Nordengland und weiter auf den Kontinent; überall auf ihren Wegen gründeten sie Klöster. St. Brendan unternahm aufsehenerregende Seefahrten, später sagte man sogar von ihm, er habe Amerika entdeckt – tatsächlich jedoch handelte es sich wohl um Madeira. In Irland selbst schufen Mönche kostbare, mit Bildern verzierte Handschriften wie das Book of Kells.

Ein so weit entwickeltes Land schien den habgierigen Wikingern ein lohnendes Ziel. Im 9. und 10. Jahrhundert machten sie ihrem Ruf als Plünderer alle Ehre: das Kloster Clonmacnoise wurde zehnmal, Kildare sechzehnmal geplündert. Einige Wikinger blieben und gründeten in der Nähe von Flußmündungen kleine Siedlungen, die später zu Irlands bedeutendsten Städten wurden: Dublin, Cork, Waterford und Limerick. Die gälische Bevölkerung Irlands war mehr ländlich als städtisch und lebte von nomadenhaft betriebener Weidewirtschaft. Die fehlende politische Einheit erleichterte den Anglo-Normannen die Eroberung im 12. Jahrhundert. Die Normannen waren jedoch bald mit der gälischen Lebenswelt verschmolzen, weshalb im 16. Jahrhundert ein erneuter Eroberungszug nach Irland angebracht schien. Diesmal brachten die Eindringlinge aus dem Elisabethanischen England die neue Religion ihrer Königin mit, die fortan die Unterscheidung von Herrschern und Beherrschten sicherstellte. Mit Hilfe von Enteignungen und Gesetzen, die Katholiken zu Bürgern zweiter Klasse machten, geriet Irland im weiteren Verlauf unter die Kontrolle seiner protestantischen Herrscher.

Die industrielle Revolution ging an Irland nahezu spurlos vorüber, trotzdem stieg die Bevölkerungszahl bis zur großen Hungersnot 1846–49 kontinuierlich an. Während der Hungersnot starben etwa eine Million Menschen, und ebensoviele wanderten aus: Eine

Das berühmte Leinen aus Ulster *wurde aus heimischem Flachs hergestellt, den man in Teichen lagerte, damit die ungeeigneten Teile der Pflanze verrotteten. Er wurde mit Steinen beschwert unter Wasser gehalten, später von Männern aus herausgeholt (hier in der Grafschaft Antrim, 1910) und dann getrocknet. (oben) Der dabei entstehende Geruch war typisch für den Spätsommer im Norden.*

Getreide worfeln. *Ein weißbärtiger alter Mann trennt in einer fast biblisch anmutenden Szene in den Mourne Mountains mit Hilfe des Windes die Spreu vom Weizen, 1905 (rechts).*
[FOTOS OBEN UND RECHTS: W. A. GREEN]

Bevölkerung von ehemals 8 Millionen schrumpfte auf 6 Millionen. In den folgenden 100 Jahren ging die Bevölkerungszahl in Irland konstant zurück – eine Ausnahme unter allen Ländern Europas. Doch selbst nach solch schweren Zeiten Mitte des 19. Jahrhunderts unterschied sich Irland nicht gravierend von Großbritannien oder dem Rest Europas. Zweifellos gab es mehr arme Bauern, aber es existierten Städte (die ehemaligen Wikinger-Siedlungen) und die gewohnten Verkehrswege. Es gab Eisenbahnverbindungen, und selbst im gottesfürchtigen Norden verkehrten sogar am Sonntag die Züge. Zu allem Überfluß besaßen die irischen Gleise eine eigene Spurweite, darüber hinaus gab es zahlreiche reizende Kleinbahnen, deren außergewöhnlichste zwischen Listowel und Ballybunion verkehrte und auf nur einer Schiene fuhr: Um das Gleichgewicht zu wahren, mußten die Passagiere gleichmäßig auf die beiden Waggonseiten verteilt werden.

Auf lange Sicht betrachtet, befand Irland sich um die Jahrhundertwende inmitten einer ungewöhnlich ruhigen, 20 Jahre dauernden Ruhephase. Die Erregungen über Parnells Unabhängigkeitsbewegung, die der britische Premierminister Gladstone mit der Einbringung des Homerule-Gesetzes im britischen Unterhaus unterstützt hatte, war abgeebbt, die Wogen hatten sich geglättet, während

»Träge« Beete; *gehäufelte Kartoffelbeete entstanden aus dem Aushub der zwischen den Beeten verlaufenden Gräben, sie wurden oft mit Seetang gedüngt und an Hängen oder Klippen angelegt. Langgezogene brachliegende Beete kann man auch heute noch überall in Irland sehen, sie bezeugen die verzweifelte Suche nach mehr fruchtbarem Boden. Hier setzten zwei Frauen in der Grafschaft Antrim Kartoffeln mit für die Gegend typischen Spaten, 1905. Unter den knorrigen Bäumen liegen die Steine, die aus dem Feld gelesen wurden.*
[FOTO: R. WELCH]

Markttag *in einer kleinen Stadt in der Grafschaft Galway. Auf der großen Waage wurden Kartoffeln gewogen.*

Ein Handwebstuhl *für Tweed in einem Landhaus.*

Winterbrennstoff. *In der Grafschaft Kilkenny pressen Frauen Dung, Strohstoppeln und Mist zu Briketts, die im Winter verfeuert wurden. Zwei Männer sehen ihnen bei der Arbeit zu, einer sitzt auf einem Pferdewagen mit einer Sitzreihe vorne und hinten.*

Trocknender Torf *nach dem Stechen. Große Teile sowohl Mittel- als auch Westirlands waren Torfsümpfe. Torf war und ist ein wichtiger Brennstoff, denn die Wälder waren schon lange zuvor abgeholzt worden, und Kohle mußte importiert werden.*

Hand raus, Mike! *Der Verkehr bei St. Stephen's Green, einem der vornehmen Dubliner Plätze, ist auf diesem Bild von 1910 nicht sehr lebhaft.*

die Anzeichen eines sehr viel brutaleren Nationalismus noch eine Weile auf sich warten ließen. Königin Victorias Besuch um die Jahrhundertwende war ohne Zwischenfälle verlaufen – und das trotz ihrer Bedenken bezüglich der irischen Loyalität: Wann immer sie bei ihren (nach Alberts Tod seltenen) Auftritten in der Öffentlichkeit Buhrufe hörte, vermutete sie hinter den Gegnern »Sozialisten oder Iren von der übelsten Sorte«. Im Jahre 1904 hätten sicherlich viele Menschen darauf gewettet, daß die Frage der irischen Unabhängigkeit langsam in Vergessenheit geraten würde – nicht aufgrund bedeutender politischer Schachzüge, sondern einfach als Reaktion auf die lange Zeit der Stabilität. Es schien, als hätten sich die Menschen mit der Situation abgefunden. Darüber hinaus waren grundlegende Reformen eingeleitet worden, die den Nationalisten scheinbar den Wind aus den Segeln genommen hatten. Die Regierungen der Konservativen und Unionisten unter Lord Salisbury lehnten die Homerule strikt ab und waren bereit, mit allen Mitteln, notfalls auch mit Zwang für Ruhe und Ordnung zu sorgen. Hinsichtlich sozialer und wirtschaftlicher Belange waren sie jedoch sehr großzügig, denn das Schlagwort damals lautete: »Zum Schutz der Union – seid nett zu den Iren!«

Die Reformen umfaßten ein 1898 verabschiedetes Gesetz zur Kommunalverwaltung und verschiedene regionale wirtschaftliche Verbesserungen, letztere gegen den Widerstand starrköpfiger Bauern und spöttischer Kommentatoren. Der Autor George Moore verspottete Horace Plunkett, den Gründer der Genossenschaftsbewegung und irischen Landwirtschaftsminister, indem er ihn als Bouvard darstellte, die eine Hälfte von Flauberts ungewöhnlich einfältigem und eifrigem Gelehrtenpaar. Die weitreichendsten Reformen betrafen zweifellos den Landbesitz. Die vier irischen Provinzen – Leinster, Munster, Connaught und Ulster, mit einer Gesamtbevölkerung von 4,5 Millionen Menschen – waren überwiegend landwirtschaftlich geprägt. Im 19. Jahrhundert war die irische Frage für viele eine Frage des Landbesitzes: Sobald letztere geklärt wäre, würde erstere unbedeutend. Die Meinung war weit verbreitet, wenn auch selten geäußert, daß der Großteil irischen Grund und Bodens »dem Volk« gehören sollte und nicht den Grundherren, einem völlig

Zeitlos in Killarney; *auf einem Vorsprung von Lough Leane in der Grafschaft Kerry steht das von O'Donoghue Ross erbaute Ross Castle, das Ende des 16. Jahrhunderts den Brownes, elisabethanischen Siedlern, zugesprochen worden war, den späteren Earls of Kenmare. Befestigte Wehrtürme waren besonders im Südwesten weit verbreitet. Die neuen Besitzer bauten einen Flügel an die alte Burg an, übersiedelten aber im 18. Jahrhundert in ein neues Haus in der Nähe.*

Wohlhabende Feriengäste *vor ihrem Hotel. Zur Zeit von Königin Victoria und König Edward reisten viele wohlhabende Engländer im Sommer nach Irland, besonders nach Connemara und Kerry an der Westküste. Die Korbstühle gegen den Wind und die Mäntel der Kinder strafen die Sonnenschirme Lügen.*

Aus Grassoden gebaute Hütten *waren um 1910, als dieses Foto aufgenommen wurde, nur noch eine Touristenattraktion. Das kleine Mädchen, die Katze, die Gegenstände am Fenster, selbst das gute Wetter scheinen vom Fremdenverkehrsamt bestellt zu sein. Vor der großen Hungersnot gab es Tausende solcher Behausungen, aber Emigration, relativer Wohlstand und das Wetter besiegelten ihr Verschwinden.*
[FOTO: W. A. GREEN]

Viele Städtchen und Dörfer *waren so unwirtlich wie diese am Dorfrand gelegene Reihe strohgedeckter, einstöckiger Häuser mit schiefergedeckten Dächern zur Straße hin. Die auf der Straße spielenden Mädchen wurden sicher selten von Verkehr gestört.*
[FOTO: A. HOGG]

Das Familienleben *fand überwiegend am Herd statt. Das Feuer war oft auf Bodenhöhe, Töpfe und der Kessel hingen darüber oder darin. Einen Backofen gab es nicht. Alt und Jung unterhielten sich mit Geschichten und Liedern.*
[FOTO: R. SHAW]

fremden Teil der Bevölkerung, mit einer anderen Identität, Religion und einem weit entfernt liegenden Wohnsitz. Die großen Enteignungskampagnen im 17. Jahrhundert waren unvergessen, und die Erinnerung daran brodelte tief in den Herzen der Menschen. Der Unmut wurde durch die große Hungersnot 1846–49 und die im 19. Jahrhundert allgemein mißliche Lage der Pächter, deren Pacht oftmals gefährdet war und die ständig von Zwangsräumung bedroht waren, noch verstärkt. Die Ereignisse erreichten im sogenannten Landkrieg 1879–82 ihren Höhepunkt.

Der Krieg wurde von Gladstone mit Zuckerbrot und Peitsche beendet. Der Land Act von 1881 gab den Pächtern beschränkte Kontrolle über ihre Pacht; gemeinsam mit einem 1870 erlassenen ähnlichen Gesetz erhöhte dies ihre Sicherheit. Aber sollte das schon alles gewesen sein? Die Erinnerung an alte Zeiten blieb bestehen. Beide Gesetze beinhalteten eine Regelung, die den Erwerb von Land gestattete – die Regierung erwarb das Land von den Grundherren und verkaufte es an die Pächter weiter, die den Preis über einen festgelegten Zeitrahmen in Raten abzahlten, ähnlich wie man heute die Hypothek auf ein Haus abzahlt. Diese kluge Idee hatte in den 1840er Jahren der Nationalist Fintan Lalor entwickelt, und sie war später von englischen Radikalen wie John Stuart Mill und John Bright aufgegriffen worden. Gladstone hingegen glaubte an die inneren Werte des Grundherrentums, wenn man doch nur die irischen Grundherren davon überzeugen könnte, sich wie Musterengländer zu verhalten. Daher war er sehr zögerlich bei der Umsetzung dieser Regelung und unterlief sie schließlich dadurch, daß er sehr hohe Sicherheiten forderte. So konnten nur wenige Pächter das Angebot nutzen.

Die Tories erkannten schneller die mögliche Beliebtheit des Landerwerbs. Darüber hinaus war das Gesetz nicht nur hervorragend geeignet, die Unruhen auf dem Land zu befrieden, sondern auch ein Rettungsanker für die Grundherren. Es war zunehmend schwieriger geworden, die Pacht einzutreiben, und in ganz Europa lag die Landwirtschaft darnieder. In extremen Fällen wurden die Verwalter beschossen, oder man grub vor den Türen der Grundherren symbolische Gräber und boykottierte den gesamten Besitz. Das Wort »boykottieren« geht zurück auf die erste Anwendung dieser Maßnahme gegen den Pachteintreiber von Lord Erne in Roscommon, Captain Boycott. Die Gelegenheit, Land oder gar den gesamten Besitz zu verkaufen und Irland zu verlassen, muß für viele Adlige eine Erleichterung gewesen sein.

Durch eine Reihe radikaler Gesetze zum Landbesitz, angefangen mit einem Gesetz von 1885 über den sogenannten Wyndham Act von 1903 bis zu einem letzten Gesetz im Jahre 1904, wurde das Grundbesitzwesen in Irland revolutioniert. Das Grundherrentum wurde beseitigt und das ländliche Irland zu einer Nation von Eigentümern. Die Landfrage war tatsächlich gelöst.

Von den beiden irischen Lagern, die in diesem Buch betrachtet werden, den Unionisten und den Nationalisten, hatten die ersteren bis 1904 einen Großteil ihrer traditionellen Eigenschaften verloren. Die im wahrsten Sinne des Wortes anglo-irischen »Besitzer« Irlands verließen das Land. Endlich war es vorbei mit Grotesken wie der des dritten Earl of Kingston, der Mitchelstown Castle in der Grafschaft Cork bauen ließ und verlangte, es solle größer werden als alle anderen Häuser in Irland und rechtzeitig fertiggestellt sein, um George IV. bei seinem nächsten Besuch in Irland zu empfangen. Der König ist zwar niemals dort hingekommen, aber das hat »Big George« nicht davon abgehalten, trotzdem in sehr königlichem Rahmen Gäste zu

Cead Mile Failte, *hunderttausendmal willkommen, so wurde König Edward VII. 1903 an der irischen Westküste begrüßt. Bereits bei seinem ersten Besuch als junger Offizier der Grenadier Guards war er begeistert empfangen worden: von der Schauspielerin Nellie Clifden, die von Offizierskameraden in seine Unterkunft in Curragh geschmuggelt worden war. Ganz anders jedoch 1885, auf dem Höhepunkt von Parnells Homerule-Bestrebungen. Der Diener von Prinz Edward schrieb damals an Königin Victoria: »Die Unterschicht, die Lazzaroni aus Cork … benahmen sich wie wilde Rebellen.«*

empfangen. Das Ende kam, als seine treulosen Untertanen in der Wahl von 1830 nicht für seinen Kandidaten stimmten. Sie wurden in die große Galerie des Schlosses bestellt, und als sie sich gehorsam eingefunden hatten, bot sich ihnen ein ungeheuerliches Spektakel: Der Graf quiekte vor sich hin und hatte offensichtlich den Verstand verloren. Die Schriftstellerin Elizabeth Bowen beschrieb das Ereignis und erkannte ganz richtig, was an diesem Schicksal so interessant war: »Das Gefühl der Entwurzelung war allgemein verbreitet. Der Besitz war noch vorhanden, aber die Besitzer hatten ihre Macht verloren. Im Angesicht der Demokratie wurde Big George verrückt.«

Im weiteren Verlauf des 19. Jahrhunderts entwickelte sich die Demokratie konstant auf Kosten des Adels. Nach Ansicht von George Moore brachte die Landreform von 1870 die Wende. Davor war »Irland ein feudalistisches Land, und wir betrachteten unsere Pächter wie Tiere, die in Löchern in den Sümpfen lebten, aus denen sie zweimal im Jahr hervorkrochen, um ihre Pacht zu zahlen«.

Punchestown, April 1913. *Die Countess of Arran (Mitte) mit Freunden beim Kildare Hunt Hindernisrennen. Frauen wie Männer trugen imposante Hüte.*

Flache Jagdmützen *dominieren dieses Familienbild auf den Stufen von Clonbrock House in der Grafschaft Galway, aufgenommen um die Jahrhundertwende. Lord Clonbrock (links stehend) war wie seine Kinder begeisterter Fotograf. Eine seiner Töchter, Miss Ethel Dillon, lebte nach dem Tod ihres Bruders, des letzten Lord Clonbrock, bis 1926 allein in dem Haus. Die Achzigjährige hielt allein mit ihrem Butler in der Halle Morgenandacht, gemeinsam sangen sie Kirchenlieder und spielten abwechselnd Orgel.*

Nach Ansicht von Martin Ross, von dem Autorenpaar Somerville und Ross, brachte das Gesetz von 1872, in dem das geheime Wahlrecht garantiert und somit den Grundherren der Einfluß auf die Wahlen genommen war, den Durchbruch.

Die Gesetze zum Landerwerb vollendeten den Abstieg der Anglo-Iren von den Herren der Schöpfung zu einer sozial privilegierten Minderheit, die sich – mit einigen löblichen Ausnahmen – verzweifelt an das britische Oberhaus klammerte. Viele mußten verzweifelt kämpfen, um ihren Lebensstil aufrechtzuerhalten, und griffen zu zweifelhaften Mitteln. Der vierte Earl of Kingston, der Sohn von »Big George«, war durch eine Fehlinvestition ruiniert, verbarrikadierte sich aber mit Hilfe einiger adliger Gäste in seinem Schloß und widerstand zwei Wochen lang erfolgreich der Belagerung durch Gerichtsvollzieher und Kreditgeber. Sir John Blake von Menlough Castle in der Grafschaft Galway wurde hauptsächlich aus dem Grund Parlamentsabgeordneter, um durch die damit verbundene Immunität vor seinen Gläubigern geschützt zu sein. Die Bewohner seines Wahlkreises überbrachten ihm die Botschaft von seinem Sieg an einen nahe gelegenen Fluß, wo er, um den Gläubigern zu entgehen, in einem Boot saß. Ebenfalls in der Grafschaft Galway stand Tyrone House, eine weitere Schloßanlage. Am Ende des letzten Jahrhunderts jedoch lebte die Familie verteilt auf verschiedene Winkel des in Verfall geratenen Besitzes; gekocht wurde in einem offenen Kamin im obersten Stockwerk. Andere anglo-irische Familien, die ihr Land gegen Bargeld verkauft und noch einen zwölfprozentigen sogenannten Bonus hinzubekommen hatten, genossen zu Beginn des 20. Jahrhunderts eine kurze Wohlstandsphase. Einige modernisierten ihre Anwesen oder bauten gar neue Häuser, so beispielsweise Colonel Morgan, der in West Cork Hollybrook baute. Die weniger Pragmatischen verspielten ihre Gewinne: Ein irisches Mitglied des britischen Oberhauses begrüßte den Staatssekretär für Irland, George Wyndham, außer sich vor Freude in Monte Carlo mit den Worten: »George, George, der Bonus«, und zeigte dabei auf seine Chips.

Selbst unter normalen Umständen war das Leben auf irischen Landsitzen eher unbequem. Die meisten waren im Winter schrecklich kalt: Ein Besucher von Lord Drogheda reiste einst mit einem unbeschreiblich schweren Koffer an. Als die Angestellten ihn auf das Zimmer schleppten, brachen die Verschlüsse, und zum Vorschein kam ein großer Vorrat an Kohle. Auch das Hauspersonal stellte die Familien oft vor große Probleme; die höheren Angestellten waren meist Engländer, »aber die wirklich guten wollten nicht nach Irland«. Die Angestellten wechselten häufig, wer blieb, verblüffte häufig die Gäste: »Das Hausmädchen sah aus wie eine Karikatur von Disraeli im fortgeschrittenen Alter.« Die sanitären Anla-

gen waren meistens vorsintflutlich. Bowen's Court beispielsweise hatte noch bis in die 1930er Jahre kein Badezimmer, und in Cahirnane in Kerry gab es hingegen acht Toiletten: »Zwischen regennassen Lorbeersträuchern stand eine Reihe von kleinen Häuschen, das erste war riesig groß, das letzte hingegen nur für Kinder oder Zwerge geeignet.« Ein alter Mann mit Schirm begleitete bei Regenwetter die Damen und wartete dann vor der Tür, damit sie auf dem Rückweg nicht naß würden.

Obwohl in Dublin in der Umgebung des Castle zwischen Januar und Mitte März eine lebhafte Ballsaison gepflegt wurde – »unser Spielzeughof war fast so pompös wie der am Buckingham Palace in London« –, ging der höhere Adel anschließend nach London und an andere interessantere Orte. Trinity College in Dublin war zwar immer noch die Universität für Anglo-Iren, aber immer mehr Studenten gingen nach England oder auf andere Universitäten des Empire. Irland wurde zur Kinderstube, zum Sommerhaus und Alterssitz. Der Adel war nach wie vor unionistisch, aber die kleine Anzahl der Protestanten – 250 000 gegenüber einer halben Million Katholiken – bedeutete in Zeiten des allgemeinen Wahlrechts den politischen Untergang. Eine 1885 von den Irish Loyals und der Patriotic Union gegründete Aktionsgruppe bemühte sich vergeblich, die öffentliche Meinung zu beeinflussen.

Bowen's Court, Elizabeth Bowens Buch über ihre Familie, schließt mit einem hübschen Abgesang auf den anglo-irischen Landadel:

> »Ich denke, ich muß sie nicht verteidigen, und Sie werden vielleicht der Ansicht sein, ihr Verhalten sei ohnehin nicht zu verteidigen. Denn sie haben ihre bevorzugte Position unrechtmäßig erworben und sich ihrer mittels Privilegien erfreut. Sie haben zwar niemals das Unrecht verurteilt, das ihnen diese Vorteile verschafft hat, weil sie damit möglicherweise ihre Position gefährdet hätten, aber ebensowenig haben sie ihre Vormachtstellung ausgenutzt. Sie haben ihre Herkunft, Traditionen und Lebensweise in Ehren gehalten, wenn auch nicht unbedingt verteidigt. Wenn sie sich für etwas Besseres gehalten haben, dann waren sie doch immerhin darum bemüht, es auch tatsächlich zu sein; auch Eitelkeit erfordert Disziplin. Wenn sie selbst für ihre Schwierigkeiten verantwortlich waren, haben sie diese mit einer bewundernswerten Energie bekämpft. Sie haben es sich nicht leichtgemacht und nicht gejammert. Isolation, Egoismus und ein gewisser Mangel an Kultur haben in ihnen eine Unabhängigkeit geweckt, die heute immer seltener wird.«

Im übrigen Irland war der Unionismus auf die großen Städte beschränkt, seine Anhänger waren hauptsächlich Akademiker und In-

Traurige Terrier *und ein selbstbewußter dreinschauendes Kind, alle rausgeputzt in der Ponykutsche der Familie Hughes vor Dalchoolin House, Holywood, Belfast, 1908. Die Anglo-Iren liebten Pferde und Tiere über alles. Die Brüder Beresford ritten auf einem Schwein über Piccadilly in London und nahmen ein besonders geliebtes Pferd mit die Treppen hinauf in das Schlafzimmer ihrer Mutter. Arthur MacMorrough Kavanagh, ein beliebter Grundherr in Carlow, empfing seine Pächter an sonnigen Tagen in einem schwarzen Kittel unter einer Eiche im Hof seines Hauses zusammen mit seinem Bären.*

Treuebekundung auf Rädern, *zur Feier der Krönung von George V., 1911. Der Belfaster John Boyd Dunlop erfand 1889 in Belfast den pneumatischen Reifen und befreite so eine ganze Gesellschaftsklasse, nicht zuletzt auch die Frauen. (Dunlop taucht in Stewart Parkers vergnüglichem ersten Schauspiel* Spokesong *auf, und in Flann O'Briens* The Third Policeman *veranschaulichen solide schwarze Fahrräder die schreckliche Atomtheorie). In den letzten Jahren hat Irland solche international bedeutenden Radfahrer wie Sean Kelly und den Tour-de-France-Gewinner Stephen Roche hervorgebracht.*

dustrielle. Es gab jedoch eine Region in Irland, die bis auf die Knochen und durch alle Gesellschaftsschichten unionistisch und protestantisch war: die nordöstlichen Grafschaften der Provinz Ulster.

Es hieß, Ulster sei britisch. Seit der Besiedelung im 17. Jahrhundert wimmelte es dort von schottischen und englischen Familien, die Einheimischen wurden in die weniger fruchtbaren höheren Regionen verdrängt. Die Neuankömmlinge waren natürlich Protestanten, die Schotten trugen ihre calvinistisch-presbyterianische Überzeugungen bei – ein idealer Glaube für die unterdrückten Menschen Irlands. Obwohl die Siedler im 17. Jahrhundert gemeinsam den katholischen Widerstand bekämpften, waren sie sich keineswegs immer einig. Besonders die Nonkonformisten wurden zu Bürgern zweiter Klasse abgestempelt; sie hatten keinerlei Zugang zu der abgeschlossenen Welt der Anglikaner, die alle einflußreichen Positionen besetzt hatten. Durch diese Diskriminierung ermuntert, taten sich einige ihrer Anführer im ausgehenden 18. Jahrhundert mit den Katholiken zusammen und begannen, sich gemeinsam mit ihnen gegen die britische Regierung aufzulehnen. Der berühmteste dieser Aufstände fand 1798 statt. Das mag untypisch erscheinen für eine Gruppe, die sich später zu den Unionisten entwickeln sollte – tatsächlich fühlten sich die Protestanten unter den Rebellen nie wohl dabei, mit den Katholiken gemeinsame Sache zu machen, und die fast zeitgleiche Gründung des Orange Order 1795 beweist ja auch, daß die alte sektiererische Aspaltung schnell wieder die Oberhand gewannen.

Die sektiererische Angst vor den Katholiken vermischte sich mit

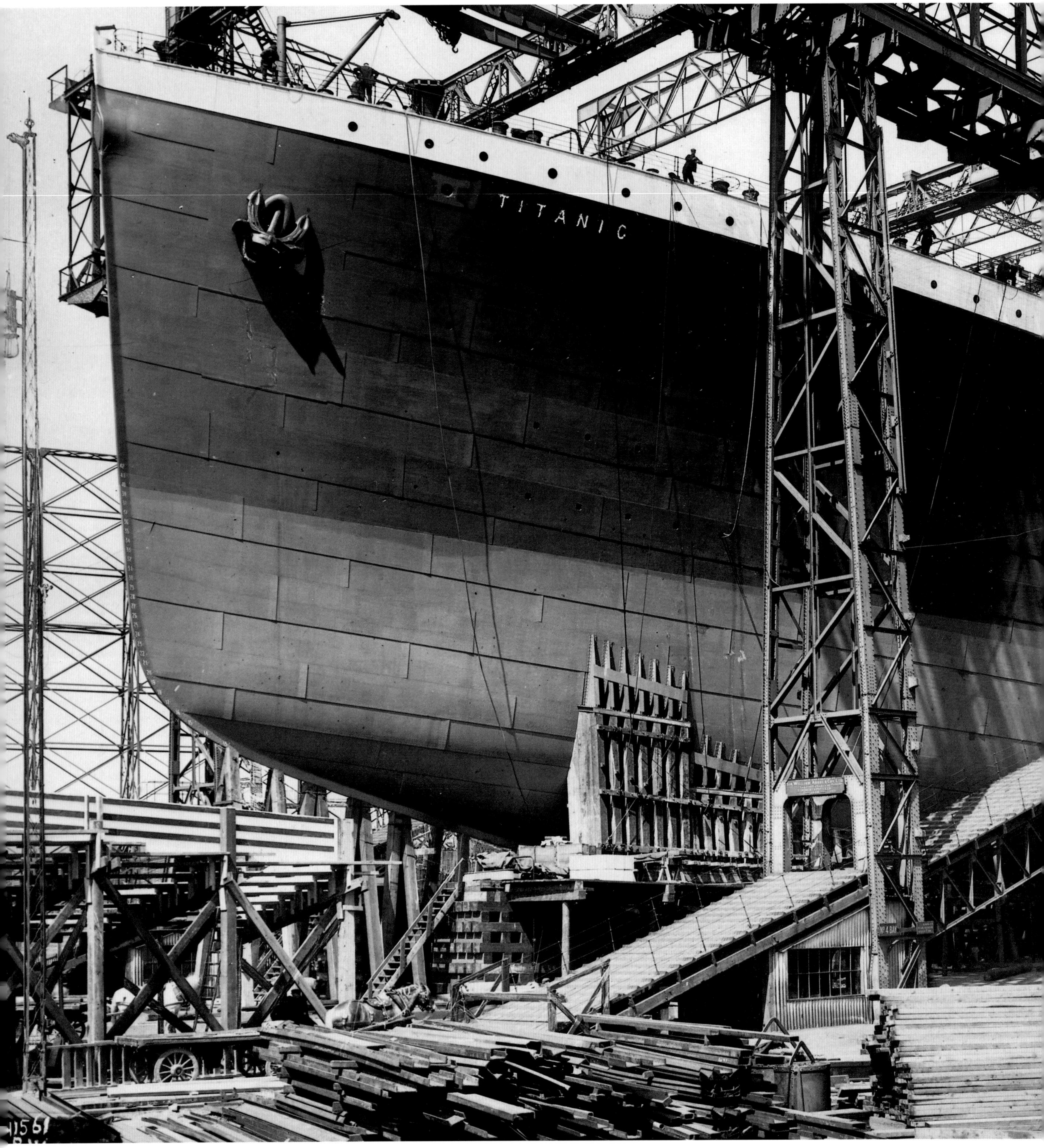
TITANIC

»Selbst der Papst könnte sie nicht versenken«, *brüllte 1911 beim Stapellauf der* Titanic *in Belfast ein begeisterter Schiffbauer. Damals verfügte die Stadt dank reicher Unternehmer und billiger Arbeitskräfte über die größten Werften weltweit – Kohle und Stahl mußten importiert werden. Die Werftarbeiter waren fast ausschließlich protestantisch, und als die Zahl katholischer Auswanderer besonders nach der großen Hungersnot stieg, kam es immer wieder zu Auseinandersetzungen zwischen den Konfessionen (1857, 1864 und 1886). Der zweite große Wirtschaftszweig im Norden war die Leinenproduktion, stellvertretend diese Belfaster Leinenweberei, 1911 (oben). Die Hugenotten hatten diese Technik im ausgehenden 17. Jahrhundert im Lagan-Tal in Frankreich entwickelt. Leinen blieb bis zum Beginn des 19. Jahrhunderts das Fundament der nordirischen Wirtschaft.*
[FOTO OBEN: A. HOGG]
[FOTO LINKS: R. WELCH]

einem Gefühl der Überlegenheit und dem Glauben, daß die protestantische Lebensweise der Nordiren durch jede Form der Selbstverwaltung in Dublin zerstört würde. Eine wirkliche Industrialisierung hatte nur im Nordosten des Landes stattgefunden – mit Belfast als einziger Industriestadt. In den 1850er Jahren wurde Belfast zu einem bedeutenden Werftenzentrum, zog Ingenieursbetriebe und Seilereien nach. Bis zum Jahr 1900 war die Einwohnerzahl von 19 000 innerhalb nur eines Jahrhunderts auf 400 000 angestiegen. Die Industrie im Norden war stark exportorientiert, hauptsächlich auf Märkte des Empire konzentriert, daher wehrte man sich gegen alle potentiellen Gefahren für den Handel, etwa die des Protektionismus, herbeigeführt durch eine eigenständige Regierung.

Ulster war jedoch keine homogene Region, neben den 900 000 Protestanten lebten dort 700 000 Katholiken. Belfast hatte eine bedeutende katholische Minderheit, die in klar abgegrenzten Stadtvierteln lebte. Die zweitgrößte Stadt der Provinz Ulster, Derry (von den englischen Landbesitzern Londonderry genannt), war sogar fast ausschließlich katholisch, wenngleich die öffentlichen Institutionen unter protestantischer Kontrolle standen.

Mit zunehmender Bedeutung der Homerule-Bewegung verstärkte sich auch der protestantische Widerstand in Ulster. Es ist kein Zufall, daß es im Norden, wo die Beziehungen zwischen Grundherren und Pächtern traditionell gut gewesen waren, kaum Auseinandersetzungen um Land gegeben hatte. 1886 kam es im Zusammenhang mit der Homerule-Bewegung zu Unruhen, die zu einem Teil auch von einem taktlosen Katholiken in Belfast ausgelöst

Gewaltbereite Nationalisten. *James Daly, eine treibende Kraft der Land League (links); Tom Clarke (Mitte) und Sean MacDermott (rechts) waren Mitglieder der IRB und wurden 1918 hingerichtet.*

Emigranten. *Oscar Wilde, dessen Bekanntheit zunahm (links), G. B. Shaw, dessen Glanz hier bereits verblaßt war (Mitte), und James Joyce, der im Geiste immer in Irland blieb (rechts).*

wurden. Er hatte darauf aufmerksam gemacht, daß die Protestanten ihre Vormachtstellung in bestimmten Berufssparten des Schiffbaus verlieren würden. Ein weiterer Grund für die Unruhen bestand in der merkwürdigen Vorstellung, daß die Polizisten der Royal Irish Constabluary katholische Schläger seien, vom Süden mit dem Ziel losgeschickt, die Protestanten niederzuschießen. Während der Unruhen in jenem Sommer starben 32 Menschen, eine Zahl, die erst im 20. Jahrhundert übertroffen werden sollte.

In Westminster kam es schnell zu einer Polarisierung der politischen Kräfte. Die irischen Liberalen wurden in den 1880er Jahren bedeutungslos, während Saunderson und seine unionistischen Anhänger Teil der Konservativen wurden. Im Mai 1886 drohte Saunderson mit bewaffnetem Widerstand gegen die Einführung der Homerule: Er erklärte, er werde ein 100 000 Mann starkes Heer unter der Führung so herausragender Persönlichkeiten wie General Lord Wolseley und 1000 übergelaufenen britischen Offizieren aufstellen. Im Gegensatz zu den Unruhen im Jahre 1914 war das meiste davon kaum mehr als Schall und Rauch, aber es verdeutlicht, wie ausgeprägt das Unionsgefühl in dieser Hinsicht war.

Zu Beginn des 20. Jahrhunderts war ein Teil der irischen Bevölkerung nicht nationalistisch, sondern entschieden unionistisch orientiert. Die Anführer dieser Gruppen waren möglicherweise sogar anglo-irischer Abstammung, aber aufgrund der Landgesetze mittellos. Die eigentliche wirtschaftliche und somit politische Unterstützung der Unionisten stellten die sturen Nordiren dar. Der Rest des Landes, also die überwiegende Mehrheit, war um 1900 ganz eindeutig nationalistisch. Politisch forderten sie größere Unabhängigkeit, soziokulturell eine eigenständige Identität Irlands gegenüber England.

Der irische Nationalismus hatte schon immer zwei Formen: Kampf mit verfassungsmäßigen Mitteln und Kampf mit körperlicher Gewalt. Die erste Form setzte sich für eine größere Unabhängigkeit Irlands ein, etwa als föderaler Staat, wie es beispielsweise die Anhänger der Homerule taten, oder als unabhängiger Staat. Wie dieses Ziel erreicht werden sollte, darüber waren sie sich jedoch einig: mit friedlichen, politischen Mitteln, also durch Überzeugung. Die zweite Form hingegen verurteilte konstitutionelle Mittel als uneffektiv und forderte den bewaffneten Widerstand der Iren. Auch das Ziel war radikaler: Gefordert wurde die vollständige Loslösung Irlands von Großbritannien und somit eine unabhängige Republik Irland.

Die republikanische Bewegung hatte ihre Ursprünge im späten 18. Jahrhundert, zur Zeit der Französischen Revolution. 1798 hatten sich die United Irishmen für die gewaltsame Errichtung einer unabhängigen irischen Republik eingesetzt; ähnliche Bewegungen waren während des gesamten 19. und noch im 20. Jahrhundert immer wieder entstanden. Sie sind auch heute noch in Nordirland zu beobachten.

Bis ins 20. Jahrhundert hinein waren diese gewaltsamen Aufstände erfolglos, sie stellten jedoch ein weiteres »Ruhmesblatt« in der Geschichte der Nationalisten dar: 1798 die United Irishmen, 1803 Robert Emmet, 1848 Young Ireland, 1867 die Fenier, die 1858 als Irish Republican Brotherhood, IRB, gegründet worden waren. Um die Jahrhundertwende sah es so aus, als seien die Tage der Gewaltbefürworter gezählt. Nach dem gescheiterten Aufstand von 1867 hatten sich die Fenier stärker den konstitutionellen Nationalisten in Westminster angenähert. In den 1880er Jahren wurden große Teile der Bewegung von Parnell vereinnahmt (schon die Größe der Bewegung allein verhinderte, daß sie jemals homogen sein konnte). Er überzeugte durch seine geschickte Führung, seine hervorragende, oftmals doppeldeutige Rhetorik, seine gelegentlich der Fenier-Sprache ähnelnde Wortwahl (insbesondere wenn er in den USA sprach), und befürwortete stets ausschließlich legale Aktionen. Parnells große Leistung bestand darin, daß er die beiden Seiten des irischen Nationalismus zu verbinden und in Westminster eine einzige Irish Parliamentary Party zu etablieren wußte, die mehrheitlich die Unterstützung der Iren genoß. Gewaltbereite Nationalisten waren natürlich nach wie vor aktiv, aber nur noch vereinzelt. 1882 ermordeten die »Invincibles« den Generalsekretär, indem sie ihm unter fasziniert-verabscheuender Teilnahme der Presse mit einem 18 Zentimeter langen Skalpell die Kehle aufschlitzten. Gemeine Bombenleger versuchten in den 1880er Jahren erfolglos, London Bridge, verschiedene Londoner Bahnhöfe und andere für das Empire bedeutende Einrichtungen in die Luft zu sprengen. Die Mehrheit der Fenier jedoch folgte bereitwillig dem Parteivorsitzenden und glaubte nur zu gerne, daß die Homerule der erste Schritt zur Unabhängigkeit sei.

Parnell leitete die Partei während der 1880er Jahre und gewann 1886 Gladstones Unterstützung für die Homerule-Bewegung. Parnells Karriereende 1891 war bühnenreif: Seine Scheidung wurde vor Gericht verhandelt, seine liberalen Koalitionspartner versagten ihm

die Unterstützung, dann stellte sich auch noch der Großteil der Iren gegen ihn; von der Kirche angegriffen, grämte er sich schließlich zu Tode. Diese schrecklichen Ereignisse waren zwar eine große Belastung für die konstitutionellen Nationalisten, brachten sie aber nicht zu Fall. Nach guter alter irischer Tradition spaltete sich die Partei; nur ein kleiner Teil der Mitglieder folgte Parnell. 1900 jedoch wurde die Partei unter John Redmond wiedervereint. Ihre Taktik bestand jetzt darin, auf die Wiederwahl einer liberalen Regierung zu warten und diese dann an Gladstones Versprechen zu erinnern.

Die IRB führte weiterhin ein Schattendasein (die Zahl ihrer Anhänger war immer schon ungewiß), gleichzeitig entstanden andere, zunächst unbedeutende republikanische Randgruppierungen. Der Burenkrieg in Südafrika machte die ersten Risse in der Einheit des Empire deutlich und gab solchen Bewegungen zusätzlich Aufwind. Eine dieser neuen Gruppen nannte sich Sinn Fein; sie war 1906 von dem Journalisten Arthur Griffith gegründet worden und setzte sich für eine relativ vage definierte irische Unabhängigkeit ein, die durch eine kuriose Politik der Enthaltung erreicht werden sollte: Alle Iren sollten sich von Ämtern in britischen Institutionen inklusive des Parlaments zurückziehen. Aber insgesamt übten diese Splittergruppen nur geringen Einfluß aus, vor allem im Vergleich zu den konstitutionellen Nationalisten, deren Politik und Taktik seit den 1880er Jahren unverändert geblieben waren.

Im kulturellen Bereich jedoch waren bedeutende Entwicklungen und Veränderungen durch den Nationalismus zu beobachten. Von Beginn der 1890er an bis zum Ersten Weltkrieg entstanden lebhafte literarische Aktivitäten überall in Irland, vor allem natürlich in Dublin, aber auch in Connaught in Westirland. Ihr Hauptziel war die Förderung einer eigenständigen irischen Identität, indem man die Menschen davon überzeugte, daß sie die Erben einer alten Zivilisation seien.

Drei einander teilweise ergänzende, teilweise widersprechende Faktoren beeinflußten diese Entwicklung. Da war als erstes die Suche nach einer irischen Literatur, die sich von der britischen, auf London konzentrierten Kunst unterschied. Die Renaissance der irischen Literatur beschäftigte sich hauptsächlich mit irischen Themen, allerdings über das Medium der englischen Sprache. Gälisch war kurz nach der großen Hungersnot Mitte des 19. Jahrhunderts ausgestorben, weil es mit Armut und Demütigung in Verbindung gebracht wurde. Nun erwachte ein wissenschaftliches Interesse an der Sprache – der zweite Faktor. Im Zusammenhang damit stand der dritte Faktor, das allgemeine und weitverbreitete wiedererwachte Interesse an alten irischen Spielen, an Kleidung und Gebräuchen.

Die schillerndste Persönlichkeit der ersten Gruppe, der anglo-irischen Literaturbewegung, war zweifellos der Dichter W. B. Yeats, der 1891 in London, wo er lebte, die Irish Literary Society gründete. Im darauffolgenden Jahr gründete er in Dublin die National Literary Society. Yeats stand im Mittelpunkt dieser Gruppe, der unter anderem Lady Gregory, AE (der Künstlername George Russells), J. M. Synge, George Moore und Edward Martyn angehörten. James Joyce hingegen gehörte dieser Gruppe definitiv nicht an, in seinem tiefsten Innern, so sagte er, hege er großes Mißtrauen gegenüber Enthusiasmen jeglicher Art. Oscar Wilde und George Bernard Shaw, die beide lange in England lebten, hatten nur wenig Kontakt zu der Gruppe, ebensowenig die Unionisten Somerville und Ross, die in ihrem Buch *The Real Charlotte* eine meisterhafte Beschreibung der anglo-irischen Welt lieferten.

Auf der Suche nach dem »irischen Geist« schrieb die Gruppe

Theaterstücke, Gedichte und zahlreiche Essays. Synge war der einzige erstklassige Bühnenschriftsteller, auch wenn Lady Gregory solo wie auch gemeinsam mit Yeats eine sehr viel größere Anzahl Stücke schrieb. Ihr eigentliches Verdienst bestand darin, daß sie die Gruppe motivierte und organisierte, darüber hinaus unterstützte sie unzählige Literaten finanziell. George Moore schrieb gemeinsam mit Yeats an einem Stück über die Legende von Diarmuid und Grania. Moore sollte das Stück in Französisch schreiben, Lady Gregory wollte es dann ins Englische übersetzen, damit Taidgh O Donoghue es ins Irische übertragen konnte. Abschließend sollte es von Lady Gregory wieder ins Englische rückübersetzt werden, während Yeats ihm den letzten Schliff gab. Moore hat mindestens einen Akt in Französisch geschrieben und am Ende seines autobiographischen Bandes *Ave* veröffentlicht (die Regieanweisungen beginnen mit *»une caverne«*), wenn auch nur, wie er behauptet, um seinen Lesern zu »beweisen, daß zwei solche verrückten Literaten wie ich und Yeats zur gleichen Zeit gelebt haben«.

George Moore stammte aus einer adligen (wenn auch katholischen) Familie und lebte im kulturellen Exil. Den Großteil seines Lebens verbrachte er in Paris und London, in den Jahren zwischen 1901 und 1910 kehrte er nach Dublin zurück und berichtete in *Ave* und den beiden Fortsetzungsbänden *Salve* und *Vale* auf wunderbar sarkastische Weise über diese Zeit. Schließlich floh er aber doch wieder aus Irland: »Seit ich nach Irland gekommen bin, haben alle davon gesprochen, etwas für Irland zu tun … alle persönlichen Erfolge zu opfern und sich vor Irland zu erniedrigen wie vor einem Gott. Schließlich bebte ich vor Angst, die grausame Cathleen Ni Houlihan könnte mich überflügeln. Sie war aus dem Nichts aufgetaucht, aus dem Nebel, um mich in Versuchung zu führen, um mich vergessen zu lassen, daß es die Pflicht eines jeden Iren ist, sich von allen Erinnerungen an Irland zu lösen, denn Irland ist eine tödliche Krankheit für die Engländer und für die Iren erst recht.«

Edward Martyn war ein weiterer Bühnenautor, der gemeinsam mit Lady Gregory und Yeats an der Gründung des Abbey-Theaters beteiligt war, das zum Nationaltheater Irlands werden sollte. (Über den Hauptgründer ist man sich niemals einig geworden.) Martyn, von der Aufführung des Yeats-Stücks *The Countess Cathleen* beeindruckt, telegrafierte an Moore (nach dessen Aussage): »Das Zepter der Intelligenz ist von London an Dublin übergeben worden.« Schließlich gehörte noch AE zu der Gruppe, ein mittelmäßiger Dichter, aber sehr erfolgreicher Journalist, der in Dublin eine einmalige Position genoß, weil er von fast allen seinen Zeitgenossen geschätzt wurde. AEs eigene Definition einer literarischen Gruppe: fünf oder sechs Menschen, die in derselben Stadt leben und sich von Herzen hassen.

Zumindest während der ersten Jahre war die Gruppe davon überzeugt, daß Phantasie wichtiger sei als Verstand. Daher interessierte sie sich sehr für Okkultismus, Magie, Feen und Folklore. »G. Russells Lieblingswort war ›schillernd‹, und wir warteten alle geduldig darauf. Es erschien auch tatsächlich nach nur fünf Minuten und dann in jedem zweiten Satz … es ist anscheinend die Farbe von allen Besuchern aus der Geisteswelt.« Diese Interessen führten manchmal zu einer Verwirrung zwischen Redner und Publikum. Yeats' erste Ansprache vor der Irish Literary Society behandelte das Thema »Das Auseinanderbrechen des menschlichen Geistes«. Einer der Zuhörer erinnerte sich Jahre später, daß Yeats über Feen gesprochen habe, insbesondere über die Feen in der Grafschaft Sligo. Der Großteil des Hokuspokus – Kreisbewegungen, große Räder,

William Butler Yeats, *ein Bild von einem Poeten mit gelocktem Haar, Kneifer und extravaganter Fliege, um 1900 (links). Ein amerikanischer Journalist schrieb zur gleichen Zeit, sein Gesicht spiegle »Stimmungen und Emotionen so deutlich wider wie das eines Schauspielers … eine feine, nervöse Anziehungskraft war in seinem Gesicht, seinen Worten und den sie begleitenden schnellen linkischen Gesten.« Seine unschätzbar wertvolle Kollegin und Gönnerin Lady Gregory (oben), deren praktische Natur dem Abbey-Theater in den ersten Jahren zu überleben half.* [FOTOS LINKS UND OBEN: G. C. BERESFORD]

Kabala und ähnliches – entsprang Yeats' speziellem Interesse, aber auch die Gruppe insgesamt hatte ein starkes Interesse an keltischen Sagen, ganz besonders an der von Cuchulainn, dem Helden von Ulster – dem gälischen Ulster. Die junge Generation konnte gar nicht anders, als von diesen faszinierenden Autoren beeinflußt zu werden.

Der zweite Faktor des kulturellen Nationalismus steht in Verbindung mit Douglas Hyde und der Gaelic League, die 1893 in Dublin gegründet worden war. Ihr Ziel war der Erhalt des Irischen (Gälischen) als Nationalsprache und das Studium der irischsprachigen Li-

Irischer Tanz, irischer Sport. *Eine Aufführung in der Grafschaft Antrim, 1900 (links). Der Steptanz kann bis ins 18. Jahrhundert zurückverfolgt werden. In den 1890er Jahren förderte die Gaelic League diesen typisch irischen schnellen Tanz mit komplizierten Fußbewegungen und herunterhängenden Armen. Jungen aus Kilkenny mit Hurlingschlägern, 1920er Jahre (rechts). Trotz der Anglikanisierung Irlands nach dem 17. Jahrhundert bestand Hurling besonders im Süden fort und lebte nach der Gründung der Gaelic Athletic Association durch Michael Cusack 1884 wieder auf.*
[FOTO LINKS: F. J. BIGGAR]
[FOTO RECHTS: FR. BROWNE S. J.]

teratur. Allmählich entwickelte sich bei der jüngeren Stadtbevölkerung ein gewisses Interesse am Irischen, erst langsam in den 1890er Jahren, dann schlagartig ab 1900. Der Schriftsteller Sean O'Faolain erinnert sich an die berauschende Begeisterung, die das Eintauchen in diese intime Gemeinschaft mit ihrer geheimnisvollen Sprache hervorrief. Damals änderte er auch seinen Namen John Whelan und benutzte danach die irische Form – ein weitverbreiteter Brauch unter gleichgesinnten jungen Männer und Frauen zu Beginn des 20. Jahrhunderts. Es wurde modern, Briefe in Irisch zu adressieren, was zunächst bei der irischen Post einige Verwirrung stiftete. Die ersten Schilder, Titel und Schlagworte in Irisch tauchten auf. Und schließlich gelang es Hyde 1909, Irisch zu einem Pflichtfach an der neuen National University zu machen.

Hyde, selbst Protestant, setzte sich mit aller Kraft dafür ein, daß die Irish League nichtkonfessionell und unpolitisch war. Mitglieder waren in den ersten Jahren sowohl Katholiken als auch Protestanten. Die protestantischen Anhänger gehörten jedoch im allgemeinen dem Adel von außerhalb der nordöstlichen Provinz an, und ihre Vorstellungen von einem neuen Irland, bevölkert von noblen Aristokraten und noblem Landadel, war wenig ansprechend für die protestantische Arbeiterschicht in Belfast. Und schnell geriet die Bewegung unter den Einfluß derjenigen, die der Ansicht waren, daß eine Organisation zur Förderung der irschen Nationalität politisch sein müsse.

Diese Ansicht entwickelte sich zu der verbreiteten Auffassung, daß alle Aspekte des irischen Lebens vom englischen Einfluß befreit werden sollten. Unter den schlechten Einflüssen der Engländer standen Spiele nichtirischen Ursprungs an erster Stelle. Erzbischof Croke nannte in diesem Zusammenhang »alberne ausländische Spiele wie Tennis, Polo, Cricket und Croquet«, und wir können noch Rugby und Fußball hinzufügen. Wahre Iren sollten die Nationalsportarten wie Hurling und Gälischen Football pflegen (letzterer ist in den Annalen der irischen Sportgeschichte nur schwer nachzuweisen). Michael Cusack gründete zur Förderung dieser Sportarten die Gaelic Athletic Association (GAA). Den Mitgliedern der Vereinigung war nicht nur verboten, an diesen fremden Spielen teilzunehmen, sie durften nicht einmal zusehen. (Diese Apartheid beim Sport lebte bis in die 70er Jahre unseres Jahrhunderts fort, wenngleich natürlich oft gegen sie verstoßen wurde.) Cusack war ein schwerer, bulliger, immer in irischen Tweed gekleideter Mann, mit einem Stock aus Schwarzdornholz und einem großen Hund. Er nannte sich selbst gerne den »Bürger« und wurde als solcher in dem Kapitel von den Zyklopen im Ulysses unsterblich: »Das da ist der Mann, sagte Joe, der dem gälischen Sport wieder zu neuem Leben verholfen hat ... Fangen sie also an und legen los über irischen Sport und britische Spiele wie Tennis und über Hurling und Steinstoßen und Bodenständigkeit und Wiederaufbau der Nation und all so n Krempel« [zitiert nach: James Joyce, Frankfurter Ausgabe, Werke 3.1, Frankfurt/M. 1975]. Die GAA fühlte sich ganz offensichtlich den radikaleren Nationalisten zugeneigt. Bei Parnells Beerdigung im Jahre 1891 marschierten 2000 Mitglieder der GAA mit trauerbeflorten Hurlingstöcken im Beerdigungszug mit.

Zu Beginn des 20. Jahrhunderts wurde die Forderung laut, daß man irisch sprechen und bis auf die Knochen katholisch sein müsse, um ein richtiger Nationalist zu sein. George Moore erklärte man, »Plunkett ist Protestant, und ein Protestant kann Irland niemals wirklich verstehen«. Die literarische Bewegung von Yeats und Co. wehrte sich vehement gegen diese Tendenz. Sie alle, einschließlich Lady Gregory und Synge, die ins Irische übersetzten, waren sich darüber im klaren, daß Englisch für fast alle Iren die Muttersprache geworden war. Sie glaubten an die Homerule, unterstützten die Irish Party in Westminster, widersetzten sich jedoch einer Übernahme der kulturellen Renaissance durch die extremen Nationalisten. Nur J. M. Synge war anscheinend desinteressiert an allen politischen Lösungen. Sein Bruder schrieb über ihn: »Er wünschte sich, daß die Iren glücklicher und besser lebten, aber er wußte nicht, wie das erreicht werden sollte.«

Für die fortschrittlichen Menschen sollten die Geschichte geplündert, alte Manuskripte entdeckt, neue Stücke und Gedichte geschrieben werden, wobei aber nur die Siege und Heldentaten für die Öffentlichkeit gedacht waren. 1899 brachte sich Yeats mit seinem Stück *The Countess Cathleen* in Schwierigkeiten, weil er die Landbevölkerung nach Ansicht des Publikums, Mitgliedern der neuen

Mittelschicht, herablassend behandelt habe. Tatsächlich war Yeats' Haltung alles andere als arrogant. Er hatte eine unbeschreiblich romantische Vorstellung: Der irische Bauer war für ihn der edle Wilde, voller Unschuld, Genie und Poesie, unberührt von der korrupten Zivilisation. Jede seiner gestammelten Äußerungen war ein weiser Spruch, seine Lieder, die Gesänge der fili – der singenden Dichter der Vergangenheit. Das Publikum der Dubliner Theater begann bald, die Stücke von Yeats und Lady Gregory auf einer PQ-Skala (Peasant Quality, [»Bauernqualität«]) zu bewerten. In *The Countess Cathleen* hatte Yeats den Fehler begangen, sowohl gute als auch schlechte Bauern darzustellen.

Mit dem Stück *Cathleen ni Houlihan* stellte er seinen Ruf bei den Nationalisten wieder her. Die Hauptrolle des Stücks war genau auf die leidenschaftliche Nationalistin Maud Gonne zugeschnitten – seine große, aber unerwiderte Liebe. Die Botschaft des Stücks schien zu lauten, daß die jungen irischen Männer bereit sein sollten, für Irland zu kämpfen und zu sterben. Yeats' mystischer und glühender Text beeinflußte die gesamte nationalistische Bewegung. Selbst leidenschaftslose Anhänger der Homerule waren bewegt. Einer von ihnen sagte: »Auf dem Heimweg fragte ich mich, ob solche Stücke aufgeführt werden sollten, wenn man nicht einkalkuliert, daß die Bevölkerung tatsächlich aufsteht, schießt und erschossen wird.« Viele Jahre später, nach dem Osteraufstand von 1916, stellte Yeats sich diese Frage selbst:

Hat dieses mein Stück aufgestachelt
Einige der Männer, die von den Engländern erschossen?

Dies gemahnt uns daran, daß Gedichte durchaus ab und zu etwas bewegen können. Viele Republikaner hielten das Stück für »eine Art Sakrament«, »eine Art Evangelium«. Nach 1916 ließ Yeats in seinem Gedicht »The Rose Tree« Patrick Pearse, einen der Anführer des Aufstands, die Notwendigkeit eines Blutopfers erkennen.

Cathleen ni Houlihan war jedoch das letzte Stück, das den zeitgenössischen Nationalisten zusagte. Danach gingen die literarische Bewegung und die Verfechter eines irischen Irland zwei völlig verschiede Wege. Die Aufnahme von Synges Stücken verdeutlicht die unterschiedlichen Überzeugungen. Das erste seiner zwei kontroversen Stücke ist das 1903 aufgeführte *In the Shadow of the Glen.* Darin beschreibt Synge die Einsamkeit und Verzweiflung einer jungen Frau, die – wie bis vor kurzem in ländlichen Regionen Irlands noch häufig der Fall – mit einem alten Mann verheiratet ist. Am Ende brennt sie mit einem Mann ihres Alters durch. Das Thema wird sehr einfühlsam behandelt, der sexuelle Aspekt niemals direkt angesprochen, trotzdem löste das Stück unter den Nationalisten Empörung aus. So etwas durfte im heiligen Irland nicht geschehen. Der Anführer von Sinn Fein erklärte, das Stück sei unwahr, die durchgebrannte Frau eine Lüge, »denn wir alle wissen, daß irische Frauen die tugendhaftesten der Welt sind«.

Die Empörung war jedoch noch nichts im Vergleich mit der Reaktion, mit der *The Playboy of the Western Wold* 1907 aufgenommen wurde. Das Stück wirkte ähnlich verletzend wie *The Countess Cathleen,* weil es Bauern als erdverbundene Menschen ohne Ideale beschrieb, die lachten, fluchten und Damenbekleidung wie z. B. »Unterhemd« erwähnten. Lady Gregorys Telegramm an Yeats, der sich damals gerade in London aufhielt, lautete: »Die Zuschauer verließen bei dem Wort Unterhemd aufgeregt den Saal – stop – Was soll ich

tun?« Yeats telegrafierte zurück: »Behalt es an.« Demonstrationen und Gegendemonstrationen gingen weiter: Buhrufe während der Aufführung, betrunkene Studenten vom Trinity College stimmten »God Save the King« an. Nach seiner überstürzten Rückkehr aus London trat Yeats auf die Bühne, um mit den Protestierenden zu diskutieren – vergeblich. (1929 setzte er sich im Zusammenhang mit einer Aufführung von O'Caseys *The Plogh and the Star* noch einmal mit dem Publikum des Abbey-Theaters auseinander. Ein Aufschrei der Entrüstung war erklungen, weil die Männer von 1916 darin dessen Meinung nach nicht heldenhaft genug dargestellt worden seien. Bei dieser Gelegenheit brachte Yeats dem Publikum gegenüber seinen Abscheu zum Ausdruck mit den einleitenden Worten. »Sie haben sich wieder blamiert« – gerade so, als spräche er zu demselben Publikum wie 1907. Aber seine Worte fruchteten ebensowenig wie zuvor.) Das aufgebrachte Publikum hat es Synge nie vergeben, daß er Irland, wie es meinte, betrogen hat, indem er die Bauern als alberne Tölpel darstellte, was die Engländer – Gott bewahre! – zum Anlaß nehmen konnten, über die dummen Iren zu lachen.

Für Yeats und andere Literaten markierte der Protest gegen Synges Stücke den Bruch zwischen der literarischen Bewegung und den kulturell konservativen Nationalisten der Mittelschicht. Ironischerweise waren Yeats und Konsorten für diesen Nationalismus zum Teil mitverantwortlich. In den 1890er Jahren hatten sie für eine Rückbesinnung auf Irland und dessen eigenständige Kultur plädiert. 1907 verloren sie die Kontrolle über die Geister, die sie gerufen hatten. Der Journalist A. P. Moran beispielsweise hatte die Anglophobie noch verstärkt durch seine hervorragenden Wortschöpfungen und Spitznamen wie die »Grimmig-Guckenden« für Protestanten, »West-Brits« für Anglo-Iren (ein Ausdruck, der augenblicklich an das englische Wort twit, Trottel, erinnert und dadurch so erfolgreich war, daß er heute noch benutzt wird) und »shoneens« für katholische Iren, die britische Modeströmungen imitierten. All dies hat im Endeffekt zum Aufstieg Sinn Feins beigetragen, obwohl betont werden muß, daß diese winzige Gruppe vor dem Krieg nur eine unter vielen nationalistischen Gruppen ohne einen Sitz im Parlament war.

W. B. Yeats' Vision von Irland bestand aus einer Vielzahl von Symbolen; jetzt mußte er jedoch feststellen, daß diese Symbole von anderen Interessengruppen in einem ganz anderen als dem von ihm

Das Doppelleben *von Constance Gore-Booth, Countess Markievicz. Sie war die älteste Tochter eines anglo-irischen Baronet, war von Hauslehrern auf dem Familiensitz in Lissadel in der Grafschaft Sligo erzogen und 1887 bei Hofe eingeführt worden, wo sie auf Bällen und Empfängen verkehrte. 1900 heiratete sie einen polnischen Grafen, zog 1903 nach Dublin und entwickelte sich zum Schrecken ihrer früheren Bewunderer, unter ihnen Yeats, zu einer Feministin, Sozialistin und radikalen Nationalistin. Ihren letzten Ball besuchte sie 1908 im Dubliner Schloß; eine Freundin fragte sie später, ob es ihr gefallen habe, und sie antwortete: »Nein, ich hätte am liebsten alles in die Luft gejagt.« Links sehen wir sie mit anderen Förderern der Kultur, mit Kilts bekleidet. Beim Aufstand von 1916 kämpfte sie auf seiten der Irish Citizen Army und wurde zunächst zum Tode verurteilt. Bei den Wahlen zum Unterhaus 1918 wurde sie das erste weibliche Parlamentsmitglied, weigerte sich aber entsprechend der Sinn-Fein-Politik, ihren Sitz anzunehmen. Während des Unabhängigkeitskrieges wurde sie erneut inhaftiert. Die »rebellische Countess« vollendete die lebenslange Abkehr von ihrer anglo-irischen Abstammung, indem sie das anglo-irische Abkommen von 1921 als einen Verrat aller republikanischer Hoffnungen bezeichnete.*

gedachten Sinn gebraucht wurden. 1913 stellte er das Gedicht »A Coat« ans Ende seiner Gedichtsammlung *Responsibilities* [zitiert nach: Werner Vordtriede (Hrsg.), Yeats, Gesammelte Werke, Ausgewählte Gedichte, Neuwied, Berlin 1970]:

Ich machte ein Kleid für mein Lied
Ganz mit Besatz
Aus altem Mythenschatz
Vom Halse bis zur Ferse bestickt.
Doch die Narren erwischten es
Und taten sich damit gut
Als wäre es ihr eigenes.
Lied, laß es geschehn,
Es braucht ja mehr Mut
Nackend zu gehn.

Furchtlose Autofahrer, *1908: vom Irish Automobile Club durchgeführte Zuverlässigkeitstests. Mr. W. F. Pearce steuert das Auto Nummer 65, einen Gladiator mit 35/45 PS – der Name allein klingt schon nach den Pioniertagen der Verbrennungsmotoren. Mr. Straight und Mr. Ebblewhite nehmen die Zeit und kontrollieren die Leistungen. In schwierigen Momenten fehlte es nie an Helfern. Um die Jahrhundertwende wuchs zwar der kulturelle Nationalismus, aber für viele lag die Zukunft vor allem im Materiellen. »Die Autos jagten auf der Straße nach Naas Richtung Dublin dahin, so gleichmäßig wie Kugeln im Lauf«, schrieb James Joyce in »After the Race« aus seiner Kurzgeschichtensammlung* Dubliners *(1914).*

FORCE.
1914.

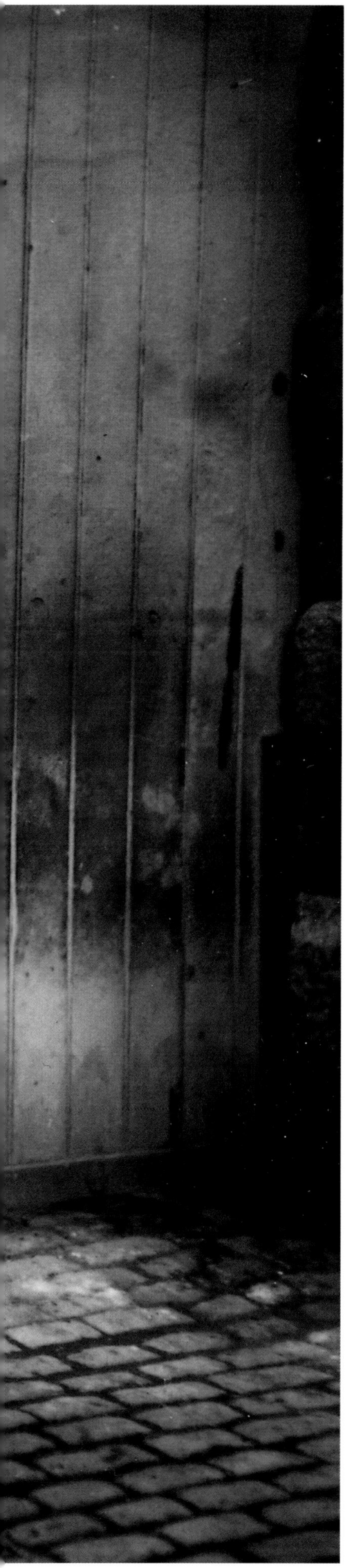

HOMERULE AUFGESCHOBEN: DIE ULSTER-KRISE 1911–14

Kasernentor zu! *Ein besorgter Soldat der King's Own Scottish Borderer schließt, nachdem Männer seines Regiments am 26. Juli 1914 in Howth nördlich von Dublin 4 Zivilisten erschossen und 38 weitere verwundet hatten, das Kasernentor. Ähnlich wie die Ulster Volunteers drei Monate zuvor in Larne, kauften die Freiwilligen aus Südirland Waffen bei Hamburger Händlern und hatten einen Teil in Howth an Land gebracht. Die Schmuggler wurden von Irish Volunteers empfangen, die der Polizei und den Soldaten zuvorgekommen waren und ihnen die Ladung wegnahmen. Zwei Kompanien der King's Own Scottish Borderers marschierten zurück zur Kaserne, gefolgt von der aufgebrachten Menge, die kurz darauf in der Nähe von Bachelor's Walk mit Steinen nach ihnen zu werfen begann. Major Haig befahl seinen Soldaten, die Straße zu sperren, und ließ dann das Feuer eröffnen. Das nationalistische Irland war empört: einerseits über diesen Vorfall, andererseits über die ausbleibende Reaktion der Regierung auf den Waffenschmuggel in Larne. Diese Empörung wurde noch genährt durch Balfours beiläufige Antwort auf die Forderung nach Gerechtigkeit von seiten eines irischen Parlamentariers: »Es gibt nicht genug Gerechtigkeit, daß es für alle reicht.«*

ZWEI UNSICHERHEITSFAKTOREN BEHERRSCHTEN DIE Vorstellung, daß es zur Homerule kommen würde, sobald die Liberalen an die Regierung kämen. Der erste bestand darin, daß die Partei insgesamt weniger enthusiastisch für die Homerule eingetreten war als ihr Vorsitzender Gladstone. Diese Zurückhaltung wurde besonders nach der Wahl von 1906 deutlich, aus der die Liberalen mit überwältigender Mehrheit gegenüber den Unionisten hervorgegangen waren. Nachdem sie nun die Irish Parliamentary Party nicht mehr als Mehrheitsbeschaffer im Unterhaus brauchten, rutschte die Homerule auf der Tagesordnung weit nach unten. Der zweite Unsicherheitsfaktor bestand darin, daß das Gesetz, wenn es denn überhaupt das Unterhaus durchliefe, im Oberhaus abgelehnt werden würde, wie es 1893 schon einmal geschehen war. 1910 hatten sich die politischen Verhältnisse jedoch geändert, und die Mehrheitsverhältnisse im Parlament hingen wie schon 1886 und 1892 wieder von den irischen Abgeordneten ab, die natürlich im Gegenzug für eine Unterstützung der Liberalen bei den Abstimmungen die Homerule forderten. Darüber hinaus hatten die Mitglieder des Oberhauses ab 1911 kein Vetorecht mehr, sondern konnten nun ein Gesetz nur noch für höchstens drei Parlamentssitzungen blockieren. Nach langer Zeit schien es endlich soweit zu sein: Nichts schien die Verabschiedung des Homerule-Gesetzes länger aufhalten zu können.

Das protestantische Ulster war jedoch ganz anderer Ansicht, ebenso der Teil der britischen Gesellschaft, der von der Tory Party und der Armee vertreten wurde. Diese drei Gruppen schlossen sich zusammen, um die ihrer Ansicht nach verfassungswidrige und illegale Homerule abzuwehren. Niemals zuvor seit dem 17. Jahrhundert hatte Großbritannien so kurz vor einer Revolution gestanden wie in diesen Jahren vor dem Ersten Weltkrieg. Es wäre eine Revolution von oben gewesen, ein Staatsstreich zum Erhalt veschiedener gesellschaftlicher und politischer Institutionen gegen den vom Parlament vertretenen Wunsch der Mehrheit.

Die aus neun Grafschaften bestehende Provinz Ulster war keineswegs ausschließlich unionistisch. Die Protestanten hatten eine Mehrheit von 55 Prozent in der Provinz (die als regionale Einheit nur Sinn für Sportveranstaltungen und sonst für gar nichts hatte), aber die Protestanten lebten fast ausschließlich in den vier östlichen Grafschaften. Geographisch betrachtet, war die Provinz nahezu exakt zweigeteilt: Die Katholiken lebten in den westlichen Grafschaften Tyrone, Fermanagh, Donegal, Monaghan und Cavan. Die Solidarität der Unionisten fand im Orange Order ihren Ausdruck, dem zwei Drittel aller protestantischen Männer angehörten (Katholiken wurden natürlich nicht aufgenommen, selbst wenn sie gewollt hät-

»Strohjungen« besuchen eine Braut *vor der Hochzeit in der Grafschaft Sligo, 1910. Was immer auch in der Politik geschehen mochte, die alten Bräuche wurden fortgesetzt. Die Strohjungen waren das irische Gegenstück zu den Sängergruppen, die in England an Weihnachten und anderen Feiertagen von Tür zu Tür zogen. Im Gegenzug für die gebotene Unterhaltung erwarteten sie Speise und Trank. In Irland war es darüber hinaus Tradition, daß gebildete, aber obdachlose junger Männer auf der Suche nach einer Unterkunft als Gegenleistung für Obdach musizierten und sangen – auch daraus mag sich der Brauch der Strohjungen entwickelt haben.*
[FOTO: W. A. GREEN]

Ausnehmen von Heringen *auf der Mole in Ardglass in der Grafschaft Down. Um die Jahrhundertwende war diese Industrie wiederaufgelebt, und nach langer Zeit legten in Ardglass und in Howth in der Grafschaft Dublin zum erstenmal wieder große Heringsfänger an. Der frische Hering wurde auf irische und englische Märkte gebracht, geräucherter Hering nach Amerika und Europa exportiert. Für kurze Zeit herrschten Vollbeschäftigung und relativer Wohlstand, in den 1920er Jahren war der Hering jedoch fast verschwunden.*

Die Porzellanmanufaktur Belleek *in der Grafschaft Fermanagh, 1905. Hier werden vor dem Brennen Griffe an Porzellankörben angebracht. Die 1863 gegründete Manufaktur war Irlands Antwort auf das Royal-Worcester-Porzellan. Die durchbrochenen Körbe mit zarten Blumen und Muscheln waren ein Muß für viktorianische Sammler und bescherten der Firma Belleek einen Platz unter den Großen der britischen Porzellanmanufakturen. Heute exportiert sie hauptsächlich in die USA.*
[FOTOS LINKS UND OBEN: W. A. GREEN]

ten). Die beiden Gesellschaftsgruppen unterschieden sich hauptsächlich durch ihre Konfession, darüber hinaus unterschieden sie sich weder in ihrer Sprache – sie sprachen Englisch – noch in ihrer Hautfarbe. Die Protestanten fühlten sich als Siedlerklasse und -rasse den besiegten irischen Katholiken, die in den Bergregionen ihre merkwürdige europäische Religion ausübten, weit überlegen. Widerstand gegen die Homerule-Bewegung bedeutete gleichzeitig Widerstand gegen die Fangarme des Vatikans. »Homerule bedeutet die Kontrolle durch Rom«, lautete das Schlagwort der Zeit. Die Durchsetzung der Homerule würde eine Regierung von Unfähigen in Dublin nach sich ziehen. Eine beliebte Karikatur zeigte das Parlamentsgebäude in Dublin inmitten verdreckter Straßen voller Pferdemist, mit zwischen den Pflastersteinen wachsendem Gras und an Laternenpfählen angebundenen Eseln.

Die Union wurde als Garant der protestantischen Vorrechte angesehen, was jedoch nicht bedeutete, daß die Unionisten in Ulster Großbritannien bedingungslos unterstützten. Die »Loyalisten« waren damals wie heute immer dann der Krone gegenüber loyal, wenn diese ihre Interessen vertrat, und zwar nach den Vorstellungen der Menschen in Ulster. Die Engländer hatten nicht immer Sympathie für solche Unterschiede – damals wie heute. Im 19. Jahrhundert untersuchte die Zeitschrift *Punch* die Bedeutung dieser Bezeichnung:

Loyal gegenüber wem und was?
Gegenüber der Macht, dem Mammon
Dem Land, dem Privileg, mit einem Wort sich selbst.
Wer alles an sich reißt, kontrolliert, genießt,
Dem fällt es leicht, loyal zu sein.

Zwei Mitglieder der Ulster Unionists, James Craig, später Lord Craigavon, und Major Crawford, später ein Waffenschieber, erklärten, lieber eine Union mit dem deutschen Kaiser eingehen zu wollen, als von John Redmond regiert zu werden.

1910 wurde Sir Edward Carson Vorsitzender der Ulster Unionists. Sein grimmiger Gesichtsausdruck, in den folgenden vier Jahren auf Hunderten von Fotos abgebildet, verkörperte den eisernen protestantischen Widerstand. Auf einigen dieser Fotos folgte ihm eine Gruppe bewundernder Ulster Unionists auf der Straße, auf anderen schlug er bei einer Protestkundgebung gegen die Homerule mit der Faust auf den Tisch oder beklagte die Feigheit der Regierung. Er war ein völlig kompromißloser Mensch, der niemals an seinen Überzeugungen zweifelte. Obwohl er so protestantisch war, wie man es sich in Ulster nur wünschen konnte, stammte er nicht aus Nordirland. Er war zunächst in Dublin, dann in London ein sehr erfolgreicher Anwalt gewesen und hatte sich nur darum bereit erklärt, Vorsitzender der Ulster Unionists zu werden, weil er davon überzeugt war, daß die Homerule gegen den Willen des Nordens nicht möglich sei. Er wollte durchaus nicht Ulster von den restlichen Provinzen abspalten, sondern mit genau dieser Drohung lediglich erreichen, daß ein ungeteiltes Irland Teil des Empire blieb. Er sah Ulster als ein Mittel, nicht als einen Selbstzweck.

1912 wurde der Druck mit Hilfe eines Gelöbnisses verstärkt, das sich vollmundig »The Solemn League and Convenant« [Der Ehrwürdige Bund und Pakt] nannte. Ein anderes nannte sich noch selbstherrlicher »Sacramentum«. Wie hochtrabend die Namensgebung auch gewesen sein mag, das Gelöbnis wurde von den Protestanten in Ulster sehr ernst genommen; nicht weniger als 471 444

»Was für ein schreckliches Gesicht«, *sagte Lady Fingall, Mitglied einer alten Familie in Irland, als sie Sir Edward Carson zum erstenmal sah. Er ist auf dem Bild sehr typisch getroffen (ganz links), seine Kleidung ist relativ modern. Der Abgeordnete der Universität Dublin war zwar aus dem Süden, unterstützte jedoch Ulster, um die »ruchlose Verschwörung« zur Durchsetzung der Homerule zu beenden. Neben ihm der Vorsitzende der Konservativen, Andrew Bonar Law, in Kanada geboren, jedoch Sohn eines presbyterianischen Ministers aus Ulster. Er trottet mit schüchterner Miene hinter Sir Edward her, was Asquith' Beschreibung von einem »buckelnden Ehrgeizling« zu bestätigen scheint. 1922 löste er Lloyd George als Premierminister ab, starb aber im darauffolgenden Jahr und wurde in Westminster Abbey beigesetzt. »Der Unbekannte Premierminister neben dem Unbekannten Soldaten.«*

Die massige Gestalt *von Captain James Craig (oben rechts, linke Seite), ein brillanter Geist, der sich völlig mit seinem Volk identifizierte. Er war der Sohn eines steinreichen Brennereibesitzers in Nordirland, hatte erfolgreich am Burenkrieg teilgenommen und wurde 1906 Parlamentsmitglied. Anders als der Südire Carson, verstand er mehr vom Widerstand und beteiligte sich zwischen 1912 und 1914 an dessen Organisation. Später wurde er der erste Premierminister Nordirlands und zum Lord Craigavon erhoben.*

Lord Kitchener of Khartoum *mit der Countess of Ivenagh bei der Dubliner Pferdeschau, 1917 (unten rechts). Kitchener versinnbildlichte für die Öffentlichkeit die britische Armee – aus diesem Grund war auf dem berühmten Rekrutierungsplakat von 1914 auch Kitcheners drohender Finger abgebildet. Obwohl in Kerry geboren, würde er dem ebenfalls in Irland geborenen ersten Duke of Wellington zugestimmt haben, als er sagte: »Nur weil man im Stall geboren wurde, muß man noch lange kein Pferd sein.« Lady Ivenaghs Mann war der Vorsitzende der Brauereidynastie Guinness.*

Homerule ahoi! *Der größte Befürworter der Homerule in der Regierung war der Erste Lord der Admiralität, Winston Churchill, hier vorsichtig auf einem Boot balancierend, das etwas kleiner ist als ein Schlachtschiff (links). Neben ihm Colonel Seely, der ungeschickte Staatssekretär im Kriegsministerium, der wegen der Curragh-Affäre entlassen wurde, als verschiedene Kavallerieoffiziere sagten, sie würden lieber zurücktreten, als zur Unterdrückung Nordirlands eingesetzt zu werden.*

John Redmond, *Vorsitzender der irischen Nationalisten im Parlament, beim Verlassen des Fahrzeugs, um seinen Preis entgegenzunehmen (unten, ganz links); sein Schicksal wollte es jedoch, daß seine verfassungsmäßige Partei bei den Wahlen 1918 von Sinn Fein völlig ausgelöscht wurde. Er starb im darauffolgenden Jahr und wurde lange Zeit von der Geschichtsschreibung des 20. Jahrhunderts ausgeblendet; erst seit kurzem erhalten seine Visionen und seine Rolle die ihnen gebührende Aufmerksamkeit.*

Lord Aberdeen, *der von den Liberalen 1906 wiedereingesetzte Vizekönig, hatte bereits 1886 in Irland regiert (unten rechts). Er war ein aufrichtiger Befürworter der Homerule. Er und seine Frau stifteten große Summen ihres Privatvermögens für wohltätige Zwecke, erhielt von den Anglo-Iren dennoch nie die ihm gebührende Anerkennung. Lord Aberdeen war für seinen meisterhaft beherrschten Polkatanz gefürchtet – die Dubliner kannten die Schritte nicht –, und seine Partnerin hatte immer diesen »Gott steh mir bei«-Ausdruck im Gesicht. Lady Aberdeen engagierte sich für wohltätige Zwecke, so zum Beispiel für die Bekämpfung von Tuberkulose, obwohl es hieß, daß ihr enormer Einsatz den Eindruck erweckte, alle Iren seien schwindsüchtig.*

Befürworter unterzeichneten es – einige angeblich mit ihrem eigenen Blut. Das Gelöbnis verpflichtete alle Unterzeichner, die Homerule mit »allen für nötig befundenen Mitteln« zu bekämpfen. Diese Mittel waren oftmals sehr direkte: Der Earl of Antrim organisierte ein Treffen, auf dem er die drohende Gefahr für die Union erläutern wollte. Zu Beginn der Versammlung legte er einen Revolver vor sich auf den Tisch und erklärte: »Wer die Homerule erwähnt, wird erschossen.« Nach kurzem Schweigen löste sich die Versammlung auf.

Die Tories sorgten bald für Unterstützung der Ulster Unionists, was nicht überraschen konnte: Genau zu diesem Zweck hatte die Conservative Party 1886 ihrem Namen das Wort »Union« hinzugefügt. Eines ihrer radikaleren Mitglieder, Lord Randolph Churchill, sorgte im selben Jahr während einer Reise nach Belfast mit provokanten Reden und Aussprüchen wie »Ulster wird kämpfen, und Ulster wird recht bekommen« für Aufruhr. Das Ausmaß der außerparlamentarischen Unterstützung und teilweise auch der Sprachgebrauch der Opposition sowohl in England als auch in Ulster während dieser Ulster-Krise wurden immer extremer.

In gewisser Hinsicht betrachteten die Tories Ulster als ein Widerstandsmittel gegen die Liberalen: die üblichen Taktiken einer Oppositionspartei. Lord Randolph brachte diese Haltung 1886 in einem Brief an einen Freund zum Ausdruck: »Wenn sich Gladstone für die Homerule einsetzt, müssen wir die Protestanten-Karte spielen und zu Gott beten, daß wir ein As und nicht die Zwei auf der Hand haben.« 1912 jedoch gingen die herausragenderen Tory-Mitglieder – Andrew Bonar Law, der Nachfolger des Parteivorsitzenden Balfour, und der neue Favorit F. E. Smith (der »allzu leicht die Allüren eines Landbesitzers erworben hatte und fließend griechisch fluchen konnte«) – mit ihren Drohungen so weit, daß dies nicht länger nur als politisches Manöver betrachtet werden konnte. Im Juni 1912 verkündete Bonar Law auf einer Demonstration der Unionisten, daß »es gewichtigere Dinge gibt als die Mehrheit im Parlament«. Kurz darauf trafen die führenden Mitglieder der Konservativen in einer sehr viel größeren Versammlung auf dem Familiensitz der Churchills, Blenheim Castle, mit ihren Verbündeten aus Ulster zusammen; die Wahl des Ortes sollte sicherlich Winston Churchill ärgern, der damals gerade seine liberale Phase durchlief und einer der wenigen Regierungsminister war, die eine feste Meinung zur Homerule hatten. Während dieser Versammlung nannte Bonar Law die Homerule-Bestrebungen »korrupte Machenschaften des Parlaments« und fuhr dann noch eindeutiger fort, es sei gerechtfertigt, daß sich die Ulster Unionists solchen Bestrebungen mit allen zur Verfügung stehenden Mitteln, notfalls auch mit Gewalt widersetzten. »Welche Mittel die Ulster Unionists auch wählen mögen, ich werde hinter ihnen stehen.« Bei dieser Versammlung rief F. E. Smith Sir Edward Carson öffentlich dazu auf, »an die jungen Männer Englands zu appellieren«. 1913 forderte Lord Esher, daß Ulster nicht nachgeben sollte, »auch wenn die Wahl zum Unterhaus die gegenwärtige Regierung bestätigen sollte«.

Ganz offensichtlich hatten bei der Tory–Ulster-Verbindung die Emotionen rationale Argumente verdrängt. Die Koalition zwischen der Mehrheit im Parlament und der Mehrheit der Iren wurde als korrupt empfunden, nicht jedoch die umgekehrte Allianz zwischen einer Minderheit im Unterhaus und der in Irland. Die Krise in Ulster berührte einen wunden Punkt des Establishments. Zu Beginn des 20. Jahrhunderts hatte der Chauvinismus seinen Höhepunkt erreicht. Der Burenkrieg war eine schlimme Erfahrung gewesen und

Der König und alle seine Pferde. *König George V. und Königin Mary genießen den herzlichen Empfang in Dublin, 1911. Die 8. Irischen Husaren geleiten die Eskorte durch die Grafton Street (rechts). »Wie die meisten Iren damals war ich sehr stolz, zum Empire zu gehören«, schrieb Sean O'Faolain, um die Jahrhundertwende geboren und in den 1920er Jahren IRA-Mitglied. »Toll, das Drumherum, König, Königin, Grafen, Gräfinnen, Generäle, Admiräle, Soldaten, Kolonisten, Eroberer, alles.«*

hatte allen deutlich gemacht, wie brüchig das Empire geworden war; daher mußten alle die Einheit unterstützen. Wenn man den Ereignissen in Irland keinen Riegel vorschöbe, würden sich diese Tendenzen womöglich ausbreiten. Rudyard Kipling war nur einer von vielen, die in überlauten Gedichten den Loyalisten im Norden Unterstützung versprachen.

1886 waren vorsichtige Versuche unternommen worden, die Anhänger des Unionismus militärisch auszubilden, damit sie der Homerule Widerstand leisten könnten. Das wurde nun in viel größerem Maßstab wiederholt. An den Paraden des Orange Order hatten schon immer militärisch organisierte Einheiten teilgenommen, und so war es leicht, diese nun in eine offizielle protestantische Miliz umzuwandeln. Die bei den Paraden gegebenen Befehle klangen zwar teilweise recht merkwürdig – ein Offizier befahl seinen Männern stillzustehen, indem er »Whoa« rief –, aber die Rekruten waren entschlossen und enthusiastisch. Einige Regionen begannen ihre eigenen Streitkräfte aufzustellen, ab Januar 1913 wurden sie zur Ulster Volunteer Force zusammengefaßt. Man verfügte zunächst noch kaum über Waffen, aber das änderte sich rasch. Die Tatsache, daß sie unter dem Befehl verschiedener Offiziere im Ruhestand – und zwar mit Unterstützung von Feldmarschall Earl Roberts – standen, zeigt, daß Ulster außer den Tories noch einen zweiten Alliierten hatte: das britische Militär.

Die britische Armee hatte seinerzeit viele Offiziere von anglo-irischer Herkunft, im Verhältnis gesehen zumindest mehr als von irgend einem anderen Teil des Vereinigten Königreiches. Viele von ihnen kamen aus der protestantischen Gemeinschaft in Ulster; eine Tradition, die im Zweiten Weltkrieg durch Befehlshaber wie Montgomery, Alexander und Templer fortgesetzt wurde. Selbst Offiziere nicht anglo-irischen Ursprungs waren aufgrund ihrer konservativen, imperialistischen Haltung instinktiv unionistisch.

Während der gesamten Ulster-Krise wirkten der Premierminister und sein Kabinett, mit der gelegentlichen Ausnahme von Winston Churchill, wie Kaninchen vor der nordirischen Schlange, Sir Edward Carson. Als sich die Krise zwischen Ende 1913 und Anfang 1914 zuspitzte, entschieden einige führende Generäle, daß sie die Dinge etwas vorantreiben und die Regierung dazu bringen müßten, jedweden

LIBRARY
39

Kinder in Belfast *spielen auf der Straße (links), während der Generalstreik sich auf dem Höhepunkt befindet.*

Sport und Atemübungen. *Mädchen in der feineren Umgebung der National Ursuline Convent School in Waterford, 1908 (oben). Die Nationalschulen waren aus ehemaligen Dorf- und Stadtschulen entstanden, viele davon mit Unterstützung der örtlichen Grundbesitzer-Familien.*

Gedränge in Dublin, *man erwartet die Ankunft des britischen Premierministers H. H. Asquith im Juli 1912 (links); diese Begeisterung wurde durch die Einführung des Dritten Homerule-Gesetzes im April desselben Jahres ausgelöst. Ein freundlicher, rosiggesichtiger Asquith besucht eine Industrieschule (oben), zahlreiche Kleriker halten respektvoll Abstand. Im darauffolgenden Jahr wurde die Ruhe durch den Streik der Irish Transport and General Workers' Union gestört, die um die Anerkennung durch William Martin Murphys Straßenbahngesellschaft kämpfte. Acht Monate lang lähmte die Aussperrung von 100 000 Arbeitern das Land, dann zwang der Hunger die Streikenden zur Aufgabe. Rechts: Soldaten der Connaught Rangers werden zu Eisenbahnarbeiten abkommandiert.*

[FOTO RECHTS: FR. BROWNE S. J.]

Plan, Ulster unter Druck zu setzen, aufzugeben. Im Zentrum dieser außergewöhnlichen Aktivitäten stand General Henry Wilson, ein hochaufgeschossener Anglo-Ire mit listigem Gesichtsausdruck, Oberbefehlshaber der Streitkräfte im Kriegsministerium. Er ermutigte die Militärführung in Irland, die von General Paget völlig unzureichend geleitet wurde, dem ebenso ungeschickt operierenden Staatssekretär im Kriegsministerium, Colonel Seely, das Versprechen zu entlocken – ein mündliches Versprechen, das nirgendwo schriftlich festgehalten wurde –, daß es Offizieren freigestellt sein sollte, von ihrem Posten zurückzutreten, falls sie nach Nordirland geschickt würden, um Ulster wie auch immer zur Anerkennung der Homerule zu zwingen. Paget kehrte nach Irland zurück, unterrichtete seine Offiziere hysterisch über die Lage, die seines Erachtens in einer Verschwörung der Regierung zur Unterdrückung der Ulster Volunteer Force bestand, und wartete dann auf die weitere Entwicklung. (In Wirklichkeit bestand natürlich keine derartige Verschwörung, wenn überhaupt, dann war sie von Wilson und seinem Gefolge angezettelt.) General Gough, drei Obersten und 55 Kavallerieoffiziere im Lager in Curragh bei Dublin erklärten daraufhin, daß sie lieber entlassen würden, als Ulster zur Anerkennung der Homerule zu zwingen, und diese Nachricht machte am folgenden Tag in der britischen Presse Schlagzeilen.

Ob dies nun Meuterei war oder nicht, ist ebenso unbedeutend wie die Frage, ob die Regierung gegen die Loyalisten in Ulster vorzugehen plante. In keinem Fall hätte das Militär über zukünftige Maßnahmen der Regierung diskutieren dürfen; Aufgabe des Militärs war, die Befehle der gewählten Regierung auszuführen. Nach der Curragh-Affäre konnte sich die damalige Regierung nicht länger auf das Militär verlassen. Als die Sache bekannt wurde, legte Premierminister Herbert Asquith sein Amt nieder, entließ Seely und zwei weitere Generäle und wurde selbst Kriegsminister. Wilson jedoch blieb im Amt, und auch den 58 in Curragh protestierenden Offizieren geschah nichts – wenn nicht ihre Karriere in den darauffolgenden Jahren sogar noch beschleunigt wurde. Ein Zeuge im Kriegsministerium, Major Archibald Wavell, der im Zweiten Weltkrieg als Kommandeur höchste Auszeichnungen erhalten sollte, war entsetzt über Wilsons Verhalten und über die lasche Reaktion seiner politischen Vorgesetzten.

Warum ging die Regierung nicht ernsthaft gegen die Provokation aus dem Militär an? Zum Teil war es Verzagtheit an der Spitze: Churchill war anscheinend der einzige Minister, der zum Kampf bereit war, weniger weil er die Homerule befürwortete, sondern weil er von Natur aus ein Kämpfer war. Tatsächlich befürworteten ja nur wenige Engländer wirklich die Homerule, was zum Teil darin begründet sein mochte, daß das in England so einflußreiche Esta-

Der Verkünder des Sozialismus, *Big Jim Larkin, Gründer der Irish Transport and General Workers' Union, bei seiner »göttlichen Mission, Unzufriedenheit zu wecken«. Regelmäßig von der Regierung inhaftiert, konnte er – mit falschem Bart – während des Streiks der Polizei entrinnen und vom Balkon des Hotels Imperial in der O'Connell Street am 31. August 1913 (»Bloody Sunday«) eine Ansprache halten. Die Polizei löste die verbotene Versammlung mit Knüppeln auf (rechts). Vierhundert Menschen, meist unbeteiligte Zuschauer, wurden verletzt.*

blishment und selbst die Krone, die ganze sogenannte bessere Gesellschaft, die Unionisten unterstützten – es gibt Beweise dafür, daß König George V. den aufrührerischen Offizieren gegenüber Verständnis aufbrachte. John Redmond sagte dazu: »Es geht hier um viel mehr als die Frage der Homerule, es geht darum, ob sich die Regierung von den Londoner Salons Vorschriften machen läßt.« Einigen Teilen der Regierung war jedoch klar, daß den Protestanten in Ulster gewisse Sonderrechte zugestanden werden mußten. Zu Beginn seiner Amtszeit war Asquith – die Liberalen standen kurz vor der Resignation – an Redmonds nationalistische Partei gebunden und mußte daher hinsichtlich der Homerule Zugeständnisse machen. Asquith schenkte zunächst denjenigen Glauben, die überzeugt davon waren, der Widerstand Ulsters 1911 und Anfang 1912 sei nur ein Bluff gewesen, aber in dem Maße, wie der Widerstand gegen die Homerule in Ulster wuchs, tendierte er zunehmend zu den Befürwortern der Teilung.

Vielleicht konnte Ulster ja für ein paar Jahre oder gar für immer von der Homerule befreit werden? Die Unionisten forderten natürlich dauerhaften Ausschluß, die Nationalisten hingegen wollten eine auf wenige Jahre beschränkte Teilung mit der Aussicht auf Wiedervereinigung. Sofort begannen die Verhandlungen über den möglichen Grenzverlauf. Die Unionisten forderten eine Abtrennung aller neun Grafschaften der Provinz Ulster, die Nationalisten dagegen wollten nur die vier Grafschaften mit protestantischer Mehrheit akzeptieren. Dummerweise gab es in diesen vier nordöstlichen Grafschaften eben-

so nationalistische Minderheiten wie in den übrigen Grafschaften unionistische Minderheiten, besonders in Tyrone und Fermanagh. Als es 1912 eingebracht wurde, erwähnte das Homerule-Gesetz diese Minderheiten mit keinem Wort, obwohl Churchill und Lloyd George in dieser Hinsicht auf eine Lösung gedrängt hatten. Im Laufe der beiden folgenden Jahre wurde Redmond davon überzeugt, den zeitlich begrenzten Ausschluß von vier Ulster-Grafschaften anzuerkennen; ein Vorschlag, der von Carson verächtlich abgelehnt wurde, weil er die Entscheidung nur um sechs Jahre verzögere.

Die Probleme setzten sich auch 1914 fort. Die Nationalisten im Süden gründeten ein Pendant zur Ulster Volunteer Force, die National Volunteers. Die einen erklärten, das Inkrafttreten der Homerule, die anderen, ihr Nichtinkrafttreten notfalls gewaltsam zu bekämpfen. Aufseher über die Lage war der Staatssekretär für Irland, Augustine Birrell. Seine Ernennung befürwortete ohnehin kein Engländer. Als Premierminister Campbell-Bannerman Birrell 1907 mit dem Amt betraute, schlug dieser sofort jemand anderen vor. »Um Gottes willen«, antwortete der Premierminister, »das ist ein alter Freund von mir.« Der Kapitän des Postbootes, mit dem Birrell zu seinem ersten Irlandbesuch fuhr, versuchte den seekranken Birrell mit den Worten aufzuheitern: »Staatssekretäre sind nie lang im Amt.« Birrell jedoch blieb lange und entwickelte sogar eine gewisse Zuneigung zu Irland und besonders zu Dublin und seiner literarischen Szene. Persönlich, wenn auch nicht offiziell, war er auf der Seite der Nationalisten. Die Ulster Unionists seien »schlaue Füchse, unnachgiebig und mit dem Einfühlungsvermögen eines Rhinozerosses ... ein völlig unromantisches Volk«. Den Ereignissen des Jahres 1914 begegnete er mit Toleranz, in der Hoffnung, daß sich die Wogen von selbst glätten würden.

Voller Stolz, *aber mit ernsten Mienen werden diese Uniformen von 1798 getragen, dem Jahr des Widerstandes gegen die Briten. Diese Gruppe kehrt von der Beerdigung der beim Bachelor's Walk in Dublin 1914 Umgekommenen zurück (unten).*

Ulster wird kämpfen, *ist die Botschaft dieser Szene, in der Sir Edward Carson der Ulster Volunteer Force die Fahne übergibt, 1912 (oben). Die Uniform bestand aus engen Hosen, Mützen und unterschiedlichen Gürteln. Im Hintergrund sieht man weißgekleidete freiwillige Krankenschwestern. Die Unionisten konnten das nicht verstehen, aber sie rebellierten »im Namen des Königs gegen den König«.*

Bis zu jenem Zeitpunkt verfügten weder die Unionisten noch die Nationalisten über die nötigen Waffen, um ihre Drohungen wahrzumachen, obwohl die Ulster Volunteer Force über recht ungewöhnliche Kanäle an Waffen gekommen war. 1914 änderte sich die Lage in einer einzigen Nacht grundlegend: Die Unionisten konnten große, von den Deutschen gelieferte Waffenbestände an Land schmuggeln, ohne daß die Behörden eingriffen. Den Freiwilligen im Süden fehlte es an Geld, weshalb ähnliche Bemühungen in sehr viel kleinerem Umfang unternommen wurden, dafür aber, wie beispielsweise in Howth, am hellichten Tag. Die zur Verhinderung von Waffenschmuggel bereitgestellten Truppen versagten völlig und erschossen unschuldige Schaulustige. Obwohl die irische Verwaltung das Blutvergießen sofort verurteilte, hatte es für viele Augenzeugen – und sicherlich für alle Nationalisten – den Anschein, daß die Regierung die beiden Milizen sehr unterschiedlich behandelte.

Damit war der Bürgerkrieg einen Schritt nähergerückt, während gleichzeitig das Homerule-Gesetz in Westminster eine entscheidende Phase durchlief. Im Sommer 1914 wurde es zum dritten- und letztenmal vom Unterhaus verabschiedet, mit dem Zusatz, daß die vier Ulster-Grafschaften mit protestantischer Mehrheit zunächst für sechs Jahre ausgeschlossen sein sollten. Diese Kompromißlösung wurde vom Oberhaus sofort abgeändert zu dem permanenten Aus-

Der Erste Weltkrieg *verdrängte nun rein irische Interessen. Gemeinsam mit der 36. Division aus Ulster wurden auch zwei Divisionen aus Südirland gebildet. Offiziere der Royal Dublin Fusiliers (oben) bereiten sich 1915 auf die Veschiffung nach Gallipoli vor. Männer des gleichen Regiments führen in Frankreich stolz die von den Deutschen erbeuteten Waffen und Helme vor.*

schluß aller Ulster-Grafschaften. In Belfast stand eine Übergangsregierung unter Carson bereit, die Regierungsaufgaben zu übernehmen, sobald das Homerule-Gesetz rechtskräftig würde. Ein noch größerer Krieg zwischen den europäischen Staaten, der Erste Weltkrieg, bewahrte Irland und höchstwahrscheinlich auch England im August 1914 vor dem Bürgerkrieg. Das dritte Homerule-Gesetz, das von Anfang an hart umkämpft gewesen war, wurde bis zum Ende der Kampfhandlungen erst einmal ausgesetzt.

Am anderen Ende der Welt *wurden Expeditionen in die Antarktis unternommen, an denen auch Ernest Shackleton aus Kildare maßgeblich beteiligt war. Als Unteroffizier schloß er sich Scotts erster Expedition an und machte schnell Eindruck: erster Weihnachtstag 1902 (oben); für die drei Männer bestand er aus einer Schlittentour über die Ross-Eisbarriere. Lieutenant Shackleton, Captain Scott und Dr. Wilson. (von links nach rechts). Oben Mitte: Shackleton (rechts) führte 1909 seine eigene Expedition auf der* Nimrod *und näherte sich bis auf 130 Kilometer dem Pol. Bei seiner Rückkehr wurde er zum Ritter geschlagen. Oben rechts: Sir Ernest und Lady Shackleton direkt vor der Abfahrt im Sommer 1914 auf der* Endurance. *Das Schiff wurde in der Antarktis vom Eis eingeschlossen und 1915, 1500 Kilometer von jeglicher Hilfe entfernt, zerstört. Shackleton führte seine Mannschaft über das Eis nach Elephant Island, wo sie, Schlitten und Boote hinter sich herziehend, im April 1916 ankamen. Von dort aus segelte der Anführer mit fünf anderen in einem offenen Siebenmeterboot 1200 Kilometer durch meterhohe Wellen nach Georgia, um Hilfe zu holen. Im August 1916 gelang es Shackleton, seine gesamte Mannschaft zu retten – dies alles ohne zu ahnen, daß in Dublin der Osteraufstand stattgefunden hatte oder daß der Krieg, der Weihnachten 1914 schon wieder beendet sein sollte, sich zum größten Blutbad der Geschichte entwickelt hatte.*

KAPITEL DREI

OSTERAUFSTAND 1916

DIE ANTWORT DES NORDENS AUF DEN AUSBRUCH des Krieges war eindeutig, schließlich sahen die Ulster Volunteers ihre Aufgabe darin, das Empire zu verteidigen. Carson setzte sich lediglich dafür ein, daß seine Männer gemeinsam kämpfen sollten, was durch die Schaffung der Ulster Division ermöglicht wurde. Der Anteil der kriegteilnehmenden Soldaten aus Ulster (die meisten von ihnen fielen im Juli 1916 an der Somme) war größer als der aus irgendeinem anderen Teil Irlands, obwohl sich natürlich auch viele Iren aus den anderen Provinzen als Freiwillige meldeten, zu zwei weiteren irischen Divisionen zusammengefaßt wurden und ihre Qualitäten als tapfere Soldaten unter Beweis stellten; so beispielsweise die Munster Fusiliers und die Dublin Fusiliers während der Landung bei Gallipoli. Im April 1916 waren immerhin 150 000 Iren aktiv am Kriegsgeschehen beteiligt. Im allgemeinen waren die Südiren jedoch weniger begeistert, für Belgien und »die Rechte einer kleinen Nation« zu kämpfen, da sie der Ansicht waren, ebenfalls qualifiziert zu sein als ein Land, das Rechte hatte.

John Redmond, der Vorsitzende der Irish Parliamentary Party, war ein überzeugter Nationalist und Befürworter der Homerule, aber wie Butt in den 1870er Jahren wohl zu sehr ein Mann des Unterhauses, anders als Parnell in den 1880er Jahren. Er liebte die Bräuche und Institutionen in Westminster, und ein Teil von ihm fühlte große Loyalität gegenüber Großbritannien, besonders in schweren Zeiten. Die Homerule war Gesetz geworden, obschon noch nicht angewendet, und wenn die Nationalisten den neuen Feind ebenso bereitwillig bekämpften, wie die Nordiren es taten, würde Irland möglicherweise sogar geeint. Er rief irische Freiwillige auf, sich für den Frankreichfeldzug zu melden, was unweigerlich zur Spaltung der Freiwilligen im Süden führte. Eine Minderheit von etwa 10 000 unter 170 000 Freiwilligen lehnte es ab, die britische Regierung in irgendeiner Form zu unterstützen, und nahm wieder den früheren Namen Irish Volunteers an. Die große Mehrheit jedoch blieb unter der Kontrolle Redmonds und nannte sich nun National Volunteers. Nach der ersten Begeisterung nahm die Zahl der Freiwilligen jedoch rapide ab, bis Ende 1915 das Interesse völlig erloschen war.

Der Osteraufstand entwickelte sich aus der kleinen Gruppe der Irish Volunteers heraus. Eoin MacNeill, Professor für Geschichte am University College in Dublin, war ihr Anführer. Aber die wirkliche Stärke der Bewegung kam von einem geheimen inneren Kreis, von den Mitgliedern der IRB, der alten Fenier-Organisation, die geschworen hatten, die Republik zu errichten. Um die Dinge noch komplizierter zu machen, waren nicht alle Mitglieder der IRB, nicht einmal der Präsident des Obersten Rates völlig über die Pläne dieses geheimen, von zwei jungen IRB-Mitgliedern geleiteten Kerns informiert (in der Vergangenheit waren die Pläne der Fenier von Spitzeln derart sabotiert worden, daß Geheimhaltung selbst gegenüber anderen IRB-Mitgliedern diesmal höchste Priorität hatte). Diese Splittergruppe bildete einen geheimen Militärrat, der 1916 die Irische Republik ausrufen sollte.

Eine weitere an dem Aufstand beteiligte Gruppe war die Citizen

Kinder sammeln Feuerholz *aus dem Schutt in Dublin nach dem Osteraufstand 1916. J. P. Mahaffy, der Probst von Trinity College in Dublin, sagte damals, daß das Unausweichliche in Irland nie eintrete, das Unerwartete jedoch immer. Für die Mehrheit der Briten und Iren kam der Osteraufstand völlig überraschend. Für viele der in Frankreich kämpfenden Iren war der Aufstand, an dem 1600 ihrer Landsleute teilnahmen, ein Dolchstoß. Mahaffy war bekannt für seine Spötteleien über die Nationalisten und leitete in der Osterwoche die Verteidigung seines College, das den Barrikaden der Aufständischen gegenüberlag. Patrick Pearse, der Anführer der Aufständischen, wußte genau, daß der Aufstand eine Verzweiflungstat war, die wenig Unterstützung genoß und fehlschlagen würde, aber er hoffte, daß das Opfer eine nationale Bewegung initiieren würde. Sein Mentor war ein geradezu mythischer Held Irlands, Cuchalainn, dessen Ausspruch an einer der Wände der von Patrick Pearse gegründeten Schule St. Edna prangte: »Ich will gerne morgen sterben, solange meine Taten und mein Ruhm mich überleben.«*

WATERPROOF
COATS

»Durch blutgefärbtes Meer« *stürmten im April 1915 die First Royal Munster Fusiliers Strand V. in Gallipoli. Um in kürzester Zeit eine möglichst große Zahl Soldaten anzulanden, wurde ein altes Kanonenschiff, die* River Clyde, *auf Grund gesetzt, und um 6.30 Uhr stürmten die Soldaten aus eigens in den Rumpf geschnittenen Türen über winzige Stege und eine Brücke aus Booten an Land. Sie liefen direkt in den Kugelhagel türkischer Gewehre. Ungefähr die Hälfte der 2000 Soldaten an Bord des Schiffes (Munster Fusiliers und Hampshire Regiment) fielen noch auf der Gangway oder im Wasser, die restlichen waren in dem Kohlenschiff eingesperrt. Nur eine Handvoll erreichte das Ufer und grub sich ein. Ein Offizier schrieb: »Die guten Männer wurden reihenweise niedergemäht, bis blutige Stille herrschte.«*

Army von James Connolly. Connolly hatte 1896 die Irish Socialist Republican Party gegründet, und anscheinend hatten ihn bis zum Ersten Weltkrieg die sozialistischen Belange mehr interessiert. Er war ein fähiger Gehilfe von Big Jim Larkin, dem Gründer der irischen Verkehrs- und Arbeitergewerkschaft, und hatte an dessen berühmtem, wenn auch erfolglosem Kampf gegen den selbstgerechten Geist des Kapitalismus, William Martin Murphy, teilgenommen. Mit seiner ungeheuren Präsenz und dröhnenden Stimme – »mit dem Propheten Jesaja kann man nicht argumentieren«, wie es ein Gegner ausdrückte – hatte Larkin den Kampf gegen Murphy um Anerkennung seiner Gewerkschaft durch dessen Straßenbahngesellschaft aufgenommen. Trotz Massenversammlungen, enormer Aktivitäten und stoisch ertragenen Leids mußten die Streikenden 1914 nachgeben. Larkin ging nach Amerika, Connolly aber blieb in Irland und konzentrierte sich zwecks Errichtung eines sozialistischen Staates jetzt mehr auf den Nationalismus. Larkin hatte als guter Marxist an das internationale Arbeitertum geglaubt und war davon überzeugt gewesen, daß nationale Grenzen ein falsches Bewußtsein schufen.

1914 operierte Connollys winzige Citizen Army mit nur etwa 250 Mann alleine. Je länger der Krieg dauerte, desto mehr wuchs seine Enttäuschung über das zögerliche Verhalten der Irish Volunteers, und er begann über eigenständige militärische Operationen nachzudenken. Um verfrühte Kampfhandlungen zu vermeiden, lud die IRB Connolly im Januar 1916 ein, ihrer Organisation beizutreten; so erfuhr er von ihren Plänen zu einem Aufstand am Ostersonntag, dem 23. April 1916.

Englands Krieg gegen Deutschland galt als eine hervorragende Gelegenheit für Irland. MacNeill und die Mehrheit der Irish Volunteers jedoch wollten erst dann losschlagen, wenn die irische Bevölkerung hinter ihnen stünde. Der innere Kreis der IRB-Mitglieder lehnte dieses zögerliche Vorgehen ab und plädierte für einen Aufstand zum frühestmöglichen Zeitpunkt. Wer wußte schon, wie lange der Krieg in Europa und somit diese günstige Gelegenheit noch bestünde? Darüber hinaus konnte man möglicherweise die Unterstützung der Deutschen gewinnen: Waffen und Munition, vielleicht

Den Züchtigungsstock *unter dem Arm (den sogenannten »blackthorn«): ein Offizier der Irish Guards (links) im Gespräch mit Rudyard Kipling, gegen Ende des Krieges. Er schrieb später die Geschichte des Regiments während des Krieges.*

»Meine braven Iren«, *hatte Königin Victoria ihre hervorragenden irischen Regimenter einmal genannt. Gemeinsam mit ihren Kameraden aus dem Norden starben die Südiren 1916 zu Tausenden an der Somme. Eine der berühmtesten Offensiven war die der 36. Division (aus Ulster), die »auf herausragende, einmalige Weise menschlichen Mut bewies« und so ihr Ziel erreichte. In zwei Tagen, am 1. und 2. Juli, verlor die Division 5500 Mann, gefallen oder verwundet, und erhielt vier Victoria Crosses. Zusätzlich zu den 12 Bataillonen der 36. Division kämpften an diesen ersten Tagen an der Somme noch 7 reguläre irische und 4 irische Tyneside-Bataillone. Später waren alle drei Brigaden der 16. (irischen) Division an der Somme. »Ich sah mich um«, erinnert sich Schütze Lucey von den Royal Irish Rifles, »und sah neben den harten Jungs aus Ulster alle Mac's und O's in Stellung liegen. Ich war stolz und traurig zugleich.« Die Bilder der Irish Guardsmen wurden von Frank Browne aufgenommen, dem ehemaligen Kaplan der Irish Guards und Träger des Military Cross und Croix de Guerre.*
[FOTOS LINKS UND RECHTS: FR. BROWNE S. J.]

»Gott kennt sie«, *lauten Kiplings Worte auf den Grabsteinen der Ehrenfriedhöfe für die unbekannten Soldaten. Die Stiefel hat man den Gefallenen ausgezogen, und so sind sie bereit für die Beisetzung (rechts). Sie waren wahrscheinlich alle identifizierbar. Kiplings eigener Sohn, lange vermißt geglaubt, ist erst vor wenigen Jahren identifiziert worden.*

sogar Truppen. Der wichtigste Befürworter dieses Vorgehens war überraschenderweise der Protestant Sir Roger Casement aus Ulster, der für seine Bemühungen um die Aufdeckung von Greueltaten in Afrika und Lateinamerika von den Engländern geadelt worden war. Casements Mitgefühl für die Unterdrückten übertrug sich auf sein Vaterland, und er wurde ein so eingefleischter Nationalist, daß er kurz nach Ausbruch des Krieges den Plan zur Zusammenarbeit mit Deutschland entwickelte. Arthur Griffith und Sinn Fein hatten keinerlei Interesse an irgendeinem Aufstand. Einzelne Mitglieder von Sinn Fein nahmen am Osteraufstand teil, jedoch nur gemeinsam mit den Irish Volunteers oder der Citizen Army. Nur eine Minderheit der Irish Volunteers, die wiederum nur einen kleinen Teil der gesamten Volunteer-Bewegung darstellte, war eingeweiht.

Die Anführer des Aufstandes hegten keinerlei Illusionen über die Wahrscheinlichkeit eines militärischen Erfolgs. Einer von ihnen, Patrick Pearse, deutete in seiner Prosa und seinen Gedichten sogar an, daß er eine Niederlage fast begrüße, da nur ein Blutopfer den darniederliegenden Nationalismus wiederbeleben könne. Yeats' Gedicht »The Rose Tree« bringt dies unmißverständlich zum Ausdruck:

Nur aus unserem eigenen roten Blut
Kann ein wahrer Rosenstrauch entstehen.

1916 hatten einige Anführer ganz unverkennbar eine starke romantische Ader: Neben Pearse gab es noch MacDonagh und Joseph Plunkett als Dichter; sie verbanden ihren katholischen Glauben mit einem intensiven, geradezu mystischen Nationalismus. Andere wiederum, wie beispielsweise Connolly, glaubten, daß der kleinste Funke genüge, um in Irland ein Feuer des Nationalismus zu entfachen. Das soll nicht heißen, daß Pearse und die Romantiker im entscheidenden Moment nicht kämpften oder Connolly an dem Ausgang des Aufstands zweifelte: Als er am Ostermontag mit seinem winzigen Trupp losmarschierte, bemerkte er einem unbeteiligten Kollegen gegenüber: »Wir gehen in den Tod.«

Der Recruiting Sergeant. *Als der mit dem Victoria Cross ausgezeichnete Sergeant (später Major) Mick O'Leary und andere Kriegsversehrte zu einer Rekrutierungskampagne in London eintrafen, wurden sie von Tausenden begrüßt. In Dublin wurden sie als Nationalhelden willkommen geheißen. (Das erste Victoria Cross des Krieges erhielt posthum der Ire Maurice Dease am 23. August 1914.)*

Nationale Freiwillige, *angeführt von dem Abgeordneten William O'Malley (rechts). Die Mehrheit von Redmonds Freiwilligen befürwortete seine probritische Haltung im Krieg. O'Malley wirkt etwas groß für sein Pferd, verdeckt aber die Botschaft nicht. Die Nationalisten wetteiferten mit den Loyalisten um Rekruten, weniger weil sie den Status quo befürworteten als vielmehr wegen des Versprechens der Homerule und der Vision einer neu erschaffenen irischen Nation. Der Osteraufstand sollte dies alles ändern. Der Homerule-Politiker und Wirtschaftsprofessor Tom Kettle sah das ganz deutlich: »Diese Männer werden als Helden und Märtyrer in die Geschichte eingehen, und ich, wenn überhaupt, als beschissener britischer Offizier.« Kettle fiel an der Somme, seine Worte sollten sich bewahrheiten. Bis vor kurzem hat das unabhängige Irland den massiven Beitrag Südirlands am Ersten Weltkrieg verdrängt.*

Augustine Birrell, der Erste Staatssekretär für Irland, sah als echter Liberaler keinen Grund, die Volunteers an ihren gelegentlichen Märschen zu hindern. Der Großteil der Volunteers stand unter Redmonds regierungsfreundlichem Befehl, nur MacNeills Gruppe sollte sicherheitshalber in der Öffentlichkeit überwacht werden. Sir Matthew Nathan, der ständig in Dublin lebende Zweite Staatssekretär, redete seinem Vorgesetzten nach dem Mund. Dublin Castle hatte Spitzel in der Volunteer-Bewegung, die zu keinem Zeitpunkt über außergewöhnliche Vorkommnisse berichtet hatten. Außerdem verfügte die Regierung über eine sehr wichtige Waffe, und zwar in Zimmer 40 des Marinegeheimdienstes in Whitehall. Dort fing sie deutsche Funksprüche ab, die sie mit Hilfe mehrerer zu Beginn des Krieges beschlagnahmter Codierungsbücher entschlüsselte. Die Regierung wußte zwar nichts vom geplanten Osteraufstand, war aber über den geplanten deutschen Beistand informiert. Obwohl Casements Bemühungen, mit irischen Gefangenen in deutschen Gefangenenlagern eine irische Brigade aufzustellen, kläglich gescheitert waren, schickten die Deutschen ein kleines, als norwegischer Frachter getarntes waffenbeladenes Schiff für den Osteraufstand nach Kerry. Casement, der sich nach den Ereignissen überflüssig und zurückgewiesen fühlte, ging zur gleichen Zeit an Bord eines deutschen U-Bootes, in der Hoffnung, den Aufstand noch aufhalten zu können oder andernfalls daran teilzunehmen und umzukommen. In Zimmer 40 kannte man alle diese Details. Das Munitionsschiff wurde abgefangen, Casement festgenommen, und in Dublin freuten sich Birrell und Nathan, daß mögliche Unruhen erfolgreich abgewehrt worden waren.

Nachdem er von der bevorstehenden deutschen Unterstützung erfahren hatte, gab der Militärrat in Dublin Eoin MacNeill die frohe Botschaft weiter und überzeugte ihn davon, alle Irish Volunteers in den Kampf zu schicken. Die zum Teil widersprüchlichen Nachrichten über Casements Verhaftung bewogen MacNeill, die Operation zu stoppen, was aber vom IRB-Militärrat, der nun unter allen Umständen den Aufstand stattfinden lassen wollte, abgelehnt wurde. Zu gu-

Sir Roger Casement *bei seinem Prozeß wegen Verrats in London (links). Bis 1916 hatte er sich weit von seinen Wurzeln als protestantisches Mitglied der Oberschicht in der Grafschaft Antrim entfernt. Für die Aufdeckung von Greueltaten, begangen an den Eingeborenen, die in den kongolesischen Kautschukplantagen gearbeitet hatten, zum Ritter geschlagen, wandte er sich dem irischen Nationalismus zu; und zwar mit einer solchen Überzeugung, daß er (vergeblich) versuchte, in einem deutschen Kriegsgefangenenlager eine irische Brigade aufzustellen. Im April 1916 wurde er unmittelbar nach Verlassen eines deutschen U-Bootes verhaftet, wo er den Aufstand zu verhindern versucht hatte, weil die erwartete deutsche Unterstützung ausblieb. Am 3. August wurde er wegen Landesverrats gehängt; die Vollstreckung des Urteils wurde seitens der britischen Regierung durch die Veröffentlichung seiner privaten Tagebücher mit Schilderungen homosexueller Aktivitäten unterstützt. Trotz anhaltender Debatten über diese Frage ist die Mehrheit der Historiker der Ansicht, daß es sich bei den Tagebüchern nicht um Fälschungen handelt.*

Der Geruch des Verrats *war fast zuviel für die britischen Soldaten während des Osteraufstands. Zur Verteidigung des Hafens verbarrikadierten sie sich hinter Fässern mit verrottenden Fischköpfen.*

ter Letzt wußte kaum ein Mitglied der Irish Volunteers außerhalb Dublins mehr, welcher Befehl nun galt, in der Stadt selbst wußte nur der innere Kern, was beabsichtigt war: Statt am Ostersonntag sollte der Aufstand nun am Ostermontag beginnen.

Am Montagmorgen marschierten etwa 1600 Mann durch die Straßen Dublins und besetzten verschiedene Gebäude. 200 von ihnen waren Mitglieder von Connollys Citizen Army, der Rest Mitglieder der Irish Volunteers, die in die geheimen Pläne eingeweiht und dem Militärrat gegenüber loyal waren. In späteren Aussagen wurden die Ereignisse so dargestellt, als sei die gesamte männliche Bevölkerung Dublins an den Kämpfen beteiligt gewesen. »Wo warst Du 1916?« wurde zur Parole der Patrioten – worauf die Zyniker schlagfertig entgegneten: »Unterm Bett – so wie Du.« Eine ähnlich respektlose Antwort lautete: »Da war ich noch gar nicht geboren.«

Kurz nach 12 Uhr Mittag trat Patrick Pearse auf die Stufen des Hauptpostamtes und erklärte die Bildung einer provisorischen Regierung der Irischen Republik durch die Aufständischen. Dabei rief er die Bevölkerung zum Kampf für die irische Unabhängigkeit und Souveränität auf. Pearse und Connolly hatten die Erklärung gemeinsam verfaßt (letzterer war verantwortlich für die irrelevanten sozialistischen Klauseln); unterzeichnet war sie außerdem von Tom Clarke, Sean MacDermott, Eamon Ceannt, Thomas MacDonagh und Joseph Plunkett. Anschließend zogen sie sich zurück und warteten auf die Reaktion der britischen Regierung.

Vier Gebiete südlich des Flusses waren besetzt worden: das dritte Bataillon unter dem Kommando von Eamon de Valera besetzte die Straßen um Bolands Bäckerei, das vierte Bataillon unter Eamon Ceannt befand sich im Gebäude der South Dublin Union, das zweite Bataillon unter Thomas MacDonagh besetzte die Gegend um die Keksfabrik Jacob's und die Citizen Army unter Michael Mallin die Umgebung von St. Stephen's Green. Auf der Nordseite des Flusses befanden sich nur zwei Einheiten: das erste Bataillon unter Edward Daly beim Four Courts und das Hauptquartier im Hauptpostamt und in der O'Connell Street unter dem Kommando von Pearse und Connolly. Ihre Hoffnung war, nach Einnahme ihrer Positionen Angriffen so lange widerstehen zu können, bis das Land sich erhob und ihnen zu Hilfe eilte. In gewisser Hinsicht ähnelte der Plan städtischen Aufständen des 19. Jahrhun-

Dublins hübsche Innenstadt. *Karl Marx sagte, die Verteidigung sei der Tod jedes bewaffneten Widerstandes – ein passender Kommentar zu 1916. Dieses Zerrbild einer Barrikade (oben links) sollte die anrückenden Truppen bremsen. Tagelang brannten Teile der Stadt, weil die Feuerwehr nichts dagegen tun konnte (links und oben rechts).*

derts, auch wenn die Aufständischen in Dublin sich eher in Häusern verschanzten, als aufwendige Straßenblockaden nach Pariser Vorbild zu errichten. Abgesehen davon, daß das Unterfangen ohnehin zum Scheitern verurteilt war (am Ostermontag waren die Aufständischen 3:1 unterlegen, zwei Tage später nach Truppenverstärkungen 20:1), hatte auch die Taktik eine entscheidende Schwäche. Sowohl Dublin Castle als auch Trinity College, die die Verbindung zwischen der südlichen und der nördlichen Gruppe der Aufständischen bildeten, blieben unbesetzt. Sobald die Regierungstruppen die Mitte unter Kontrolle gebracht hatten, konnten sie die besetzten Viertel nacheinander räumen.

In ihren Bemühungen, weitere Truppen nach Dublin zu bringen, machten die Briten einen schwerwiegenden Fehler. Soeben aus England eingetroffene Rekruten – von denen einige dachten, sie seien in Frankreich – stießen an der Mount-Street-Brücke auf Valeras Männer – 230 Rekruten starben, bevor sie ihre Position einnehmen konnten. Insgesamt aber wartete die Armee klugerweise so lange, bis die Artillerie die Stellungen der Aufständischen nördlich des Flusses

Ganz normaler Alltag *für einige Dubliner in der O'Connell Street im Schatten des ausgebrannten Hauptpostamtes (links), des Hauptquartiers der Aufständischen, von dem aus Pearse die Republik ausgerufen hatte. Dieses Foto ist von der Nelsonsäule aus aufgenommen, die 1966 bei einer der (verbotenen) Feiern zum 50jährigen Jubiläum des Osteraufstands gesprengt wurde.*

Soldaten waren allgegenwärtig *(rechts), um weitere Auseinandersetzungen zu verhindern und um aufzuräumen. Letzten Endes haben nahezu alle Dubliner dazu beigetragen.*

schwer unter Beschuß genommen hatte. Connolly hatte verzweifelt darauf gehofft, daß eine kapitalistische Macht niemals Privateigentum zerstören würde. Zur Enttäuschung der Rebellen, die Frontalangriffe erwartet hatten, fanden kaum konventionelle Straßenschlachten statt. Einige besetzte Gebiete südlich des Flusses wurden kaum angegriffen. Die in St. Stephen's Green stationierte Citizen Army hob zunächst Gräben aus, mußte sich dann aber, nachdem auf dem Shelburne Hotel ein Maschinengewehr positioniert worden war, ins Royal College of Surgeons zurückziehen. Dort war sie dann den Rest der Woche über eingeschlossen. Auch das bei Jacob's Keksfabrik positionierte Bataillon hatte nur wenig zu tun.

Die attackierten Bataillone jedoch verteidigten sich mit aller Entschlossenheit. Das Hauptquartier im Postamt wurde am stärksten unter Artilleriefeuer genommen; dort wurden die Aufständischen im wahrsten Sinne des Wortes in ihren Stellungen »ausgeräuchert«. Eine Stellung nach der anderen fiel unter dem feindlichen Beschuß. Connolly wurde zunächst am Arm, später am Bein verwundet, von einer Trage aus erteilte er jedoch weitere Befehle. Michael O'Rahilly (der sich nach dem Brauch gälischer Clanführer gerne als Der O'Rahilly ausgab) war nicht in die Pläne des Osteraufstandes eingeweiht worden und hatte sogar MacNeills Nichtangriffsbefehl weitergeleitet: Nach Ausbruch der Kämpfe schloß er sich jedoch den Rebellen an und fiel, als er eine Gruppe im Sturm auf eine Militärkaserne anführte.

Die Schlacht zog sich über eine ganze Woche hin und wurde im Gegensatz zu heutigen IRA-Angriffen nach geltendem Kriegsrecht geführt. Die Rebellen bemühten sich sogar, Uniformen zu tragen – die Volunteers heidegrüne, die Citizen Army dunkelgrüne –, und obwohl es nicht genügend Uniformen für alle Beteiligten gab, war man offensichtlich bemüht, zwischen Kämpfern und Zivilisten zu unterscheiden. Beide Seiten respektierten weiße Flaggen und versorgten verwundete Gefangene. Natürlich gab es auch einige unvermeidliche dunkle Momente. Übereifrige Heckenschützen, nicht alle in Uniform, reizten die Truppen bis zur Weißglut; später mußten einige unschuldige Zivilisten in der North King Street für deren Taten büßen. Der gefeierte Dubliner Exzentriker und Berufsradikale Francis Sheehy-Skeffington wurde Opfer von Hauptmann Bowen-Colthurst. (1912 hatte es der überzeugte Unabhängigkeitskämpfer Sheehy darauf angelegt, den britischen Premierminister während einer Versammlung durch Zwischenrufe in die Enge zu treiben. Die Platzanweiser waren gewarnt worden und hielten Ausschau nach den auffälligen avantgardistischen Kniebundhosen, die Sheehy zu tragen pflegte – einen Priester mit rotem Bart ließen sie natürlich hinein. Plötzlich hallte der Slogan durch den Raum: »Stimmt für Wee-men«, und Sheehy hatte sie wieder genarrt.) Bowen-Colthurst erschoß auch noch einen harmlosen Jungen, einige Zeitungsredakteure und vier andere Männer, bevor ein beherzter, von seinen Kollegen hoch geschätzter Offizier ihn seines Postens entheben ließ. Schließlich wurde Bowen-Colthurst verhaftet, verurteilt, für verrückt erklärt und für 20 Monate nach Broadmoor ins Gefängnis geschickt, bevor er entlassen wurde und nach Kanada auswanderte.

Am Samstag der Woche erkannten Pearse und Connolly, daß es keinen Sinn machte, weiterzukämpfen. Sie unterzeichneten die bedingungslose Kapitulation, die an die drei noch bestehenden Einheiten weitergeleitet wurde (die Einheiten südlich des Flusses hatten bereits im Laufe der Woche kapituliert); die Aufständischen wurden abgeführt. Nach offiziellen Angaben waren 116 Soldaten, 16 Polizisten und 318 Aufständische und Zivilisten ums Leben gekommen, ungefähr 2500 verwundet.

Dann folgten Strafmaßnahmen. Es herrschte Kriegsrecht, und General Sir John Maxwell, der einige Tage nach Beginn des Aufstandes den Oberbefehl übernommen hatte, konnte nach eigenem

Ermessen über das Strafmaß entscheiden. Nach Überzeugung der Armee mußte es einige Todesstrafen geben, viele Briten und in Frankreich Stationierte teilten diese Ansicht: Die Aufständischen hatten sich zu einer Zeit erhoben, als England in einen blutigenKrieg mit Deutschland verwickelt war. Aufgrund der außergewöhnlichen Situation in Irland war dieser Weg jedoch nicht sehr klug gewählt, wie sich noch herausstellte. Maxwells Vorgehen machte einen unbeliebten Aufstand zu einem nationalen Triumph. Schließlich standen Pearse und sein »Blutopfer« als Sieger da. (Maxwell hatte bereits in der Vergangenheit grobe Fehler begangen: Nach der Schlacht bei Omdurman im Sudan 1898 war der verwundete Feind auf Maxwells Befehl hin, daß »man nur mit einem toten Fanatiker Mitleid haben« könne, getötet worden. Dieses Verhalten hatte damals in Großbritannien Proteste ausgelöst.)

Die Reaktion der Dubliner Öffentlichkeit ist schwer zu beurteilen. Zunächst schien die Mehrheit der Dubliner von dem Aufstand überwältigt gewesen zu sein, aber mit Andauern der Kämpfe und fortschreitender Zerstörung scheinen sie den Aufständischen immer kritischer, wenn nicht gar ablehnend gegenübergestanden zu haben. Redmond und andere nationalistische Angehörige der Mittelschicht verurteilten den Aufstand wortstark. Die Reaktionen auf dem Land waren wohl gemischt. 3500 Menschen wurden sofort verhaftet und mehrheitlich in Großbritannien inhaftiert. Die meisten von ihnen waren bis Weihnachten jedoch wieder frei und nach Irland zurückgekehrt. Viele von ihnen waren sicher völlig ahnungslos und unschuldig verhaftet und erst während ihrer Haft indoktriniert worden: Das Internierungslager in Frongoch in Nordwales wurde später als Sinn-Fein-Universität bezeichnet. Den größten Schaden richtete jedoch das Kriegsgericht in Dublin an. 90 Gefangene wurden zum Tode verurteilt, den ganzen Mai über gab es meist am Morgen kurze Verlautbarungen darüber, daß wieder eine kleine Gruppe erschossen worden war. Schließlich wurden 15 Männer hingerichtet, die anderen wurden begnadigt.

Nur wenige Iren und Engländer, einschließlich des Premierministers, wußten, wie viele Menschen erschossen werden sollten. Dann reiste Asquith, bewegt durch die leidenschaftliche Rede des irischen Abgeordneten John Dillon, nach Dublin und stoppte weitere Hinrichtungen. Nach Ansicht von General Maxwell und vielen anderen Verantwortlichen war kein Unrecht geschehen. Das von Dillon als »Politik der etappenweisen Hinrichtungen« bezeichnete Vorgehen hatte zunächst Angst verbreitet und war dann mit Sympathie aufgenommen worden. Nach Bekanntwerden weiterer Einzelheiten änderte sich die Haltung schlagartig. Connolly war einer der letzten, die erschossen wurden, er war so stark verwundet, daß er, zusammengesunken, an einen Stuhl gebunden werden mußte. Als die Soldaten die Gewehre anlegten, gelang es ihm jedoch, sich aufzurichten. Diese Ereignisse nach Ostern 1916 waren sicher die Hauptursache für den Meinungsumschwung von der Unterstützung konstitutioneller Nationalisten – Dillons und Redmonds Partei – hin zu den Befürwortern von Gewalt. Da die Fenier ein Geheimbund waren, wandte sich die Öffentlichkeit der Organisation zu, die fälschlicherweise als deren politischer Arm betrachtet wurde: Sinn Fein.

Von allen Berichten über die Ereignisse war Yeats' Gedicht »Easter 1916«, das er im späteren Verlauf des Jahres schrieb, aber erst 1920 veröffentlichte, das ausdrucksstärkste. Ein weniger überzeugendes, aber politisch interessanteres Gedicht von Yeats war »Sixteen Dead Men« (die Zahl Sechzehn kam zustande, weil Casement in England verurteilt und hingerichtet worden war.)

O but we talked at large before
The sixteen men were shot,
But who can talk of give and take,
What should be and what not
While those dead men are loitering there
To stir the boiling pot?

[»Wir haben ausführlich über die sechzehn Männer gesprochen, die erschossen wurden. Wie kann man von Geben und Nehmen sprechen und davon, was sein darf und was nicht, während die Toten noch umgehen und die Lage weiter anheizen?«]

Wahllose Durchsuchungen *durch reguläre Truppen, nachdem alles vorbei war (links). Die ersten Opfer auf Regierungsseite waren einige alte Reservisten – das royalistische Dublin and Rathmine Volunteer Corps (unten) trug Armbinden mit den Initialen GR (Georgius Rex) und wurde von den Dublinern «Gorgeous Wrecks« [»Wunderbare Wracks«] genannt. Am Ostermontag von einem Marsch mit ungeladenen Gewehren zurückkehrend, stießen sie auf das dritte Bataillon der Aufständischen: Sechs Mann wurden getötet, bevor man ihre Harmlosigkeit erkannte. General Sir John Maxwell (mit Papieren in der Hand) inspiziert die strammstehenden Überlebenden.*

KAPITEL VIER

UNABHÄNGIGKEIT HAT IHREN PREIS

VOR 1914 HATTE SINN FEIN KEINEN SITZ IM PARLAMENT, obwohl die Partei schon seit fast zehn Jahren bestanden und an einer Nachwahl teilgenommen hatte. In der Parlamentswahl nach dem Ersten Weltkrieg 1918 gewann sie fast alle Sitze (mit Ausnahme des unionstreuen Nordostens): Auf Kosten der alten Irish Parliamentary Party, die sechs Sitze halten konnte, gewann sie 73 der 105 Sitze. Hauptursache für diesen politischen Meinungsumschwung war die Tatsache, daß die Menschen Sinn Fein mit den Heldentaten von 1916 in Verbindung brachten. Arthur Griffith war zu seinem Glück nach dem Aufstand verhaftet worden – eine Inhaftierung durch die britischen Unterdrücker war mittlerweile ein Schlüssel zum politischen Erfolg. Die gesamte nationalistische Bewegung befürwortete plötzlich den Einsatz von Gewalt zur Schaffung der Republik, wie Patrick Pearse sie von den Stufen des Hauptpostamtes aus verkündet hatte.

Dieser Wandel wurde in der Nachwahl vom Februar 1917 deutlich, als der Vater eines nach Ostern 1916 Hingerichteten als Sinn-Fein-Mitglied ins Parlament gewählt wurde und es gemäß der Enthaltungstaktik ablehnte, seinen Sitz anzunehmen. Sinn Fein gewann noch sechs weitere Nachwahlen, einen Sitz gewann Eamon de Valera, der einzige Kommandant von 1916, dessen Todesurteil wahrscheinlich aufgrund seiner amerikanischen Verbindungen aufgehoben worden war. Und mit jedem dieser Wahlsiege wuchs die kleine Gruppe sich enthaltender Abgeordneter.

Der Tod von Thomas Ashe, der durch die Zwangsernährung während eines Hungerstreiks für die Anerkennung als politischer Gefangener geschwächt war, verlieh der Kampagne weiteren Auftrieb. Ashe hatte als einziger Volunteer während des Aufstands 1916 außerhalb Dublins in Ashbourne eine erfolgreiche Operation durchgeführt. Der 26jährige Hauptpostamt-Veteran Michael Collins hielt auf der von Sinn Fein und den Volunteers hervorragend inszenierten Beerdigung die Traueransprache. Seine Rede unterschied sich grundlegend von der rhetorischen Gewaltaktion, die Pearse anläßlich O'Donovan Rossas Beerdigung 1915 getätigt hatte. Collins sprach nur zwei Sätze: »Es gibt nichts weiter zu sagen. Die Salve, die wir gerade gehört haben, ist die einzige Rede, die am Grab eines Feniers gehalten werden sollte.«

Die mit dem Krieg in Frankreich beschäftigte Regierung konnte den konstitutionellen Nationalisten insbesondere nach der deutschen Offensive im Sommer 1918 kaum beistehen. Auf der kopflosen Suche nach Truppenverstärkung beschloß sie weitere Truppenaushebungen in Irland.

Die Minister wußten, wie verhaßt diese Maßnahme sein würde, hofften aber, sie durch ein erneutes Versprechen, die Homerule durchzusetzen, etwas zu versüßen. Dies jedoch wurde von allen Lagern mit irischer Gesinnung, außer von den Protestanten in Ulster, verurteilt. Redmonds Parliamentary Party und die Kirche schlossen sich der allgemeinen Haltung an, woraufhin man ihnen natürlich

Abrechnung. *Als wolle er Bilanz aus der britischen Herrschaft in Irland ziehen, untersucht ein Beamter ein unversehrtes Hauptbuch, nachdem die IRA im Mai 1921 James Gordons eindrucksvolles Zollhaus aus dem 18. Jahrhundert niedergebrannt hat. Dieses und das Gebäude des Four Courts bedeuteten den größten Verlust für Dublins reiches Erbe an georgianischer Architektur. Leider kamen später noch eine ganze Reihe anderer imposanter Gebäude hinzu, die allerdings Banausentum und nicht der Gewalt zum Opfer fielen.*

Kaum betroffen *schien das Alltagsleben auf dem Land von den Unruhen. In Golden in der Grafschaft Tipperary wurden immer noch Klassenfotos von den Schulkindern gemacht (links), und die Rushbrooke-Fähre auf dem Lee verkehrte wie gehabt (oben). Das erste Kriegsereignis geschah jedoch auf dem Land: Dan Breen, Sean Tracy und Seamus Robinson erschossen im Januar 1919 bei Soloheadbeg aus dem Hinterhalt einen Polizisten. Später unternahm die gleiche Gruppe einen der vielen fehlgeschlagenen Attentatsversuche auf den Vizekönig, Lord French.* [FOTO: FR. BROWNE S. J.]

vorwarf, Sinn Fein nach der Pfeife zu tanzen. Zu allem Überfluß verschaffte die Regierung Sinn Fein noch stärkeren Zulauf, indem sie ihre Vorsitzenden verhaften ließ. Das war ein Geschenk des Himmels für die allgemeinen Parlamentswahlen; einige Kandidaten benutzten den Wahlspruch: »Wählt ihn ins Parlament, um ihn zu befreien!«

Nach der Wahl sah der Kabinettsminister Walter Long die Lage der Dinge völlig klar: »Die irische Regierung und Sinn Fein liefern sich einen gerechten Kampf darum, wer das Land regieren wird.« Nach Ansicht von Sinn Fein war die Verfahrensweise ganz einfach: Rückzug aus Westminster, Schaffung eines Parlaments in Dublin und Ernennung von Ministern zur Regierung des Landes. Großbritannien sollte völlig ignoriert werden; monatelang wußte die Regierung nicht, wie sie reagieren sollte. Im Januar 1919 errichtete Sinn Fein tatsächlich ein eigenes Parlament und nannte es Irische Versammlung oder Dail Eireann. Es bestätigte de Valera im Amt des Präsidenten (Griffith war 1917 zu seinen Gunsten zurückgetreten) und das Engagement für eine Republik. Statt die Versammlungen in Mansion House in Dublin aufzulösen, bewachte die Polizei sie sogar. Erst als der Dail für die zunehmende Gewalt verantwortlich zu werden begann, verbot die Regierung die Versammlung und Sinn Fein im Jahre 1919.

Die extremeren Nationalisten hatten auf diese Reaktion nur gewartet. Ihre Strategie bestand darin, die Regierung zu Repressalien zu provozieren und dann darauf zu bauen, daß die von Natur aus liberale Haltung der britischen Öffentlichkeit, gestärkt durch die internationale Meinung, Maßnahmen gegen die als Reaktion auf die Repressalien entstehende Gewalt verhindern würde. Die Volunteers nannten sich zu der Zeit Irish Republican Army. Die IRB selbst verlor die öffentliche Gunst. Viele glaubten nicht ganz zu unrecht, daß die Geheimhaltungsbesessenheit dem Erfolg des Osteraufstandes geschadet hatte, und fromme Menschen wie de Valera hatten Schwierigkeiten, den Eid zu schwören. Die meisten gaben ihre Mitgliedschaft ohne Bedenken auf; ein Mitglied verglich den IRB-Eid mit einer Impfung – man vergißt es nach einer Weile. Michael Collins hingegen war stolz auf seine Mitgliedschaft und nutzte seine Stellung als Präsident des Obersten Rates vorteilhaft, um Verbindungen zu knüpfen.

Die Kämpfe hielten von 1919 bis zum Waffenstillstand 1921 an. Die Kampftaktik war die eines Guerillakrieges und unterschied sich somit grundlegend von Ostern 1916. Es gab keine offenen Kampfhandlungen, keine Fronten, keine feindlichen Hauptquartiere oder zu erobernde strategische Ziele. Die IRA trug keine Uniformen. Ihre Aufgabe war es, die britische Verwaltung Irlands unmöglich zu machen und so den Abzug der Briten zu bewirken. Die Kampagne eskalierte nur langsam. Die ersten Schüsse auf zwei Po-

Ein Krieg endete, ein anderer begann. *Soldaten der berühmten Irish Regiments marschieren während der Siegesparade im August 1919 durch Dublin. Tausende sahen zu, unter anderem auch diese furchtlosen Zuschauer auf dem Dach von Trinity College. Die zunehmenden Streitigkeiten um die Unabhängigkeit beeinflußten bis zu diesem Zeitpunkt die Bevölkerung nur wenig; sie saß noch bereitwillig unter dem Union Jack. Das alles sollte sich bald ändern.*
[FOTO: J. CASHMAN]

21
INCHICORE
Buy
DONNELLY'S
Bacon
93

Ein Auxiliary *beim Plausch mit einem Briefträger auf seinem Postwagen (links). Andere Auxiliaries, zu erkennen an ihren besonderen Mützen, beobachten das Geschehen. Die Auxiliaries waren nach der zuerst erfolgten Rekrutierung der Black and Tans zur Verstärkung der Polizei eingesetzt worden. Sie wurden besser bezahlt, trugen fast alle eigene Uniformen (im Gegensatz zu den Tans, die irgendwann mal ihre RIC-Ausrüstung bekamen) und benahmen sich eindeutig schlechter.*

lizisten, die ein Gelatinedynamit-Depot bewachten, waren typisch für die frühe Phase der Auseinandersetzungen; hauptsächlich wurden Waffenlager überfallen und Polizisten angegriffen. Dann folgten Überfälle auf Außenstellen der Royal Irish Constabulary (RIC) und Polizeikasernen. In der ersten Hälfte des Jahres 1920 beispielsweise wurden 16 bewohnte Kasernen zerstört und 29 beschädigt, außerdem brannte die IRA 400 leerstehende Posten nieder. Auch 74 Gerichtsgebäude gingen in Flammen auf, ein Hinweis darauf, daß Sinn Fein überall im Land eigene Gerichte installierte. Als Reaktion darauf verhaftete die Armee IRA-Mitglieder und der Mitgliedschaft Verdächtigte; dies leitete die letzte Phase der Auseinandersetzungen ein, in der die Männer ihre Familien und Häuser verließen und die sogenannten »Flying columns« [fliegende Einheiten] bildeten. Im letzten Jahr wurde der Krieg mobil, großangelegte Hinterhalte waren charakteristisch für diese Zeit.

Die Kämpfe fanden hauptsächlich zwischen der IRA und der Royal Irish Constabluary statt, wie die Anzahl der Opfer später belegte: Bei den Sicherheitskräften waren 400 Polizisten und 160 Soldaten ums Leben gekommen. Die Anzahl der Opfer unter den Zivilisten und der IRA betrug 752. Obwohl die britische Armee involviert war, wurden die Kämpfe offiziell als Probleme mit vereinzelten Bewaffneten bezeichnet, die einen Militäreinsatz nicht nötig machten. (In Irland war die Polizei schon immer eine bewaffnete Streitkraft.) Vor allem sollten die Auseinandersetzungen nach Ansicht der Regierung nicht durch den Begriff Krieg oder einen anderen Ausdruck, der eine Gleichheit der Parteien suggeriert hätte, gewürdigt werden. Nationalisten betrachteten es selbstverständlich als Krieg der Armee einer gewählten Regierung gegen eine fremde Macht. Viele zogen den typischen Euphemismus »Unruhen« vor.

In vielerlei Hinsicht wurde der Konflikt zögerlich, geradezu vorsichtig ausgetragen. Der anglo-irische Schriftsteller Hubert Butler erzählt, wie einmal zwei Männer in seinem Elternhaus um materielle Unterstützung für die IRA baten. Butler studierte damals in Oxford und fand es sehr aufregend, zwei leibhaftige Republikaner vor sich zu haben, und wollte sie unbedingt in ein Gespräch verwickeln. Butlers Mutter hatte andere Sorgen: »›Dich kenn' ich doch‹, sagte sie zu einem der beiden. ›Du bist Jim Connell. Nimm gefälligst die Zi-

Die Stadtpolizei von Dublin, *ursprünglich unbewaffnet, bildete ein leichtes Ziel; das erklärt, warum dieser Beamte die Straße genau im Auge behält, während er darauf wartet, daß der Autofahrer seine Papiere zeigt (rechts). Ungewiß ist, inwieweit reguläre Sicherheitskräfte durch die Auxiliaries unterstützt wurden.*

»Ich tu' nur meinen Job.« *Soldaten in Dublin wirken etwas verloren, während sie versuchen, die Menschenmenge bei einer der vielen Straßenrazzien unter Kontrolle zu halten (oben). Viele der Soldaten lebten, wie auch in anderen Teilen des Vereinigten Königreiches üblich, in Kasernen und steckten etwas in der Klemme zwischen der IRA und der RIC mit ihren Verstärkungen durch die Tans und die Auxiliaries.*

Ein totes IRA-Mitglied *wird nach der Wiedereinnahme des Zollhauses im Mai 1921 in einen Krankenwagen geladen.*

Der Big Fellow. *Während der Verhandlungen in London Ende 1921 ließ sich Michael Collins in einer ungewöhnlichen Pose vom Fotografen erwischen: breit in die Kamera lächelnd (links). Während der Unruhen war er darauf bedacht, möglichst nicht fotografiert zu werden. De Valera, Collins' zukünftiger Gegner, nimmt in Six Mile Bridge in der Grafschaft Clare die Parade der westlichen Division der IRA-Soldaten ab (rechts); hinter der Plattform hält ein Freiwilliger eines der neuen Thompson-Schnellfeuergewehre, die im Mai 1921 aus Amerika eingeschmuggelt worden waren.*

garette aus dem Mund, wenn du mit mir sprichst!‹ Er nahm sie aus dem Mund, und ich schalt meine Mutter, weil sie eine möglicherweise interessante Unterhaltung unterbrochen hatte ... Meine Mutter wies mich zurecht, und wir begannen uns zu streiten. Die beiden Männer sahen sich verlegen an und entfernten sich.«

1920 schließlich erkannte die Regierung, daß die Polizei Verstärkung brauchte, wenn sie die Front halten sollte. Aus naheliegenden Gründen konnten in Irland keine neuen Rekruten gezogen werden, so rekrutierte man ehemalige Militärangehörige in England. Die ersten Ankömmlinge in Irland mußten feststellen, daß es nicht genügend Uniformen gab, und waren daher gezwungen, eine Mischung aus khakifarbenen Jacken und flaschengrünen RIC-Hosen zu tragen. Sie wurden scherzhaft als die »Black and Tans« [die Schwarz-Braunen] bezeichnet, nach den Farben der Hunde einer Jagdgesellschaft in der Grafschaft Tipperary. Im Verlauf des Jahres 1920 kam mit den Hilfsdivisionen weitere Verstärkung für die Polizei. Es waren wiederum englische Veteranen, diesmal allerdings Offiziere im Ruhestand. Sie erhielten eine besondere Uniform – dunkelblau mit Schottenmützen – und den doppelten Sold normaler RIC-Rekruten.

Diesen beiden Gruppen fehlte jegliche Polizeierfahrung, und sie wurden schnell für ihre außergewöhnliche Brutalität bekannt. Ihre Kommandeure waren nicht gerade respekteinflößend. Die Hilfstruppen, im Volksmund nach ihrem englischen Titel Auxiliaries »Auxies« genannt, waren im allgemeinen die Undiszipliniertesten. Ihr Kommandant war ein ehemaliger Offizier der Ulster Volunteer Force (nicht gerade eine neutrale Wahl), Brigadier Crozier, der sich dadurch auszeichnete, daß er zunächst die Auxiliaries zu Brutalitäten ermutigte und dann von seinem Posten bei dieser, wie er es nannte, Gruppe von betrunkenen und ungehorsamen Männern zurücktrat – ein spektakulärer Abgang. Der Oberbefehlshaber der RIC war General Tudor, ein Offizier ohne Polizeierfahrung und von reizbarem Temperament. Der Kommandeur der britischen Armee in Irland hingegen, General Macready, war ein kompetenter und umsichtiger Mann. Er war einer der wenigen Kommandeure der britischen Armee, denen die liberale Regierung während der Ulster-Krise 1914 vertrauen konnte, und hatte viel Erfahrung in der Polizeiarbeit. Irland gegenüber empfand er keine besondere Zuneigung, einem neuen Staatssekretär für Irland schrieb er einmal: »Ich kann nicht sagen, daß ich Sie beneide, denn ich hasse das Land, in das Sie versetzt werden. Die Menschen dort sind unergründlicher als die See, und ihre Gewaltbereitschaft ist größer als meine Abneigung gegen die Deutschen.« Dennoch erfüllte Macready sein Amt, so gut es die Umstände in Irland erlaubten, auch wenn seine Abneigung gegenüber der RIC-Verstärkung eine gute Zusammenarbeit zwischen Armee und Polizei verhinderte. Im Februar 1921 beklagte er sich, daß die Auxiliaries die »Gebiete, die unter Kriegsrecht stehen, wie eine Art Wildpark behandeln, in denen sie sich amüsieren können«. Die Auxies erregten gerne Aufmerksamkeit, indem sie mit ihren großen Crossley-Armeefahrzeugen durch die Landschaft donnerten.

Das Problem für die Sicherheitskräfte bestand darin, daß sie es mit einem Guerillakrieg zu tun hatten. Wo war der Feind? Wer war

überhaupt der Feind? Die Anzahl der aktiven IRA-Mitglieder war im Grunde recht klein, wahrscheinlich waren es nie mehr als 3000 zur selben Zeit. Sie konnten leichter operieren, indem sie aus der Rolle der aktiven Kämpfer in die von Zivilisten schlüpften und umgekehrt. Ihnen standen einschließlich der britischen Verstärkung etwa 14 000 Polizisten und 25 000 Mann Truppen gegenüber. Die IRA genoß jedoch einen Vorzug, ohne den Guerillatruppen nie existieren könnten: Unterstützung von der örtlichen Bevölkerung. Wann immer eine Bevölkerung sie unterstützte – im von Napoleon besetzten Spanien, in Algerien unter französischer Regierung oder in Vietnam in den 1960er Jahren –, konnten die Guerillas den Kampf gewinnen.

So verhielt es sich auch im anglo-irischen Krieg. Natürlich waren die Fronten nie so eindeutig. Es gab Loyalisten im Süden, die die Sicherheitskräfte unterstützten, und viele neutral eingestellte Menschen hielten von beiden Seiten wenig. Die IRA terrorisierte die Zivilbevölkerung, sie zerstörte Privatbesitz und erschoß »Spione und Verräter«. Aber im Gegensatz zu ihren Gegnern stießen sie kaum auf Widerstand, denn der Großteil der Bevölkerung (außer im Nordosten) war streng antibritisch. Auch wenn sie ihre Methoden nicht gutheißen konnten, bewunderten doch viele die Männer »dort draußen«. Auch Menschen in wichtigen Positionen teilten die Ansicht der IRA, daß deren Mitglieder Soldaten seien, die mit den einzig verfügbaren Mitteln kämpften. »Vater, ich habe einen Menschen erschossen«, sagte einer der Kämpfer bei der Beichte. »Warst du überzeugt, das Richtige zu tun?« fragte ihn der Geistliche. Als der Mann dies bejahte, antwortete er: »Fahre fort mit dem guten Werk«, und erteilte ihm Absolution. In der Vergangenheit waren gewaltbefürwortende Bewegungen, wie die Fenier im 19. Jahrhundert, durch Spitzel geschwächt worden; die IRA dagegen war entschlossen, solche Schwachstellen durch sozialen Druck und Terrorismus zu verhindern. Um die Gesellschaft derart zu kontrollieren, mußte ihr »Geheimdienst« unter dem Befehl von Michael Collins den der Briten übertreffen, was ihm bis sechs Monate vor Kriegsende auch gelang.

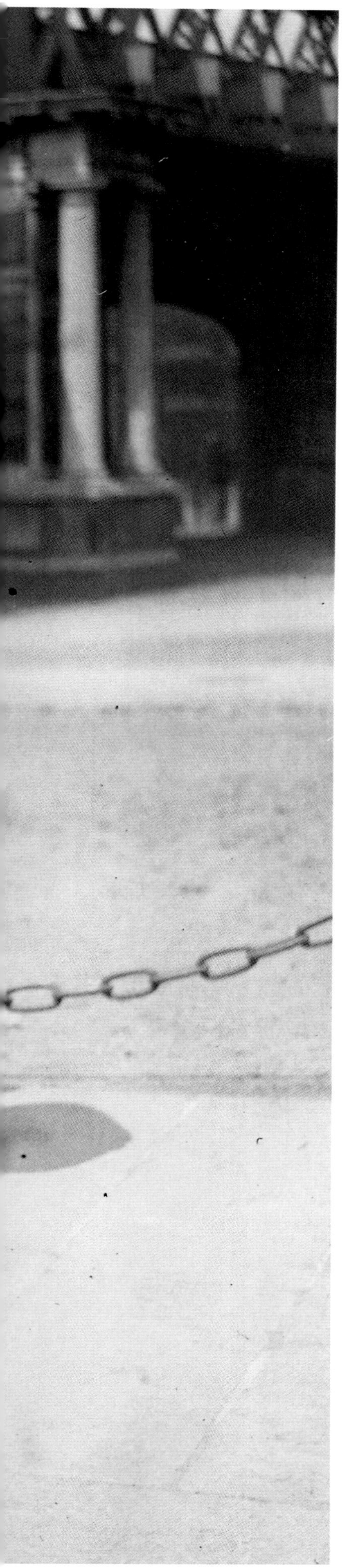

Premierminister *David Lloyd George und Sir Hamar Greenwood inspizieren Auxiliaries im Hof des Außenministeriums (rechts). Insgesamt 1800 ehemalige Armeeoffiziere wurden von Juli 1920 bis Ende 1921 als Offiziersanwärter der RIC rekrutiert. Eine ihrer erfolgreichen Aktionen war die Verhaftung von 120 IRA-Mitgliedern, die das Zollhaus niedergebrannt hatten.*

Michael Collins war zweifellos die zentrale Figur hinter den IRA-Aktionen. Er wird nicht ganz zu Unrecht als der Erfinder des modernen Guerillakriegs, des Terrorismus in den Städten, bezeichnet; sein Organisationstalent, seine Entschlossenheit, Gelassenheit und sein Charisma machten ihn zu einem Vorbild für die Iren und zu einem Feind, dem die Briten mit Respekt begegneten. Der Kabinettstaatssekretär Tom Jones äußerte im April 1921 Bonar Law gegenüber: »Die Ausdauer der Iren ist erstaunlich. Wo war dieser Michael Collins während des Weltkriegs? Er wäre zehnmal mehr Wert gewesen als die meisten Offiziere.« Collins entstammte einer kleinen, aber selbstbewußten Bauernfamilie in der Grafschaft Cork. Bei einem Einbruch in Dublin Castle zwecks Sichtung einiger dort gelagerter Polizeiakten konnte er zu seinem eigenen Vergnügen in seiner Akte lesen: »Er kommt aus einer cleveren Familie in Cork.« Im Alter von 16 Jahren ging er als Büroangestellter nach London und nahm an Abendkursen teil. Bereits einige Jahre lang Mitglied der IRB, kehrte er 1915 nach Irland zurück und nahm im darauffolgenden Jahr am Osteraufstand teil. Während des anglo-irischen Krieges schuf der Big Fellow, wie seine Anhänger ihn nannten, ein Informantennetz; einige seiner Leute befanden sich sogar in Dublin Castle. So organisiert, konnte er seine besondere Einsatztruppe für Mordkommandos einsetzen. Der spektakulärste Überfall fand am Morgen des 21. November statt: Die Truppe erschoß 12 britische Offiziere, alle Mitglieder und Organisatoren der Eliteeinheit »Cairo« des britischen Geheimdienstes. Am selben Tag erschienen einige Soldaten der Auxiliaries im Stadion Croke Park, wo ein wichtiges Spiel Gaelic Football stattfand, schossen wahllos in die Zuschauer und brachten dabei zufällig ebenfalls 12 Menschen um. Diese als Bloody Sunday in die Geschichte eingegangenen Ereignisse hat Neil Jordan in seinem Film *Michael Collins* (1997) sehr eindringlich gezeigt. Um die Ereignisse filmisch besser darstellen zu können, manipulierte er jedoch einige Tatsachen. Zwei der erschossenen Offiziere waren wahrscheinlich nicht Mitglieder des Geheimdienstes (auch wenn die damalige Verlautbarung der Briten, alle Erschossenen seien Angehörige eines normalen Regiments gewesen, eindeutig unwahr ist), und Jordans Darstellung des gepanzerten Polizeifahr-

Ein Auxiliary *lädt mit viel Show für den Fotografen seinen 45er-Revolver (links), und ein Engländer beugt sich vor, als habe er etwas so Außergewöhnliches noch nie gesehen. Im Hintergrund sieht man verhaftete Verdächtige mit den Händen hinter dem Kopf.*

zeugs, das mit rotierender Kanone ununterbrochen Patronensalven abfeuerte, ist erfunden. Ein gepanzertes Fahrzeug wurde nicht eingesetzt, wahrscheinlich wurde nicht einmal ein Maschinengewehr benutzt, denn die Zahl der Opfer hätte dann höher ausfallen müssen. Trotzdem markierte dieser Nachmittag den Zusammenbruch der Disziplin und wurde natürlich von den Republikanern für Propagandazwecke ausgenutzt.

Collins führte ein recht angenehmes und im Umkreis von Dublin ziemlich öffentliches Leben, obwohl eine hohe Summe auf seinen Kopf ausgesetzt war. Er war stets bemüht, wie ein Geschäftsmann aufzutreten, davon überzeugt, britische Kontrollposten würden niemals eine Person in einem grauen Anzug für einen Terroristen halten. Einen anderen Trick hatte er einem der Anarchisten in G. K. Chestertons *Der Mann, der Donnerstag war* entlehnt: Wer nicht den Anschein erweckt, sich verstecken zu wollen, wird auch nicht aufgespürt. Er achtete darauf, niemals direkt von vorn fotografiert zu

Die zwölf Leichname *der erschossenen Agenten wurden auf Geschützwagen durch Kingstown (heute Dun Laoghaire) gefahren, bevor sie über die Irische See zu einem Staatsbegräbnis nach London überführt wurden (unten). Am Straßenrand trauernde Soldaten mit gesenkten Gewehren.*

Die Cairo Gang *(oben) bestand aus Agenten des Geheimdienstes, benannt nach ihren Einsätzen im Nahen Osten. Ihr Anführer war das »sehr eindrucksvolle Original« Colonel Ormonde Winter, der immer sein Monokel und einen schwarzen Zigarettenhalter mit sich trug und von einem hohen Regierungsbeamten als »schlau wie eine weiße Schlange und wahrscheinlich völlig unmoralisch« beschrieben wurde. Einige Mitglieder der Gang und andere britische Agenten wurden an einem Sonntagmorgen im November 1920 von Collins' Leuten erschossen.*

werden, und es gibt eine Reihe von Gruppenaufnahmen – im Zusammenhang mit Sinn Fein wie auch mit gesellschaftlichen Anlässen wie Hochzeiten –, auf denen er hinter anderen versteckt oder mit gesenktem Kopf auftaucht.

Noch im selben Monat des Bloody Sunday erzielte Tom Barrys Kommando in West-Cork einen spektakulären Erfolg, als er aus einem Hinterhalt in Kilmichael 16 Männer einer Auxiliarie-Patrouille erschoß. Wenn die Regierung den Krieg gewinnen wollte, mußte sie sich etwas Neues einfallen lassen. Das Militär hatte schon seit längerem die Verhängung des Kriegsrechts gefordert, nun war es endlich so weit. Zu Macreadys Ärger wurde es jedoch nur über acht Grafschaften verhängt (die gesamte Provinz Munster sowie Kilkenny und Wexford). »Ich sehe genau, welche Probleme diese Teilregelung schafft«, schrieb Macready an seinen Stellvertreter, »aber die Kittelträger (so des Generals verächtlicher Spitzname für Politiker) beharrten darauf, kein allgemeines Kriegsrecht zu verhängen.« Wichtige Häfen, vor allem Dublin davon auszunehmen war völlig unlogisch. Da die Regierung jedoch nie geschlossen hinter der Verhängung des Kriegsrechts gestanden hatte, mangelte es an der nötigen Unterstützung.

Überraschenderweise waren viele Minister für ein eher illegales und ordnungswidriges Vorgehen, nämlich für »offizielle« Vergeltungsmaßnahmen. Inoffiziell waren schon lange Vergeltungsmaßnahmen durchgeführt worden, im allgemeinen von den Tans oder den Auxies, die aufsehenerregendste war sicherlich das Niederbrennen der Innenstadt von Cork im Bereich der St. Patrick Street im Dezember 1920. Nun wurden sie systematisch durchgeführt; als

Unwillkommener Besuch *(links). Auxiliaries auf dem Weg zu einer Durchsuchung in der Grafschaft Tipperary beim Verlassen ihrer Crossley-Fahrzeuge; das Foto zeigt eine ruhige Szene. Zum Ärger der regulären Truppen schossen die Auxiliaries jedoch oft in die Luft oder mit Leuchtmunition in Menschenmengen. Die Aufbauten aus Maschendraht auf den Fahrzeugen sollten Handgranaten-Angriffe der IRA abwehren.*

Balbriggan, nördlich von Dublin *(rechts), nachdem sich die Tans für den Mord an einem Polizisten gerächt hatten: eine Strumpffabrik, vier Pubs und 49 weitere Gebäude wurden niedergebrannt, zwei Einwohner kamen dabei ums Leben.*

Antwort auf Hinterhalte und andere Vergehen wurde Privatbesitz niedergebrannt. Problematisch dabei war jedoch, daß diese Maßnahmen häufig die Landbesitzer trafen und die IRA sofort Rache übte, indem sie anglo-irische Landsitze niederbrannte, die durch ihre einsame, aber hervorgehobene Lage ein einfaches Ziel darstellten. Ein Anführer der IRA brachte den Sinn der Taktik auf den Punkt, als er Lord Bandon damit aufweckte, daß er Benzin in seinem Haus verschüttete: »Letzte Woche haben Sie mein Schloß niedergebrannt, also brenne ich jetzt Ihres nieder.« Nach fünf Monaten gab die Regierung diese Vorgehensweise wieder auf.

Ad-hoc-Strafmaßnahmen gegen einzelne wurden aber weiterhin unterstützt, etwa gegen Vergeltungsmord-Täter. Man nahm an, daß meist einzelne Kleinstgruppen bewaffneter Gewalttäter für die Anschläge verantwortlich seien, die man lediglich aus der Gemeinschaft zu isolieren brauche, um das Problem zu lösen. Ganz offensichtlich gab es Kräfte im Kabinett – unter ihnen Premierminister Churchill und Greenwood –, die das sogenannte »gunning« erlauben wollten: die standrechtliche Erschießung von Heckenschützen durch die Sicherheitskräfte. Aber zum Ärger der Armee weigerte sich die Regierung, solche Erschießungen zur offiziellen Taktik zu erklären; sie zog es vor, notfalls jegliche Verantwortung bestreiten zu können. Dieser Zynismus erschütterte selbst den überzeugten Unionisten General Wilson im Kriegsministerium, der in seinem Tagebuch vermerkte: »Tudor hat ganz deutlich darauf hingewiesen, daß alle – die Polizei, die Black and Tans und die 100 Geheimdienstler – Vergeltungsmorde verüben. Die Polizei hat gestern in Balbriggan, Thurles und Galway einige Mitglieder der Sinn Fein benannt, die ihrer Ansicht nach die aktuellen Morde begangen hatten, und sie dann kaltlächelnd ohne Verhör oder Verurteilung erschossen. Winston sah nichts Schlimmes darin, aber ich bin entsetzt.«

Die Grausamkeit nahm also auf beiden Seiten zu. Von Dublin Castle und verschiedenen Kasernen wurden sehr dubiose Vorgänge berichtet (hier hält sich Jordans Film über Michael Collins weitgehend an die Tatsachen), einige IRA-Mitglieder sollen »bei einem Fluchtversuch erschossen« worden sein. Auch hohe Amtsträger blieben nicht verschont. Der Oberbürgermeister von Cork starb nach 74 Tagen Hungerstreik für die Anerkennung als politischer Gefangener, sein Nachfolger Thomas MacCurtain wurde in seinem eigenen Haus erschossen (ein Untersuchungsausschuß befand Innenminister Lloyd George und die örtliche RIC später für schuldig, der eigentliche Verantwortliche, Inspektor Swanzy, wurde zu seinem eigenen Schutz nach Nordirland geschickt, wo ihn die IRA aber schließlich fand). Der Oberbürgermeister von Limerick wurde ebenfalls standrechtlich von den Sicherheitskräften erschossen. Spitzel wurden nach wie vor von der IRA »hingerichtet«, in einem Fall traf es eine 70jährige Frau, die die Armee vor einem geplanten Hinterhalt gewarnt hatte. Die IRA drohte wiederholt, gefangene englische Offiziere zu erschießen, um Mitglieder, denen in England die Todesstrafe drohte, zu retten – und hat diese Drohungen in einigen Fällen auch wahrgemacht. Ernie O'Malleys Kommando erschoß in der Nähe von Clonmel drei englische Offiziere zur Vergeltung. Als sie im Morgengrauen mit den Männern durch die Felder marschierten, sagte eines der Opfer, um Konversation bemüht: »Schlecht zum Jagen, diese Gegend«, und O'Malley antwortete vol-

ler Selbstverachtung und Haß auf seine Aufgabe: »Hier wird nicht mehr viel gejagt.« Frank O'Connors schöne Kurzgeschichte »Guests of the Nation« behandelt dasselbe tragische Thema.

Ein hervorragendes Beispiel für die Kopflosigkeit der Auxies ereignete sich im April 1921 bei einem Überfall auf ein Hotel in der Grafschaft Limerick, bei dem man Verdächtige zu verhaften hoffte. Wie geplant, sollten 14 Männer in Zivil in der Hotelbar die Verdächtigen identifizieren, während 21 Männer das Hotel umstellten. Als sie sich dem Hotel näherten, sahen sie einige Männer durch die Felder wegrennen, und in der Aufregung ließen sie den ursprünglichen Plan fallen. Die Auxiliaries in Zivil rannten in die Bar und brüllten »Hände hoch!«. Unvorhergesehenerweise befanden sich gerade einige dienstfreie RIC-Polizisten in der Bar, die natürlich hinter den Eindringlingen IRA-Mitglieder vermuteten. Beide Seiten schossen wild aufeinander los, den Männern in der Bar gelang es, ihre scheinbaren Angreifer aus dem Hotel zu treiben. Schließlich trafen die uniformierten Auxiliaries ein, und die RIC-Männer erkannten ihren Fehler. Gemeinsam mit dem Hotelbesitzer liefen sie hinaus, um sich zu stellen. Aber die Auxiliaries schossen weiterhin auf sie, wobei der Hotelbesitzer getötet und ein RIC-Polizist verwundet wurde. Der Vorfall endete mit drei Toten und zahlreichen Verwundeten. Berichten eines prominenten Hotelgastes, des Bruders von Lord Parmoor, zufolge stürmten die Auxiliaries daraufhin das Hotel und benahmen sich »wie verrückt gewordene Indianer«.

Ein Überfall der Tans *auf Liberty Hall, die Hauptverwaltung des Irish Trade Union Congress in Dublin, am 25. November 1920, einige Tage nach dem Bloody Sunday. Da die Polizei bei ihren Durchsuchungen nichts gefunden hatte, wollte sie wenigstens irgendeine Beute machen – die Musikinstrumente der Gewerkschaftskapelle.*

Die Reaktion der Regierung auf diesen Vorfall bestand darin, jeglichen Vorwurf von Disziplinlosigkeit oder ordnungswidrigem Verhalten zurückzuweisen. Innenminister Hamar Greenwood erlangte wahre Meisterschaft darin, alle Anschuldigungen mit versteinerter Miene und dem Hinweis auf die Notwendigkeit zu kontern. Aber immer wieder fanden unangenehme Informationen und Gerüchte ihren Weg in die britische Presse. Selbst Anhänger der Regierung hatten Schwierigkeiten, dieses Vorgehen zu billigen. Lord Hugh Cecil faßte Greenwoods Erklärungen sehr treffend folgendermaßen zusammen: »Es hat keine Vergeltungsmaßnahmen gegeben, aber sie waren durchweg sehr erfolgreich.«

Obwohl Lloyd George zuzugeben sich weigerte, daß der Aufstand ein Krieg sei, hat er sich um eine politische Lösung der Irlandfrage nicht bemüht. Zwar war die britische Regierung vollauf damit beschäftigt, die Situation in Europa nach dem Ersten Weltkrieg zu bewältigen, aber selbst nach Unterzeichnen der Friedensverträge in Europa dauerte es noch eine ganze Weile, bis sich die Parlamentarier der Irlandfrage zuwandten. Im Dezember 1920 beschloß man, die Übereinkommen von 1914 in groben Zügen durchzusetzen – nur hatte sich seitdem besonders im Süden viel verändert.

Der Government of Ireland Act von 1920 teilte die Insel und gab beiden Teilen die Homerule. Das bedeutete zwei eigenständige Parlamente in Dublin und Belfast, die beide gewisse Freiheiten der Selbstverwaltung hatten. Als übergreifende und verbindende Kraft sollte der Council of Ireland dienen – dieses Konzept war jedoch nur umrissen worden und basierte auf der Zusammenarbeit zwischen den beiden irischen Parlamenten. Der Grenzverlauf war ohne Beratung mit den Nationalisten festgelegt worden und räumte daher den Unionisten Vorteile ein. Das Parlament hatte interessanterweise vorgeschlagen, daß alle neun Ulster-Grafschaften abgetrennt werden sollten; eine Minderheit hingegen befürwortete örtliche Volksabstimmungen, wie sie auf Vorschlag des amerikanischen Präsidenten Woodrow Wilson in Europa zur Grenzfestlegung nach dem Ersten Weltkrieg in einigen Regionen durchgeführt worden waren. Die Abtrennung aller neun Grafschaften hätte zu einem fast ausgewogenen Verhältnis zwischen Katholiken und Protestanten geführt und eine Kontrolle der Region durch die Unionisten fast unmöglich gemacht. Einige Unnachgiebige und ihre Helfer im Parlament, wie Carson und Curzon, sorgten aber schließlich dafür, daß nur die sechs nordöstlichen Grafschaften abgetrennt wurden. Die dort lebenden katholischen Mehrheiten in Tyrone und Fermanagh glaubte man schon überstimmen zu können. Eine sehr nachlässige Art, einen Grenzverlauf festzulegen, und dementsprechend war Widerstand zu erwarten.

Nach den glorreichen Kämpfen von 1916 und den Wahlsiegen von Sinn Fein reichte die lang ersehnte Homerule dem Süden nicht mehr. Wie so oft im Verhältnis zwischen Großbritannien und Irland war es ein Fall von »zu wenig, zu spät«. Aber die alternative Sinn-Fein-Regierung nutzte die Wahlen zu diesem ungewollten Parlament gerne, um noch einmal ihre völlige Kontrolle über den Süden zu demonstrieren. Im Mai 1921 gewann sie mit Ausnahme der künstlichen Unionistenhochburg der Dubliner Universität alle Sitze. Die politische Botschaft war unmißverständlich: Ganz Irland war einstimmig für Unabhängigkeit.

Trotzdem dauerte der Krieg an. Es ist schwer zu sagen, wer die Oberhand gewann. Der militärische Geheimdienst war umstrukturiert worden und hatte erfolgreich einige Waffenlager ausgehoben. Außerdem wurde die – wie es hieß – einzig wirksame Maßnahme gegen Guerillakriegsführung erprobt: der Einsatz von mobilen, unabhängigen Fußtruppen, die mitten in der Landschaft ausgesetzt wurden und dann in verschiedene Richtungen ausschwärmten. Die Briten wendeten später in Manila ähnliche Methoden an, ebenso die Amerikaner in Vietnam. Diese Maßnahmen schienen erste Erfolge zu verzeichnen. Während der anschließenden Verhandlungen gab Michael Collins der britischen Delegation gegenüber zu, daß der irische Widerstand unter den damaligen Umständen nur noch drei Wochen hätte aufrechterhalten werden können.

Aber die IRA war nach wie vor aktiv. Die fliegenden Einsatzkommandos waren zunehmend ungestraft tätig; die Landbevölke-

Die »amerikanische Karte« *wurde von den Nationalisten und den Unionisten ausgespielt. Amerikanische und kanadische Anhänger des Orange Order nehmen 1920 an einer Parade zum 12. Juli in Belfast teil (links).*
Während des Waffenstillstands Ende 1921 werden in Dublin amerikanische Flaggen verkauft (rechts).
Der schlanke, elegante de Valera und Erzbischof Hayes am St. Patrick's Day (dem irischen Nationalfeiertag) in New York, 1912 (unten).

rung stand mehr denn je hinter ihnen, und finanziell war Sinn Fein durch de Valeras Spendenkampagne in Amerika 1919–20 gut abgesichert, was Patrioten später zu Balladen über das »Knattern der halbautomatischen Thompson-Gewehre« veranlaßte.

Ausschlaggebend wurde schließlich die öffentliche Meinung. In Irland war sie immer polarisiert gewesen, in der Welt war sie gemischt, in England setzte sich schließlich der liberale Geist durch, für den das Land so bekannt ist, der aber im Zusammenhang mit Irland oft etwas kurzsichtig war. Obwohl die Regierung alles bestritt, erschienen in der Presse Berichte über Ausschreitungen seitens der Polizei; der in Yeats' Gedichten ausgedrückte emotionale Nationalismus begann zu wirken, und die republikanische Propaganda stellte die Geschichte von der tapferen Nation unter dem Stiefel der Unterdrücker immer geschickter dar. Vor allem konnte die unangenehme Tatsache nicht länger übersehen werden, daß die Wählerschaft dreimal (zweimal bei einer allgemeinen Wahl, einmal bei Regionalwahlen) die zögerlichen Angebote der Briten zu teilweiser Selbstregierung zugunsten völliger Unabhängigkeit zurückgewiesen hatte. Die Briten waren stolz darauf, dem Schrei nach Freiheit nachzugeben – auch wenn sie nur ungerne zugaben, daß es ein Schrei nach Unabhängigkeit von Großbritannien war. Lloyd George sah sich gezwungen, seine Pläne, die Rebellen zu besiegen, aufzugeben und einen Waffenstillstand zur Aufnahme direkter Verhandlungen mit Sinn Fein anzubieten. Er stellte auch keine Bedingungen, die ein

Treffen hätten verhindern können: Die IRA brauchte ihre Waffen nicht abzugeben, und George erkannte Collins und andere prominente Kämpfer als Mitglieder der irischen Delegation an. Der eigentliche Anlaß für die Kehrtwende der Regierung war wahrscheinlich die positive Reaktion der Öffentlichkeit in Irland und England auf den Aufruf zur Versöhnung, den König George V. anläßlich seiner Rede zur Eröffnung des Parlaments im Norden im Juni hatte ergehen lassen. Am 11. Juli 1921 wurde der Waffenstillstand unterzeichnet. Kurz vor Inkrafttreten erschoß die IRA in Cork einen alten Polizeisergeant der RIC bei der heimischen Gartenarbeit – eine Warnung, daß die IRA unbesiegt fortbestand.

Militärisch hatte keine Seite gewonnen. Zweifellos hätten die Briten durch eine ausreichende Verstärkung der Streitkräfte die Ordnung wiederherstellen können, möglicherweise unter Kriegsrecht. Die Polizei allein – oder mit (oder gerade trotz) den Black and Tans – hätte das sicher nicht geschafft, die Armee aber durchaus. Eine ausschließlich militärische Lösung hätte die Unterstützung der gesamten Regierung erfordert, die wiederum die uneingeschränkte Unterstützung der britischen Öffentlichkeit vorausgesetzt hätte – genau die aber begann 1922 zu schwinden. Der Erfolg der IRA beruhte darauf, daß so lange weitergekämpft wurde, bis die Briten an den Verhandlungstisch gezwungen waren. Politisch hatten die Iren gesiegt.

George V. *vor der Eröffnung des nordirischen Parlaments, nach der Teilung Irlands aufgrund des Government of Ireland Act (1920). Auf dem Bild oben schreitet er die Reihen der RIC ab, die kurz darauf zur Royal Ulster Constabulary wurden. Die Rede des Königs im Juni 1921, in der er zur Versöhnung aufrief, hat möglicherweise dem Waffenstillstand zwischen der IRA und den Briten im darauffolgenden Monat den Weg bereitet.*

Allgemeiner Jubel *der Menschenmassen vor Mansion House in Dublin, als die Delegierten am 8. Juli 1921 zu den Waffenstillstandsverhandlungen eintreffen (rechts). General Macready und der Anführer der Unionisten im Süden, Lord Midleton, waren überrascht, ebenso laut bejubelt zu werden wie ihre Gegner. Der Waffenstillstand trat am Montag, 11. Juli, 12 Uhr mittags in Kraft.*

Unter der Nelsonsäule *auf dem Trafalgar Square in London kann die irische Trikolore gezeigt werden, ohne daß es zu Unruhen kommt (oben). Ein Beweis dafür, daß die britische Öffentlichkeit Ende 1921 die Idee eines eigenständigen irischen Staates akzeptiert hatte.*

Hoffnungsvolles Warten. *Die Menschenmenge vor Mansion House im Juli 1921 (links), während drinnen der Waffenstillstand ausgehandelt wurde. Der Junge rechts des Pfahls singt angeblich ein Kirchenlied für den erfolgreichen Abschluß der Verhandlungen.*

Überzeugungsarbeit für das Abkommen. *Barhäuptig im Regen in einem Meer von Hüten versucht Michael Collins im März 1922 die Dubliner von den Vorteilen des Abkommens zu überzeugen. Symbolischerweise stand das Podest, von dem aus er sprach, vor dem Eingang der Bank of Ireland, in der im 18. Jahrhundert das irische Parlament getagt hatte. Das Abkommen sah die Defacto-Unabhängigkeit für Südirland vor: Es bestätigte zugleich aber auch die Teilung, denn sechs der nordöstlichen Grafschaften sollten britisch bleiben.*

KAPITEL FÜNF

ABKOMMEN UND KOMPROMISSFINDUNG

DER WAFFENSTILLSTAND WURDE IN IRLAND ALLGEMEIN begrüßt. General Macready war überrascht, auf dem Weg zu einem Treffen mit den irischen Vertretern ein paar Tage vor der Unterzeichnung des Abkommens von der Dubliner Bevölkerung bejubelt zu werden. Die Öffentlichkeit war offenbar der Ansicht, daß die Gewaltanwendung ihren Zweck erfüllt habe und nun die Zeit reif sei für ein Abkommen und für Frieden. Trotz des Optimismus blieb es aber schwierig, einen Kompromiß zu finden. Die Briten mußten natürlich über ihr Vorkriegsangebot der Homerule hinausgehen, aber es schien unwahrscheinlich, daß sie den Iren Unabhängigkeit zugestehen würden. Die Iren wiederum hatten für die Errichtung der Republik gekämpft, das bedeutete nicht nur völlige Souveränität, sondern auch Loslösung vom Empire. Jemand mußte nachgeben.

Präsident der Irischen Republik war Eamon de Valera – wenngleich bis dahin von Großbritannien noch nicht anerkannt. Im Laufe des Sommers traf er sich mehrmals ergebnislos mit Lloyd George. George klagte, daß Verhandlungen mit de Valera so mühselig seien wie der Versuch, Quecksilber mit einer Gabel aufzuspießen, worauf de Valear antwortete: »Warum benutzt er dann keinen Löffel?« Nach einigen Wochen jedoch erklärten die Iren sich zu einer offiziellen Konferenz mit der britischen Regierung bereit.

Der irischen Delegation gehörten an Außenminister Arthur Griffith als Delegationsleiter und Michael Collins – die beiden politischen Schwergewichte –, E. J. Duggan, Robert Barton, George Gavan Duffy und Erskine Childers. De Valera hingegen war abwesend; er wollte die Würde des Präsidentenamtes nicht beschädigen und sagte, er habe mit Lloyd George bereits alles versucht, vielleicht hätten andere mehr Erfolg. Böse Zungen behaupten, de Valera habe gewußt, daß ein Kompromiß unvermeidlich wäre, und nicht derjenige sein wollen, der die Republik opferte.

Dienstältester von drei Ministern der irischen Delegation war Erskine Childers, eine sehr komplexe Persönlichkeit. Er stammte aus einer typisch patriotischen englischen Familie der gehobenen Mittelschicht, war auf die Privatschule Haileybury und dann nach Cambridge gegangen, war Veteran des Burenkriegs und hatte in seinem Thriller *The Riddle of the Sands* (1903), einem der ersten Bücher dieser Art, vor der Bedrohung durch Deutschland gewarnt. Kurz vor 1914 erwachte plötzlich der irische Nationalist in ihm – vielleicht unter dem Einfluß seines Vetters Robert Barton und der Erinnerung an verbrachte Ferienzeiten in Bartons Haus in der Grafschaft Wicklow. Daraufhin beteiligte er sich sehr mutig amWaffenschmuggel für die Irish Volunteers. Bei Kriegsausbruch erinnerte er sich jedoch wieder seiner imperialistischen Haltung und wurde für seine Dienste in der Luftwaffe mit dem Verdienstkreuz ausgezeichnet. Nach 1918 wand-

Lord Dunsanys Bedienstete *(oben) servierten auch 1923 noch Getränke beim Jagdtreffen in Meath. Lord Dunsany, ebenso Literat wie ein Mann der Tat, geriet im Osteraufstand zwischen die Fronten: Er wurde an der Wange getroffen und von den Rebellen gefangengenommen, kam jedoch so gut mit ihnen aus, daß er einem von ihnen seinen britischen Armeegürtel schenkte. Aus unerfindlichen Gründen befand dieser sich später an Collins' aufgebahrtem Leichnam.*

Trauriger Abschied. *Die Familien Malahide und Dunsany blieben zwar in Irland, für den Polizisten, der die Residenz des Vizekönigs bewachte, war es hingegen Zeit, seinen Abschied zu nehmen (rechts). Mr. Taylor, der Butler, schüttelt ihm im Dezember 1922 zum Abschied die Hand.*

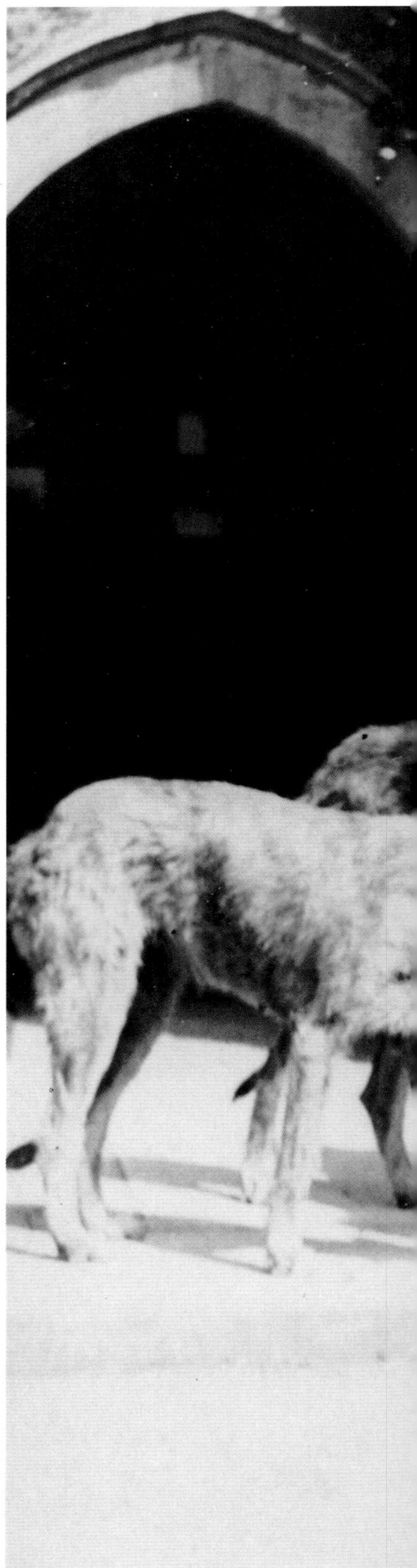

Lord und Lady Talbot de Malahide *mit Mrs. Ryan (rechts) und »zweieinhalb Paaren« irischer Wolfshunde lassen sich Mitte der 1920er Jahre in aller Seelenruhe von einem irischen Gesellschaftsfotografen aufnehmen. Die Familie war im 12. Jahrhundert mit den Normannen nach Irland gekommen; die Zeit zwischen 1916 und 1922 war daher*

nur ein weiterer Abschnitt in ihrer langen Familiengeschichte. Erst die Erbschaftsteuer nach dem Tod des 7. Baronets 1973 zwang die Familie, das Schloß, in dem die Talbots seit dem Mittelalter ununterbrochen gelebt hatten, zu verkaufen. Etwa zu dem Zeitpunkt, als dieses Foto aufgenommen wurde, war in Malahide eine der größten literarischen Entdeckungen dieses Jahrhunderts gemacht worden: die Aufzeichnungen James Boswells, des Biographen von Samuel Johnson. Nach der Heirat einer Boswell mit einem Talbot von Schottland nach Irland gekommen, gelangten sie schließlich zur Yale University.

Gälische Sportarten *lebten nach der Gründung des Freistaates wieder auf. Eines der wichtigsten Sportereignisse waren die Tailkeann-Spiele im Croke Park in Dublin,1924; im ganzen Land fanden Sportereignisse statt wie diese Gälischen Spiele in Ballydavid in der Grafschaft Kerry (links). Leichtathletik wurde innerhalb der GAA allmählich von Gälischem Fußball und Hurling verdrängt.*
[FOTO: FR. BROWNE S. J.]

Der senegalesische Boxer *Louis Phail (oben) kam 1923 zu einem Preiskampf nach Dublin. Hier hat ein Junge aus Dublin die Chance, gegen den Schwergewichtsweltmeister zu kämpfen, einen Titel, den er gegen Mike McTaigue aus der Grafschaft Clare verlor, der ihn bis 1925 innehatte. Die Iren waren hervorragende Boxer. John L. Sullivan und James J. Corbett, Amerikaner irischer Herkunft, waren um die Jahrhundertwende weltbekannte Boxweltmeister.*

te er sich erneut und überzeugter denn je dem Kampf für Irland zu. Wie wir sehen werden, war Childers Standpunkt zum Status der Republik unverrückbar. Die beiden anderen in englischen Privatschulen erzogenen Mitglieder der irischen Delegation, Barton (der in Rugby gewesen war) und Duffy (in Stonyhurst), waren weniger starr. Waren diese ehrwürdigen Herren mit dem englischen Akzent möglicherweise so bemüht, ihre irische Gesinnung zu beweisen und jeder Kritik von Abtrünnigkeit zuvorzukommen, daß sie schwerer zu überzeugen waren als die »echten« Iren Griffith und Collins?

Privatschule hin oder her: Die Briten waren davon überzeugt, den Iren bei den Verhandlungen überlegen zu sein. Die Regierungsverwaltung in London erstellte ein unverschämtes Dokument, das nach einer kleinen Skizzierung aller Abgeordneten zusammenfaßte: Die Delegierten »werden nervös und unsicher sein. Sie haben niemals zuvor mit erfahrenen Politikern verhandelt. Sie haben wichtige Positionen im Dail Eireann inne, einer undefinierbaren Versammlung ... Möglicherweise werden sie sich etwas unbeholfen und rüde ausdrücken.« Die Hinterwäldler haben sich dann jedoch gar nicht so ungeschickt angestellt. Besonders Collins durchschaute seine Gegner sehr genau und verfaßte selbst geheime Charakterstudien. Bei Lloyd George traf er den Nagel auf den Kopf: »Ist überzeugt, daß sich durch seine väterliche Art und Gemütlichkeit alle Probleme werden lösen lassen – denkt er. Er spricht uns mit ›Nun, Michael‹ und ›Nun, Mick‹ an und würde für politische Erfolge seine Kinder verkaufen.« Collins hielt Greenwood für verabscheuenswürdig, respektierte Churchill und empfand geradezu Bewunderung für Lord Birkenhead (das war F. E. Smith, nun viel umgänglicher als in seinen hitzigen Tagen vor 1914, wo er sich als Befürworter des Extremismus für Ulster hervorgetan hatte).

Im Mittelpunkt stand die Frage, wieviel Unabhängigkeit und welchen Status Irland erhalten sollte. Und welche Gebiete sollte es umfassen? Aus heutiger Sicht und in Anbetracht der Ereignisse in Nordirland seit 1968 erstaunt es, daß die zweite Frage nicht Thema der Konferenz war. Die Teilung Irlands 1920 ermöglichte die Verhandlungen darüber im darauffolgenden Jahr, weil die Frage der Union nicht mehr zur Diskussion stand. Hätte man diese erst noch klären müssen, wären die Verhandlungen sofort ins Stocken geraten. Die Unionisten im Süden und die Nationalisten im Norden mußten natürlich enttäuscht werden, aber die Anerkennung der vorübergehenden Teilung beweist den Realismus der irischen Delegation. Lloyd George erleichterte ihnen diese Haltung, indem er vorschlug, eine Grenzkommission einzusetzen, die, so der Wink mit dem Zaunpfahl, die nationalistischen Grafschaften Tyrone, Fermanagh, Süd-Armagh und Derry von Nordirland abtrennen sollte. Dadurch würde ein so kleiner Staat entstehen, daß es zwangsläufig zu einer Wiedervereinigung kommen müßte. (Gleichzeitig versprach er den Unionisten in Ulster heimlich, daß der Grenzverlauf unverändert bliebe.)

Die Hauptfrage jedoch war der Status des neuen Irland. Am Ende mußte ein Kompromiß gefunden werden. Die Briten waren bereit, Irland den Status eines Dominion [sich selbst regierendes Land des Britischen Staatenbundes] zuzugestehen, den auch Kanada genoß oder die weißen Staaten des Empire und ehemaligen Mitglieder des Commonwealth. Der in Dublin durch den Generalgouverneur vertretene König wäre dann nach wie vor Staatsoberhaupt. Verschiedene Amtsträger, unter anderen auch die Parlamentsabgeordneten, müßten einen Eid auf die Krone schwören. Irland wäre nach wie vor Teil des Empire und somit dessen Regeln unterworfen – welchen auch immer. Einige Häfen in Südirland sollten zur Verteidigung des Empire britisches Territorium bleiben. Auf der anderen Seite wären die Iren in der Innenpolitik völlig und in der Außenpolitik de facto unabhängig: genug Freiheit, um völlige Souveränität zu erlangen – so zumindest argumentierte die irische Delegation, allen voran Collins, in Dublin. »Eine Republik kann man nicht von heute auf morgen errichten«, sagte er. Warum um Worte streiten?

Aber in Irland waren einige nicht bereit, die Errichtung der Republik so einfach aufzugeben und diejenigen zu vergessen, die dafür

Der walisische Hexenmeister, *Lloyd George (ganz links) mit zwei Mitgliedern seiner Verhandlungsgruppe bei den Verhandlungen für das anglo-irische Abkommen, Lord Birkenhead und Winston Churchill vor Downing Street Number Ten. Birkenhead hinterließ den größten Eindruck bei Collins: »Wenn die gesamte englische Delegation so klar denken könnte wie er … wäre alles viel einfacher. Anwalt, aber ganz anders … ein guter Mann.«*

Erskine Childers *(rechts) führte die Minister der irischen Delegation an. Er war später einer der ersten Republikaner, die während des Bürgerkriegs von der irischen Regierung hingerichtet wurden. Rechts von ihm sein gleichnamiger ältester Sohn, der in den 1970er Jahren Präsident der Republik Irland werden sollte.*

von 1916 bis zum Waffenstillstand 1921 gestorben waren. Collins wußte das: In einem Brief, den er während der Verhandlungen geschrieben hatte, gab er zu, »die Annahme dieses Angebots wird als Verrat betrachtet werden«. Er meinte jedoch, das Abkommen selbst sei zwar nicht zufriedenstellend, aber ein erster Schritt zur völligen Selbständigkeit.

Da Collins recht haben sollte (weitere Schritte zur Unabhängigkeit folgten 1933, 1937 und 1949), schloß sich die Mehrheit seiner und Griffith' Haltung an. Es bleibt jedoch die berechtigte Frage, warum Großbritannien den Iren 1921 nicht uneingeschränkt einräumte, was sie forderten, statt ihnen widerwillig beschränkte Souveränität zu gewähren und auf dem Treueeid zu bestehen. Die Verweigerung der Souveränität 1921 löste einen unglaublich blutigen Bürgerkrieg zwischen unnachgiebigen Republikanern und Befürwortern des Kompromisses aus. Ferner bestand dank de Valeras Einsatz ein Plan für eine Republik als Teil des Commonwealth, eine Vorwegnahme von Indiens Status im Jahre 1947. Der Long Fellow, wie de Valera wegen seiner Größe gelegentlich genannt wurde, trug dafür in den Geschichtsbüchern die Verantwortung, während sie doch eher bei Lloyd George und seinen Delegierten lag, die mangelnden politischen Mut (sie dachten natürlich immer an die unionistischen Wähler), vor allem aber mangelnden Einfallsreichtum bewiesen hatten.

Bis zur Unterzeichnung des Dokuments am 6. Dezember 1921 hing alles in der Schwebe. Auf irischer Seite war man natürlich unzufrieden mit dem Verzicht auf die Republik und dem Bestehen Englands auf dem Treueeid. Bis zum letzten Tag war nur Griffith zur Unterzeichnung bereit. Dann griff der walisische Hexenmeister Lloyd George tief in seine Trickkiste. Er hielt den Delegierten zwei Briefe unter die Nase und erklärte, beide seien an Sir James Craig, den Vorsitzenden der Ulster Unionisten in Belfast, gerichtet. In dem einen stehe, Sinn Fein habe die Bedingungen akzeptiert, in dem anderen das Gegenteil. »Wenn ich den Brief abschicke, ist Krieg – und zwar innerhalb von drei Tagen.« War das nur Bluff? Unmöglich zu sagen. Kurzfristig betrachtet, konnten die Briten natürlich tun, was sie wollten, aber danach hätte man wieder bei Null anfangen müssen.

Nach quälender Beratung unterzeichnete die gesamte irische Delegation in den frühen Morgenstunden das Abkommen. »Ich habe hiermit meine politische Karriere aufs Spiel gesetzt«, hatte Lloyd George einige Wochen zuvor Collins anvertraut. Collins antwortete unbeeindruckt: »Ich habe mein Leben, nicht nur meine Karriere aufs Spiel gesetzt.« In einem Brief an einen Freund vom Tag nach der Unterzeichnung schrieb Collins: »Überleg einmal, was ich für Irland erreicht habe. Etwas, was es siebenhundert Jahre lang gefordert hat. Wird irgend jemand mit dem Kompromiß zufrieden sein? Irgend jemand? Ich sage Dir, heute Morgen habe ich mein Todesurteil unterschrieben.« Mit dieser Vorhersage sollte Collins – wie so oft – recht behalten.

Das anglo-irische Abkommen mußte nun vom irischen Parlament verabschiedet werden. Ende des Jahres begann eine hitzige Debatte, die bis in den Januar 1922 hinein weiterging. Man warf den irischen Unterzeichnern vor, sie hätten ihr Mandat überschritten, da sie als Delegierte nicht bevollmächtigt gewesen seien, ein Abkommen zu unterzeichnen, das dem britischen König immer noch Autorität gab.

Am umstrittensten war die Frage des Eides. Während der gesamten Debatte wurde Nordirland fast nie erwähnt, ein Beweis dafür, daß diese Region den für das Selbstbestimmungsrecht kämpfenden Nationalisten verhaßt war. Vor der Debatte war es zu einem Bruch im Kabinett gekommen, Griffith, Collins, Cosgrave und Barton waren für, Präsident de Valera, Brugha und Stack jedoch gegen das Abkommen. Dieses Verhältnis spiegelte sich auch exakt in der Parlamentsabstimmung wider: 64 zu 57 Stimmen für das Abkommen. De Valera trat daraufhin zurück, Griffith übernahm sein Amt.

Die Bevölkerung sollte in einer für Juni festgelegten allgemeinen Wahl ihr Urteil abgeben, aber Befürworter und Gegner bewegten sich bereits immer weiter auseinander. Kernpunkt war, wer die Kon-

Ein unfairer Schuß. *Feldmarschall Sir Henry Wilson war ein leichtes Ziel, als er von der IRA in London auf der Straße erschossen wurde. »In seinem tiefsten Innern eher Politiker als Soldat«, entstammte er dem anglo-irischen Adel in der Grafschaft Longford und war ein unnachgiebigr Gegner des irischen Nationalismus. 1914 war er tief in die Curragh-Affäre verwickelt. Nachdem er sich von der Armee zurückgezogen hatte, wurde er Parlamentsmitglied der Unionisten und ein großer Befürworter der B.- Specials-Einsätze im Norden. Während ihres Prozesses erklärten die beiden Attentäter (rechts, kurz nach ihrer Verhaftung), er sei »der Mann hinter dem Orange Order … er gründete und organisierte eine als Ulster Special Constables bezeichnete Einheit für seine terroristischen Aktivitäten«.*

trolle über die Armee gewinnen würde. Der Bruch innerhalb der Revolutionsbewegung brachte Collins an den Rande der Verzweiflung; fast hätte er mit de Valera einen merkwürdigen Pakt zu einer festgelegten Sitzverteilung im Parlament nach der Wahl geschlossen. In diesen bewegten Monaten nach der Unterzeichnung des Abkommens hat Collins in seinen Bemühungen, die Unterstützung der Republikaner nicht zu verlieren, die Grenzen der Legalität überschritten. Das wohl extremste Beispiel war sein Befehl, General Sir Henry Wilson zu ermorden, der daraufhin im Juni 1922 auf den Stufen seines Londoner Hauses erschossen wurde. Weder Griffith noch die britische Regierung erkannten damals, daß Collins dafür die Verantwortung trug. Sein Hauptmotiv scheint die Tatsache gewesen zu sein, daß Wilson hinter den Angriffen auf Katholiken im Norden stand. In den Augen der Nationalisten war Wilson allein schon wegen seiner ständigen unionistischen Machenschaften verdammenswert. Sein Kommentar zu dem Abkommen war ein letztes Aufbäumen: »Dieses Abkommen gleicht einer Kapitulation. 1. wegen eines lächerlichen Treueeids, 2. wegen des Abzugs unserer Truppen und 3. wegen der Rebellenarmee etc. etc. Das britische Empire ist dem Untergang geweiht.«

Bei den Wahlen im Juni stimmte das Land zu fast zwei Dritteln für das Abkommen. Interessanterweise erhielten Labour- und unabhängige Kandidaten die meisten Stimmen; nicht nur ein Protest gegen die beiden politischen Lager (die Befürworter und die Geg-

»Soldaten« spielende Kinder *während des Sitzkrieges im Frühjahr 1922. Kinder üben Marschieren vor dem Four Courts, dem obersten Gericht des Landes, das am 14. April von Abkommensgegnern eingenommen und mit Sandsäcken verbarrikadiert worden war. Andere Kinder lauern dem Postboten auf (rechts).*

Republikaner holen die Trikolore *vor Räumung der Freimaurerhalle in Dublin ein, nachdem es zwischen den beiden Seiten im Bürgerkrieg zum offenen Kampf gekommen war.*

ner des Abkommens), sondern ein Zeichen für wachsendes Interesse an sozialistischen Ideen. Ausgerechnet die kleine Stadt Limerick hatte 1919 einen Sowjet ausgerufen, der aber relativ bald wieder abgeschafft wurde, über einigen Molkereien in Tipperary wehte 1922 die kommunistische Flagge, und während des gesamten Jahres kam es wiederholt zu Ausschreitungen. Die Übergangsregierung des bald entstehenden irischen Freistaates ignorierte diese linksgerichteten Unruhen (die eigentlich traditionelle Bauernunruhen waren), und wollte nun, da sie das Mandat erhalten hatte, eine funktionierende Regierung aufbauen. Die IRA war noch weiter auseinandergebrochen, einige der Kommandeure lehnten das Abkommen ab, Teile der Truppen weigerten sich, Befehle der Übergangsregierung auszuführen; diejenigen, die das Abkommen unterstützten, wurden zur freistaatlichen Armee. Ihre Gegner wurden als irreguläre Truppen bezeichnet, richtigerweise hätten sie Republikaner genannt werden müssen. Collins' Einfluß war von größter Bedeutung, wenn es darum ging, die Unterstützung wichtiger Personen für den Freistaat zu sichern. (General Macready, der verdrießlich die Ereignisse verfolgte, war überzeugt, daß Griffith keinerlei Unterstützung fände, weil der Süden so republikanisch eingestellt sei.) Der Oberbefehlshaber der Armee, Richard Mulcahy, und ein anderer sehr junger General, Emmet Dalton, waren der Übergangsregierung gegenüber loyal. Emmet Dalton war möglicherweise der interessanteste aller am Bürgerkrieg beteiligten Offiziere: Er hatte im Ersten Weltkrieg gekämpft, war mit 20 Jahren zum Major befördert und mit dem Military Cross ausgezeichnet worden. In Irland war er Collins' rechte Hand und Stratege der Munster-Offensive im Bürgerkrieg. Nach dem Bürgerkrieg zog er nach England und wurde Filmproduzent. Auf der gegnerischen Seite gab es sowohl alte als auch neue Gesichter, Liam Lynch, Rory O'Connor und den forschen Tom Barry aus West-Cork. De Valera unterstützte die Abkommensgegner, allerdings in einem zivilen Amt. Die Offiziere auf seiten des irischen Freistaates wie auch der irregulären Truppen beförderten sich gerne selbst zum General. Der erste Generalgouverneur wurde auf einem Empfang einmal von einer Dame gefragt, warum es so viele Generäle gebe. »Warum denn nicht?« antwortete er, »viele ihrer Mütter waren wahrscheinlich auch Generäle.«

Persönliche Freundschaften und Abneigungen spielten bei der Entscheidung für oder gegen Loyalität eine große Rolle ebenso alte Familienstreitigkeiten, wie das in einigen Teilen Kerrys der Fall war. Der Hauptbeweggrund war jedoch ideologischer Natur. Beide Seiten bezeichneten sich als die legitime Regierung. Die Irregulären behaupteten, daß durch die Ausrufung der Republik 1916, deren Bestätigung durch den Dail im Jahre 1919 und den Eid der Abgeordneten auf die Verfassung Tatsachen geschaffen worden seien. Spä-

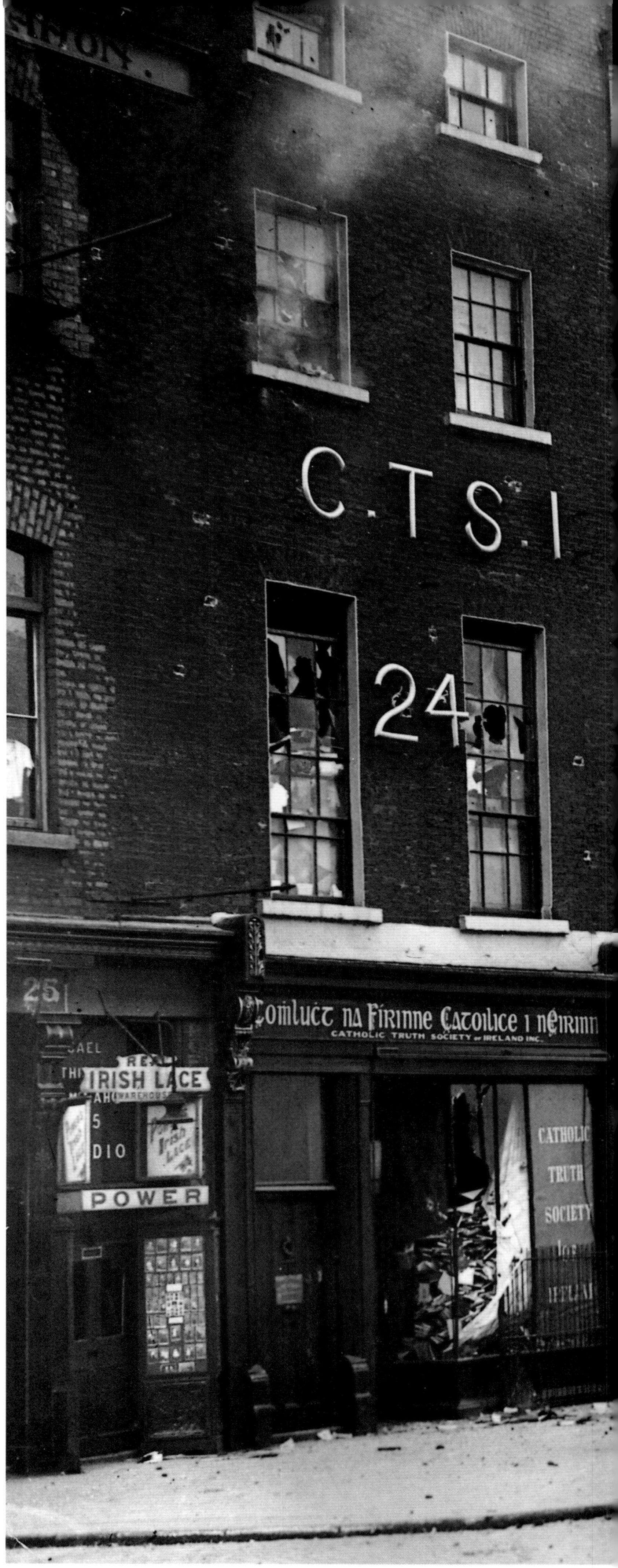

Die Osterwoche wiederholt sich; *die Irregulären besetzten Häuser im Zentrum Dublins, und die Truppen des neu gegründeten Freistaates räumten sie wieder – genau wie 1916. Große Teile der O'Connell Street wurden zerstört: Hier brennt ungehindert das teuerste Hotel in Nord-Dublin, das Gresham, zwei Häuser neben dem Hauptsitz der Catholic Truth Society of Ireland.*

SEEDSMEN
NURSERYMEN
SEEDS
BULBS
PLANTS
TREES
23 SIR JAMES W. MACKEY (LIMITED) 23
FLOWERING BULBS
BEDDING PLANTS

Life's
a Joy
Kodak
SKIN FOOD
Glaxo
CHEMISTS
Ucal
Lemonade

Straßenschlachten. *Eines der beiden 18-Pfünder-Geschütze, die die Engländer der Regierung des Freistaates zur Verfügung gestellt hatten, wird auf der O'Connell Street zum Einsatz gebracht (oben). Aus dem Schaufenster links fliegen die Glassplitter, die Detonation des Schusses hat die Scheibe zertrümmert.*

Links: Freistaatliche Heckenschützen an eine Ecke am St. Stephen's Green. Einer schießt, während der andere nachlädt. Die Auseinandersetzungen begannen, als die provisorische Regierung am 28. Juni 1922 die Republikaner im Four Courts in Dublin mit denselben englischen Geschützen angriffen hatte.

tere Abstimmungen im Dail und im Lande seien irrelevant. Niemand habe das Recht, die Republik zu zerstören. Die Anhänger des Freistaates argumentierten, die Republik sei zwar das Ideal, dem die Briten leider nicht zugestimmt hätten, trotzdem herrsche praktisch Unabhängigkeit, die durch das Parlament wie auch die Bevölkerung insgesamt bestätigt worden sei, weshalb man diese demokratische Entscheidung akzeptieren müsse.

Die Kämpfe begannen erst einige Zeit später. Im Westen und Südwesten waren die Gegner des Abkommens am stärksten vertreten, einem ihrer Anführer, Rory O'Connor, gelang es im April 1922, das Four Courts in Dublin einzunehmen. Seine Männer hielten es gegen den Befehl der Übergangsregierung besetzt. Collins versuchte einen Angriff auf sie abzuwehren, mußte aber schließlich dem Druck der Engländer nachgeben und befahl Dalton, mit Hilfe einiger englischer Geschütze O'Connor zur Aufgabe zu zwingen. In Dublin wiederholten sich also die Ereignisse von 1916. Wie bereits zuvor flohen die Eingeschlossenen, kamen um oder ergaben sich. Große Abschnitte der O'Connell Street wurden zerstört, und wie 1916 dauerten die Kämpfe eine Woche lang an. Insgesamt kamen 64 Menschen ums Leben, unter ihnen Cathal Brugha, der an einem Selbstmordanschlag teilgenommen hatte. Bei einer Explosion im Four Courts wurden sämtliche historischen Aufzeichnungen des Landes in die Luft gejagt, und noch vier Tage später regneten verbrannte Dokumente auf Dublin nieder. Collins hätte sicher Churchills Kommentar im Parlament zugestimmt: »Besser ein Staat ohne Archive als Archive ohne Staat.«

Dann breitete sich der Krieg in die ländlichen Regionen aus. Wie

schon 1919–21 gab es keinen wirklichen Frontverlauf, auch wenn die Republikaner den Südwesten weitgehend kontrollierten. Die Auseinandersetzungen konzentrierten sich überwiegend auf wichtige Städte und Kasernen. Die Einheiten der freistaatlichen Armee waren meist uniformiert, die Irregulären meist in Zivil, obwohl es auf beiden Seiten zahlreiche Ausnahmen gab. Das Ergebnis war ein sehr mobiler, blutrünstiger Guerillakrieg. Städte wurden eingenommen und mußten wieder geräumt werden, Truppen schworen Loyalität und desertierten sofort wieder. Die freistaatlichen Kräfte waren besser ausgerüstet, mit Artillerie, aber auch mit kriegsentscheidenden gepanzerten Fahrzeugen; die aufgrund ihrer geringen Zahl Namen trugen: Der Manager, Der Sekundant, Das Zollhaus, Dublin Liz und Slievanamon, in letzterem fuhr Michael Collins, als er einem Anschlag zum Opfer fiel. Die Irregulären konnten eines dieser Fahrzeuge erbeuten, in den ersten Monaten unterstützten sie damit ihre Aktionen in der Gegend um Sligo, ansonsten mußten sie sich jedoch auf selbstgebaute Ungeheuer verlassen; »The River Lee« zum Beispiel war nicht viel mehr als ein gepanzerter Lastwagen.

Die Bevölkerung hielt sich wie schon während des anglo-irischen Kriegs überwiegend heraus und führte ein normales Leben. In vielen Gegenden ähnelten die Auseinandersetzungen dem Schattenboxen: Einem Schußwechsel-Ritual auf beiden Seiten folgte der Rückzug – meist der Irregulären. Zu Beginn des Bürgerkriegs hatten die Soldaten noch gezögert, auf ihre eigenen Landsleute zu schießen, sie gaben sich damit zufrieden, gegen das Abkommen demonstriert zu haben. Man bemühte sich, möglichst normal miteinander umzugehen, was oftmals zu recht komischen Ergebnissen führte. »Heute morgen kam es zu einer Schlacht auf dem Rasen«, berichtete der Gärtner in einem Brief an seine Lady Susan Dawnay. »Es gab keine Verwundeten, und beide Seiten haben Ihre Blumen sehr bewundert.«

Dieser »Sitzkrieg« paßte Collins, der in den Monaten nach der Unterzeichnung des Abkommens mit dem Norden beschäftigt war, gut in den Kram. Dort bekämpften sich die beiden Religionsgemeinschaften, und die katholische Minderheit in Belfast trug die Hauptlast. Tausende wurden aus ihren Anstellungen vertrieben, die Häuser von Hunderten Familien wurden niedergebrannt, und viele kamen ums Leben. In der ersten Hälfte des Jahres 1922 wurden in Nordirland über 250 Tote registriert; auf jeden ermordeten Protestanten kamen vier ermordete Katholiken. Die Täter waren nicht nur protestantische Banden, sondern auch eine neue, halbprofessionelle Polizeieinheit, eine 48 000 Mann starke Partisanentruppe, die sogenannten B. Specials. Zum Schutz der Katholiken wurden verschiedene Optionen erwogen und auch ausprobiert, unter anderem ein Geheimabkommen zwischen Collins und der IRA in Ulster. Die Aktivitäten der IRA, die unter anderem auch Protestanten in den Grenzgebieten terrorisierte, wurden natürlich von London verurteilt, wenngleich Lloyd George überrascht war, als Griffith und Collins forderten, er solle das Kriegsrecht über Ulster verhängen und britische Truppen entsenden, die das Vertrauen der Katholiken hätten. Er nannte das »einen äußerst unglaublichen Vorschlag«. Schließlich schlossen Collins und Craig ein Abkommen, das die Auseinandersetzungen beendete.

Krieg auf dem Lande, *auch wenn es nicht immer sichtbar war: In Glendalough wurde weiterhin auf der Straße getanzt (links). Irreguläre bewundern ihre Arbeit, bevor sie einen Hinterhalt legen oder nur den Verkehr behindern (unten). Vorausschauende Autofahrer führten damals stets eine Axt oder Säge im Kofferraum mit sich.*

Die Grenzkommission, die die Grenze zwischen Nordirland und dem irischen Freistaat auf der Grundlage der Selbstbestimmung neu festlegen sollte, trat erst 1924–25 zusammen. Die nordirische Regierung boykottierte die Kommission, da es so aussah, als verliere man umfangreiche Gebiete, wenn nicht gar ganze Grafschaften, der unionistische Vertreter und der wegen seiner angeblichen Neutralität zum Vorsitzenden ernannte südafrikanische Richter – beide waren von der britischen Regierung eingesetzt worden – entschieden jedoch, daß Nordirland nur sehr wenig Land abtreten und im Gegenzug von Südirland Gebiete erhalten sollte. Der irische Delegierte legte verzweifelt sein Amt nieder, bevor die Kommission das Ergebnis veröffentlichen konnte, woraufhin sich beide Regierungen schnell darauf einigten, den Grenzverlauf gar nicht zu ändern; die sechs Grafschaften, die 1920 abgetrennt worden waren, blieben nordirisch.

Im Sommer 1922 waren die Irregulären in den Südwesten hinter die Linie Limerick–Waterford gedrängt worden. Diese beiden Städte wurden im Juli von den Freistaatlern eingenommen, die Schlinge um die »Republik Munster« zog sich zusammen. Im August nahm Dalton mit Hilfe einer Landungstruppe von See aus Cork ein. Die Irregulären gaben jedoch nicht auf, sondern zogen sich unter dem Befehl von Liam Lynch auf das Land zurück, insbesondere entlang der Grenze zwischen Kerry und Cork. Sie wandten wieder alte Guerillataktiken an, verübten Anschläge und zogen sich anschließend zurück. Es wurden Straßen mit Bäumen und Minen gesperrt, Brücken gesprengt und Hinterhalte gelegt. Einem dieser Hinterhalte fiel am 22. August Michael Collins zum Opfer. Als die Nachricht von seinem Tod Dublin erreichte, richtete General Richard Mulcahy einen hehren Aufruf an die Armee: »Bleibt auf euren Posten! Arbeitet tapfer

und unverzagt weiter. Beschmutzt eure Ehre nicht durch gewalttätige Rache ...« Das letzte Wort über Collins sollten wir vielleicht seinem Feind Eamon de Valera zugestehen, der am Ende seiner langen und außerordentlichen Laufbahn sagte: »Ich bin überzeugt, daß die wichtige Rolle, die Collins gespielt hat, im Laufe der Geschichte anerkannt werden wird – und zwar auf meine Kosten.« Trotz Mulcahys Aufruf wurde der Krieg immer grausamer und verzweifelter. Arthur Griffith, geschwächt von den Ereignissen und nach monatelanger Krankheit, war ein paar Wochen vor Collins gestorben. William Cosgrave wurde sein Nachfolger, Mulcahy trat Collins' Amt als Oberbefehlshaber der Armee an. Und sofort erschien ein neues Graffito in Dublin: »Mach Platz, Mick, laß Dick und Willie ran« [Mick ist ein

Der Kommandant *der freistaatlichen Armee, Michael Collins: Sein Leichnam liegt aufgebahrt, sein Bruder John kniet an seinem Sarg (oben). Er war bei einem Hinterhalt in der Nähe seines Heimatortes in der Grafschaft Cork umgekommen. Sein Auto war durch eine Straßensperre (siehe vorige Seite) von der vorgesehenen Inspektionsroute in das enge Beal-na-Blath-Tal umgeleitet worden.*

Eine ritterliche Geste. *Britische NGO-Angehörige (viele Soldaten hatten Irland noch nicht verlassen) reihen sich ein in die Schlangen, um ihrem ehemaligen Feind die letzte Ehre zu erweisen (oben rechts).*
[FOTOS: J. CASHMAN]

Slang-Ausdruck für Ire, alle drei Namen sind gleichzeitig vulgäre Ausdrücke für Penis].

Die beiden waren entschlossen, den Widerstand zu brechen. Drakonische Gesetze wurden erlassen: Einem von ihnen machte die Hinrichtung von Erskine Childers zur reinen Formsache. Bei seiner Festnahme trug er einen winzigen Zierrevolver bei sich, den Collins ihm während ihrer gemeinsamen Tage geschenkt hatte. Das reichte aus, ihn zum Tode zu verurteilen. Er erhielt eine Stunde Aufschub, um noch einmal den Sonnenaufgang zu sehen, dann schüttelte er jedem Schützen die Hand. Als im Dezember 1922 das neue Parlament und der Senat gemäß der Verfassung des Freistaates eingesetzt wurden, erklärten die extremistischen Republikaner jeden Abgeordneten zu einem legitimen Ziel. Nach der Erschießung eines Abgeordneten übte die Regierung unter dem Druck des neuen starken Mannes, Kevin O'Higgins, Vergeltung, indem sie vier Gefangene erschoß. Alle vier waren wichtige Persönlichkeiten, unter ihnen Rory O'Connor, der noch im Jahr zuvor O'Higgins' Trauzeuge gewesen war. Bis zum Ende des Bürgerkriegs sollten noch 77 Männer vom Freistaat hingerichtet und Tausende verhaftet werden. Die Irregulären rächten sich, indem sie die Landsitze der Abgeordneten und Anglo-Iren niederbrannten (insgesamt 37). Das Haus von George Moore, in dem sein Bruder, ein Senatsmitglied, wohnte, ging in Flammen auf, ebenso das Haus von Sir Horace Plunkett, eines weiteren Mitglieds des Kreises um Yeats. Yeats selbst war ebenfalls neues Senatsmitglied; einer sei-

ner Kollegen und Freunde, Oliver St. John Gogarty (Chirurg, Schöngeist und Vorbild für »Mulligan« in Joyces' *Ulysses*), wurde festgenommen, konnte aber durch einen Sprung in den Fluß Liffey entkommen. Gogartys Haus wurde natürlich auch niedergebrannt. In der Zeit zwischen 1919 und 1923 wurden fast 200 Häuser Opfer der Flammen, der Großteil während des Bürgerkriegs.

Die schlimmsten Grausamkeiten wurden in Kerry begangen. Die Irregulären legten Minen, oftmals mit einer darunterliegenden Auslösermine, die erst explodierte, wenn die obere geräumt wurde. Schreckliche Vergeltungsmaßnahmen wurden verübt, in Ballyseedy beispielsweise wurden neun Männer an einen Pfahl gebunden, vor dem dann eine Mine explodierte. Schließlich wurde eine Untersuchungskommission eingesetzt, und General Daly von der freistaatlichen Armee wurde entlassen. Seine Reaktion war: »Niemand hat mir befohlen, den Gegner mit Glacéhandschuhen anzufassen – also hab' ich es auch nicht getan.«

Brennende Herrenhäuser. *Die Republikaner brannten während des Bürgerkriegs u. a. Kilteragh, das neue Haus von Sir Horace Plunkett, dem Gründer der Genossenschaften und unermüdlichen Reformer, nieder. Rechts die Ruinen von Tyrone House, das, obwohl von der Familie St. George schon lange verlassen, trotzdem angezündet wurde. Das Haus der Fitzgeralds in der Grafschaft Kildare wurde verschont, weil es der Geburtsort von Lord Edward Fitzgerald war, dem Helden des Aufstands von 1798.*

Im Frühjahr 1923 waren sich selbst die Extremisten darüber im klaren, daß das Spiel aus war. Für den Erfolg eines Guerillakrieges ist

Die Pferdeschau in Ballsbridge, *Dublin, im August 1922 war gut besucht (oben), auch wenn keine Pferde aus dem Norden teilnahmen, weil die Republikaner die Straße nach Dundalk kontrollierten. Eine Wohltätigkeitsveranstaltung am Trinity College (ganz oben) im Juni 1922 verlief unbeeinträchtigt von den bevorstehenden Auseinandersetzungen in Dublin. Der Sänger Count John McCormack (rechts) bewundert sein Porträt, gemalt von dem irischen Maler Sir William Orpen, rechts im Bild. Das Bild hing in Moore Abbey, einem imposanten Gebäude, das McCormack in den 1920er Jahren vom Earl of Drogheda mietete.*

Erleichterung in den Gesichtern *der Dubliner auf dem Collegeplatz, als sie W. T. Cosgrave nach seiner Wahl zum Präsidenten des Exekutivrats des Freistaates (eigentlich das Amt des Premierministers) im August 1923 zujubelten. Seine Zuhörer interessieren sich nicht für Eide, Republik, Außenpolitik und solche konstitutionellen Spitzfindigkeiten, sondern nur für Frieden. Cosgrave war Gründer der Cumann na nGaedheal, die bis 1923 in Irland regierte. Er sorgte für den Erhalt des Status quo in der Wirtschafts- und Sozialpolitik und für die strikte Einhaltung des anglo-irischen Abkommens.*

die Unterstützung der Bevölkerung von grundlegender Bedeutung; sie muß bereit sein, Männer zu verstecken. In Mao Tse-tungs Geschichte vom Fisch und dem Wasser liest sich das so: Es ist fast unmöglich, die Guerilleros – den Fisch – zu fangen, aber man kann das Wasser – die unterstützende Bevölkerung – ablassen. Gegen die Briten war die Bevölkerung bereit gewesen, zu helfen und die Männer zu decken, aber sobald es gegen die eigenen Landsleute ging, war das etwas ganz anderes. Die Morde hörten auf. Die Kirche und die Mehrheit der Geistlichen stand fest hinter der Regierung des Freistaates. Da es keine verläßlichen Zahlen über die Opfer gab, schätzte man die Getöteten damals auf bis zu 4000. Diese Zahl kann heute auf unter 1000 korrigiert werden – weniger als während des Unabhängigkeitskriegs umgekommen sind, aber immer noch sehr viele.

Im April kam Liam Lynch, der Kommandant der irregulären Truppen, ums Leben, und seine Nachfolger wandten sich an de Valera, der als Oberhaupt der »Republikanischen Regierung« die Kapitulation verkündete. Am 24. Mai 1923 trat der Waffenstillstand in Kraft, den Republikanern wurde jedoch geraten, ihre Waffen zu verstecken bis zu dem Tag, an dem der Kampf für die Republik wieder aufgenommen würde. Der Bürgerkrieg wurde also niemals für beendet erklärt. Dieser Rat sollte de Valera mit der Zeit noch viele Probleme bereiten.

Der starke Mann des Freistaates. *Kevin O'Higgins (links mit seiner Frau beim Pferderennen) war bei extremen Republikanern besonders unbeliebt und fiel 1927 einem Attentat zum Opfer. Bei seiner Beerdigung marschierte Tim Healy, der Generalgouverneur (eine erstaunliche Karriere für einen politischen Außenseiter), neben Cosgrave (unten rechts). Healys bedrückter Gesichtsausdruck spiegelt seine Verzweiflung über die andauernden Morde von Iren an Iren.*

De Valeras Sohn *(oben) spricht auf einer Kundgebung im Namen seines Vaters, der im Gefängnis sitzt. Die Republikaner weigerten sich, den neuen Staat anzuerkennen, und einige ihrer prominenten Mitglieder wurden verhaftet.*
[ALLE FOTOS: J. CASHMAN]

Die Zeit der Pferdefuhrwerke *war eigentlich unwiderruflich vorüber, als diese Szene zu Beginn der 1980er Jahre im verschneiten Dublin aufgenommen wurde. Diese von einem geduldigen Klepper gezogene Winterlast vor dem Rathaus wäre in den 1950er und 1960er Jahren noch völlig normal gewesen, aber Irland entwickelte sich schnell, besonders nachdem es 1973 der Europäischen Union beigetreten war. Irland hat bei den Errungenschaften des 20. Jahrhunderts schnell aufgeholt, auch wenn das den Fremdenverkehrsvereinen weniger gefällt.* [FOTO: A. FARREN]

KAPITEL SECHS

DAS UNABHÄNGIGE IRLAND

IM SEPTEMBER 1997 WURDE DER SCHAUPLATZ DER englischen Fernsehserie *Eastenders* vom gewohnten, häßlichen Londoner Albert Square für drei Fortsetzungen nach Irland verlegt. Die Episoden spielten zum Großteil in einem kinderreichen Haushalt mit einem betrunkenen Familienvater. Auf den Straßen gab es mehr Schafe, Esel und Kühe als Autos, die Gäste im Pub an der Ecke waren aggressive Hinterwäldler, überall herrschte Armut.

Irland wurde als ein primitives, gewaltbereites und zurückgebliebenes Land dargestellt. Die Iren und Kenner des Landes reagierten damals nicht nur verärgert, sondern amüsiert-überrascht darüber, daß ein altes Vorurteil so unüberlegt wiederaufgewärmt worden war. Das moderne Irland konnte sich kaum stärker von diesen simplen, herablassenden Verallgemeinerungen unterscheiden. Dreißig Jahre zuvor allerdings hätte dieses Bild die Situation in Südirland ziemlich genau wiedergegeben.

Von seiner Unabhängigkeit in den 1920er Jahren bis zum beginnenden Anschluß an den europäischen Wohlstand in den 1970er Jahren hatte in Irland die gesellschaftliche und wirtschaftliche Entwicklung stagniert. Noch in den 1950er Jahren entsprachen die Verhältnisse in Irland denen der 1920er. Damals waren Pferdefuhrwerke in den Städten keine Seltenheit. In Dublin verkehrte bis 1949 eine elektrische Straßenbahn. Auf dem Land gehörten selbst in den 1960er Jahren noch Eselskarren mit zwei hinter dem Fahrer schwankenden Milchkannen auf dem Weg zur Molkerei zum alltäglichen Straßenbild. Hirtenhunde rannten den wenigen Autos auf den Straßen hinterher. In den 1920er Jahren war Irland zwar ein armes Land, aber kaum weniger entwickelt als die meisten europäischen Länder oder gar Großbritannien. In den 1960er Jahren dagegen hatte es den niedrigsten Lebensstandard, die höchste Arbeitslosen- und Auswanderungsrate Nordeuropas. In den 1930er und 1940er Jahren verfügten die Iren über weniger als die Hälfte des britischen Pro-Kopf-Einkommens – und das sah man auch. Beschämende Vergleiche mit Dänemark wurden angestellt, dessen Bevölkerung ungefähr der Irlands entsprach und das ebenfalls landwirtschaftlich geprägt war. Irland ähnelte eher den iberischen oder Mittelmeerländern wie Portugal oder Griechenland – die jedoch hatten immerhin besseres Wetter.

Was materiellen Wohlstand angeht, war Irland zwischen 1920 und 1960 sehr rückständig. Der alternde Revolutionär S. P. Irwin faßte die Situation folgendermaßen zusammen: »Wir haben uns zwar von den Briten befreit, aber britische Freiheiten haben wir uns nicht zugelegt ... in der Zeit, in der Großbritannien sein Empire verlor, menschenfreundlich wurde, den Wohlfahrtsstaat aufbaute und sozialistisch wurde, haben wir uns an die überholte konservative Einstellung geklammert, die die Briten 40 Jahre lang hatten.« Dabei handelte es sich nicht nur um materielle Armut, sondern ebenso um einen

Die Kirche jubelt. *Die katholische Kirche war fester Bestandteil des täglichen Lebens in der Republik. Mütter wollten, daß ihre Söhne Priester wurden, so wie diese Gruppe, die 1933 am Lough Gill ganz weltlich Karten spielt (oben). Kinder erhielten Glaubensunterricht und wurden gesegnet. Der Neffe des verstorbenen Bischofs Browne, Father Browne, führt Kinder zu dem Toten (oben rechts). Im selben Jahr kniet de Valera vor dem Erzbischof von Dublin und küßt seinen Ring (rechts).*

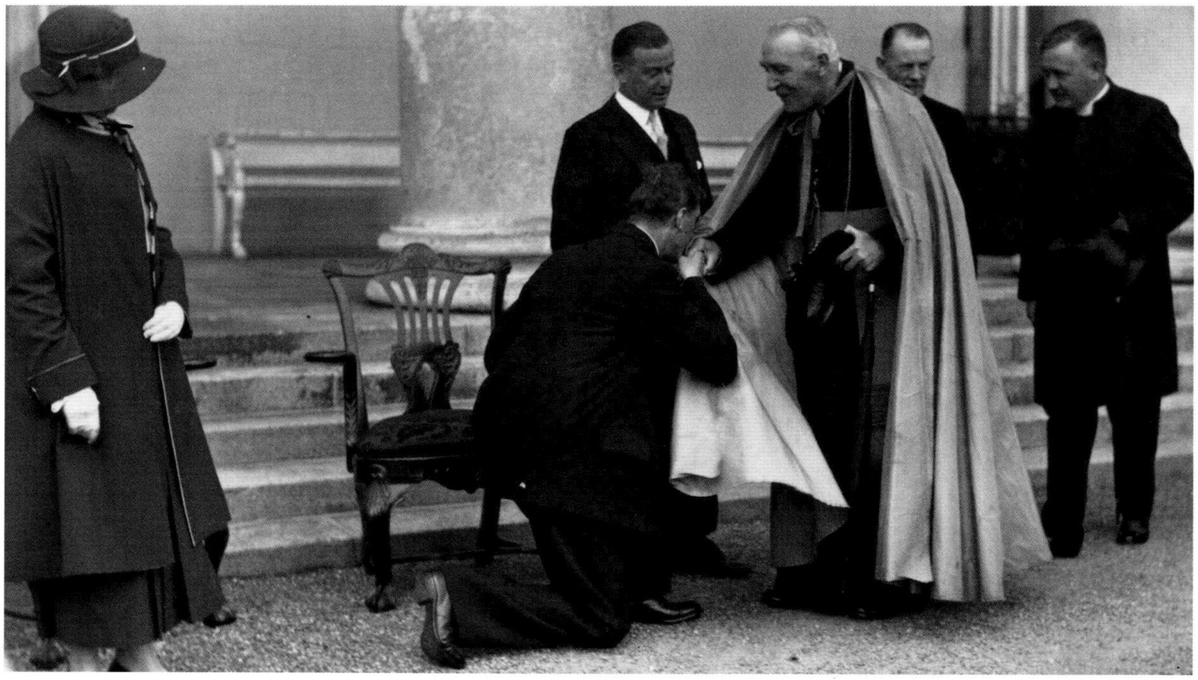

Mangel an Kulturellem. Damals war Irland eine isolierte Insel. Die Kirche hatte auf alle Bereiche Einfluß: Sie kontrollierte das Ausbildungswesen, übte Zensur, behinderte den Fortschritt des Sozialsystems und lähmte den Individualismus. Viele fühlten sich erdrückt, aber die meisten resignierten und meinten, man müsse es hinnehmen wie das Wetter. Anfang der 1960er Jahre stellte ein französischer Filmregisseur fest. »Es scheint ein Land zu sein, in dem alte Leute alle Bereiche kontrollieren. Die jungen Leute wissen es und haben das Gefühl, nichts dagegen unternehmen zu können.«

Die Ursachen für Irlands Armut waren ganz offensichtlich. Es war überwiegend landwirtschaftlich geprägt, lag am Rande Europas und verfügte über nur geringe natürliche Ressourcen. In den 1920er Jahren war mehr als die Hälfte der Bevölkerung in der Landwirtschaft tätig. Dank der Grundbesitzgesetze des 19. Jahrhunderts verfügten auch schon vor der Unabhängigkeit die Bauern über das meiste Land; nach dem Land Act von 1923 mußte das gesamte Pachtland verkauft werden. Bekanntlich sind die landbesitzenden Bauern in den bäuerlich geprägten Ländern wie Frankreich, dem Balkan und Irland die eigenwilligsten und konservativsten Menschen überhaupt. Die meisten Höfe waren klein, viele völlig unwirtschaftlich: 1931 verfügten nur 9 Prozent über mehr als 400 Hektar und nur 31 Prozent über mehr als 60 Hektar Agrarfläche.

War die Landbevölkerung arm, so herrschte in den Städten oftmals bitterste Not. Noch 1961 hatten 43 Prozent aller Wohnungen kein fließend Wasser und 35 Prozent keine Toilette.

Die Regierung war der Sozialfürsorge gegenüber extrem zurückhaltend; aus Rücksicht auf die Ängste der Besitzenden und das »heilige« Wirken der freien Marktwirtschaft wurde so gut wie nichts unternommen. 1924 wurde die Altersrente sogar um einen Schilling pro Woche gekürzt. Sozialhilfe, die in Großbritannien insbesondere nach dem Zweiten Weltkrieg eingeführt worden war, blieb in Irland unbekannt. Zwar war 1925 mit Fertigstellung des Shannon-Wasserkraftwerks Irland elektrifiziert und die Elektrizitätsgesellschaft gegründet worden, aber das war eine Ausnahmemaßnahme. Der Handelskrieg zwischen Großbritannien und Irland 1932–38 trug auch nicht zur Verbesserung der Lage bei. Nach Übernahme der Macht

Die Politiker freuten sich, *daß der Sozialist Sean Keating die riesigen Erdarbeiten für das Wasserkraftwerk am Shannon in Öl malte und dabei eindrucksvoll posierte (rechts). Szenen auf dem Land und in den Städten hingegen waren von wenig malerischer Armut geprägt. Auf dem Land gab es unzählige Häuser ohne Dächer, deren Bewohner ausgewandert waren. In der ganzen Welt, von der Sowjetunion bis zum Amerika des New Deal, liebten die Regierungen Wasserkraftwerke: Sie waren groß, fotogen und konnten hervorragend grundlegende Mißstände kaschieren, wie sie auf diesem Bild von der Peripherie in Cork (links) aus den 1930er Jahren zu sehen sind.*
[FOTO LINKS: FR. BROWNE S. J.]
[FOTO RECHTS: J. CASHMAN]

erklärte de Valera die Zinszahlungen an die britische Regierung, die durch die gesetzlich vorgeschriebenen Verkäufe von Grundbesitz an ehemalige Pächter anfielen, für eingestellt.

Und die Briten reagierten mit Einfuhrzöllen auf irische Importe. Daraufhin erhob auch Irland Zölle auf britische Importe; da jedoch 96 Prozent seiner Exporte nach Großbritannien gingen, war Irlands Wirtschaft natürlich sehr viel stärker betroffen. Die Bemühungen, neue Märkte zu erschließen, waren weitgehend erfolglos, und vor allem die Rinderzucht litt sehr. Damals fiel das Pro-Kopf-Einkommen in Irland auf die Hälfte des britischen.

Was sollte nun geschehen? Mit dem kleinen Binnenmarkt, den sehr begrenzten Ressourcen und einer Regierung, die die Anweisungen des Wirtschaftsministeriums befolgte und daher Anleihen strikt ablehnte, schien eine dauerhafte wirtschaftliche Stagnation unausweichlich. Viele sahen in der Auswanderung die einzige Lösung. Diese Ausblutung war zwar vielen Patrioten ein Dorn im Auge, aber zugleich auch das Sicherheitsventil für Irlands Überleben. Demographisch hatte Irland über 100 Jahre lang eine Sonderstellung in Europa inne. In den meisten europäischen Ländern wuchs die Bevölkerung zwischen 1850 und 1960 – mit Ausnahme der Kriegsjahre. In Irland dagegen sank die Bevölkerungszahl von über 8 Millionen vor der großen Hungersnot auf 4,5 Millionen in den 1950er Jahren, von denen 3 Millionen in der Republik lebten (diese Zahl sank bis 1961 auf 2,8 Millionen). Die Landflucht ließ besonders im Westen ganze Landstriche veröden. Überall traf man auf verfallene Dörfer, von den Häusern standen nur noch die Wände und Giebel, die Dächer waren längst eingestürzt. Viele Dörfer waren allerdings schon im ausgehenden 19. Jahrhundert verlassen worden. Ganze Gemeinden wanderten aus. Das Schicksal einer Schulklasse von 1944 in der Grafschaft Mayo ist beispielhaft: 1967 lebten 12 der 23 Schulabgänger im Ausland (6 in Amerika, 4 in London), weitere 7 in anderen Landesteilen (5 in Dublin), und nur noch 3 lebten in ihrem alten Heimatort.

Die emotionale Belastung muß enorm gewesen sein, wurde aber

Straßenbowling. *Jungen üben in Tipperary den Erwachsenensport (rechts), den wahrscheinlich ältesten und ursprünglichsten irischen Sport. Eine etwa 800 Gramm schwere Kugel wird über eine Bahn gerollt, meistens eine sehr kurvenreiche Straße zwischen zwei Ortschaften. Gewinner ist, wer mit den wenigsten Würfen die Strecke bewältigt. Wer Geld auf einen der Spieler gesetzt hat, steht am Rand und gibt Ratschläge für den nächsten Stoß.*

Den Blarney-Stein küssen. *Zwei junge Mädchen (links) warten ungeduldig, bis sie an der Reihe sind, 1955. Sie werden ihren ganzen Charme spielen lassen müssen, wenn sie den richtigen Mann kennenlernen und eine späte Ehe mit dem falschen oder gar ein Dasein als alte Jungfer vermeiden wollen. Das war damals in Irland auf dem Land gang und gäbe.*

als etwas Unvermeidliches betrachtet. Böll beschrieb den 14jährigen Pedar oder Patrick »mit seinem Koffer aus Pappkarton, mit einem Zettel um den Hals und ausgerüstet mit einem Paket besonders dick belegter Brote, der an der Bushaltestelle steht und von seiner weinenden Mutter umarmt wird, bevor er seine Reise nach Cleveland, Ohio, Manchester, Liverpool, London oder Sidney zu einem Onkel, Vetter oder auch Bruder antritt, der versprochen hat, sich um ihn zu kümmern und ihm zu helfen ...« Die Kinder der meisten irischen Familien auf dem Land verließen ihren Heimatort. Und obwohl die Familien sehr groß waren, wären sie wohl noch größer gewesen, wenn die Menschen nicht so spät geheiratet hätten. 1929 heirateten die Iren im Durchschnitt später als in jedem anderen Land der Welt, Frauen mit 30, Männer mit 35 Jahren. Der älteste Sohn, der den Hof übernehmen sollte, mußte – auch mit der Hochzeit – warten, bis sein Vater sich zur Ruhe setzte. Das konnte dauern, denn 1946 war nur ein Drittel aller Landwirte über 65 Jahre alt. Deswegen gab es auf dem Land viele Junggesellen, und ein typisches Ehegesuch in der Zeitung lautete: »Junger Mann, 44, sucht Frau ...« Das Leben dieser jungen Männer war hart, aber für die Frauen war es sicherlich noch schlimmer. Die wenigen, die heirateten, hatten oft sehr viel ältere Männer. Oder es erging ihnen wie in William Trevors Geschichte »The Ballroom of Romance«: Sie wurden enttäuscht oder ließen sich auf hoffnungslose Kompromisse ein. Junge Männer, die ihren Hei-

Tanz auf einer Straßenkreuzung *in Connemara, um 1955. Der von zwei Straßen gebildete Platz war Treffpunkt und Tanzfläche zugleich. In einsamen Gegenden boten solche Plätze oft die einzigen Gelegenheiten.*

Murphy Brown, *ein örtlicher Straßenbowling-Champion, hat in der Nähe von Blarney in den 1930er Jahren gerade seine Kugel geschleudert. Die Jungen von früher, mittlerweile vielleicht verwitwet oder alte Junggesellen, betreiben den Sport immer noch gerne. Besonders in den Grafschaften Armagh und Cork, im Norden und Südwesten also, ist der Sport unverändert beliebt.*

matort verließen, emigrierten meist, während Frauen in die Städte, meist nach Dublin, zogen, um ihren »Mr. Gentleman« zu finden, wie die Heldinnen in Edna O'Briens *The Country Girls*.

Eine Minderheit der Anglo-Iren verließ nach der Unterzeichnung des Abkommens mit Großbritannien das Land, viele jedoch blieben, ihr Weltbild war von die politischen Veränderungen unberührt geblieben. Für diese Ewiggestrigen bedeuteten »Regierung« und »Streitkräfte« nichts, was Dublin betraf, für sie existierte ein unabhängiges Irland schlichtweg nicht. Ihre Kinder gingen nach wie vor in England zur Schule, kehrten dann für ein vierjähriges, alkoholintensives Studium am Trinity College nach Dublin zurück, um anschließend Karriere bei den britischen Kolonialverwaltungen oder der Armee im Ausland zu machen. Briefe wurden weiterhin an die Lower Sackville Street statt an die O'Connell Street in Dublin adressiert und auch zugestellt; es wurden Eisenbahntickets nach Kingston statt nach Dun Laoghaire verlangt und auch ausgestellt, und am Geburtstag des Königs wurde an einsamen Häusern der Union Jack gehißt. Die restliche Bevölkerung sah geduldig zu. Nach 1945 kam ein großer Teil des katholischen Adels aus Entsetzen über die Reformen und Steuern der Labour-Regierung aus England nach Irland und zog auf die dortigen Landsitze; diese Bewegung wurde als »Flucht aus Moskau« bezeichnet. Der englische Schriftsteller Evelyn Waugh war so sehr von Gormanston Castle nördlich von Dublin

Anglo-Iren *gab es in Irland auch in den 1950er Jahren noch, obwohl viele in den 1920er Jahren fortgegangen waren. Auf dem Meath-Jagdball im Gresham-Hotel in Dublin wurde mit nassen Servietten herumgeworfen, beim ehrwürdigen Kildare-Jagdball wurde Roulette gespielt. Alle Anwesenden sind aufs feinste gekleidet. Es ging nicht immer hoch her: In den örtlichen Kinos warteten die Anglo-Iren stets, pflichtbewußt von ihren Plätzen erhoben, die irische Nationalhymne »The Soldier's Song« ab, während die Ortsansässigen schon eilig dem Ausgang zuströmten.*

[ALLE FOTOS: G. A. DUNCAN]

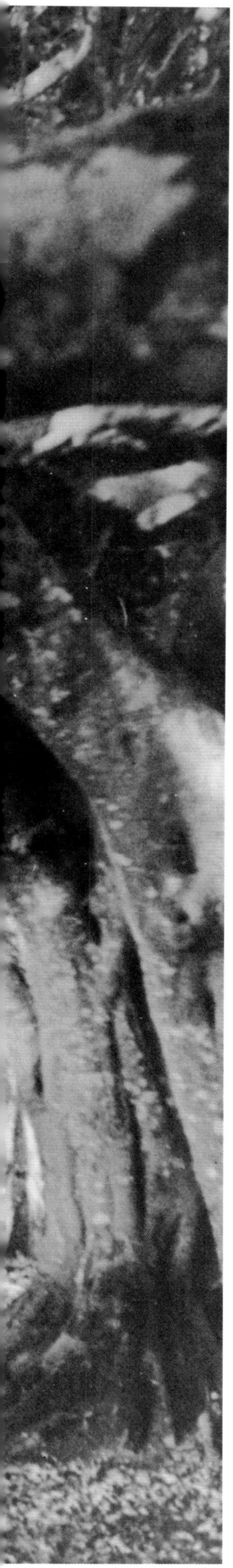

Maude Montgomery *(oben) mit einem bereitwilligen (und wahrscheinlich bezahlten) Helfer, einem barfüßigen Jungen. Ihr Neffe, ein Leutnant, wurde am Bloody Sunday 1920 ermordet; ihrem eigenen Sohn war seine Zeit bei der 17. (Cork) Infantry Brigade im Jahre 1921 äußerst verhaßt gewesen.*

Ein Hausschwein namens Venus *(oben rechts) und seine Besitzerin, Mrs. Gerald Tenison aus Lough Bawn in der Grafschaft Monaghan, 1950.*

Der Französische Park, Grafschaft Roscommon. *Die Ehrenwerten Hope und Prudence French, Töchter von Lord De Freyne, im Park ihres wunderschönen Familiensitzes aus dem 18. Jahrhundert (links), der kurz nach 1945 abgerissen wurde. Das Land wurde von der Landkommission in kleine Parzellen unterteilt und an Bauern vergeben. Der erste De Freyne war 1170 mit Strongbow nach Irland gekommen.*
[FOTO: FR. BROWNE S. J.]

angetan, daß er sich fast der Bewegung angeschlossen hätte. Viele der großen Häuser wurden feucht, verfielen, wurden an Klöster oder örtliche Unternehmer verkauft – wie Bowen's Court, das von einem Einheimischen erworben und abgerissen wurde.

Die ländliche Bevölkerung feierte ihren Provinzialismus. An dem Tag, als die Japaner Pearl Harbour bombardierten, lautete die Schlagzeile einer Zeitung in Nord-Cork angeblich: »44 Schweine in Fermoy ertrunken«. (Wenn die Geschichte stimmt, dann war das ein interessanter Wandel gegenüber früherer Großspurigkeit. Um die Jahrhundertwende hatte eine andere Zeitung in Cork behauptet, sie sei »Beobachter beim Zaren von Rußland«.) Harte Arbeit stand nicht sehr hoch im Kurs, ein Sprichwort lautete: »Ein guter Tag zum Arbeiten ist es auch ein guter Tag zum Fischen.« An den weißgetünchten Hauswänden der Cottages mit ihren rauchenden Schornsteinen lehnten oft Männer, gedankenverloren, die Hände in den Hosentaschen. Beobachter ereiferten sich über die konservative Mentalität und gefährliche Ignoranz. Noch in den 1960er Jahren sagte ein Fachmann, die Landwirte seien »ein schrecklicher Haufen, der einfach nicht effizient arbeiten will. Dieses Land könnte eines der größten Agrarländer sein. Wir haben mit die fruchtbarsten Böden weltweit, aber der durchschnittliche Landwirt hat überhaupt keinen Ehrgeiz, besser zu sein. Er beschwert sich ununterbrochen, aber sein Interesse gilt allein der Frage, wieviel Geld er mit seinen Freunden versaufen kann.« Genossenschaften für die gemeinsame Nutzung von Landmaschinen gab es kaum. Ein Gemeindepfarrer in Kerry sagte: »Diese Idioten, sobald das Wetter schön wird, prügeln sie sich darum, wer den Traktor als erster bekommt.« Auf dem Land wie in den Städten begann der Tag erst spät – zur Verwirrung ausländischer

Besucher, die eine Bank aufsuchen oder sich verabreden wollten. Als Gentleman galt in Irland jemand, der morgens nicht aufstehen mußte, und anscheinend hielten sich in Irland viele für Gentlemen.

Obwohl die Emigration alle Menschen bedrückte, hatte die Armut in den Augen vieler, besonders de Valeras, auch ihre Vorteile. 1943 frohlockte er über ein »ideales Irland ... die Heimat eines Volkes, für das materielle Werte nur eine Lebensgrundlage darstellen, das sich mit spärlichem Komfort zufriedengibt und sich mit Geistesfragen auseinandersetzt ... Der irische Geist hat sich von jeher mehr mit geistigen und intellektuellen als mit materiellen Werten beschäftigt.« Praktisch bedeutete dies eine Anerkennung und Unterstützung der allgegenwärtigen Macht der Kirche in der irischen Gesellschaft.

In Artikel 44.1 der irischen Verfassung von 1937 wurde der katholischen Kirche eine besondere Rolle »als Beschützerin des Glaubens, zu dem die Mehrheit der Bürger sich bekennt«, zugesprochen. Eigentlich war das nichts weiter als eine Anerkennung der Tatsachen, aber auch ein Symbol dafür, daß der irische Staat die Interessen der Kirche berücksichtigte. Und praktisch bedeutete dies, daß die Kirche auch weiterhin die öffentlichen Schulen kontrollieren und vor allem

Der Vogel und der Rohling. *Der Schornsteinfeger Paddy Kilecourse steckt seine abgerichtete Gans in den Schornstein eines Cottage, 1955 (rechts). Sie schlug mit den Flügeln, löste so den Ruß, und die Arbeit war getan.*

Viehauftrieb *auf der Straße Stillorgan–Donnybrook zum Markt nach Dublin; der Bus muß warten.* [FOTO: G. A. DUNCAN]

ihren Einfluß auf die Sozialpolitik geltend machen konnte – nicht nur beispielsweise hinsichtlich des Scheidungsrechts, sondern auch hinsichtlich der Sozialgesetzgebung und Fragen der Zensur.

Die Position der katholischen Kirche in Irland ist selbst heute, da die meisten der mittelalterlichen Praktiken abgeschafft wurden, sehr umstritten. Im Gegensatz zu anderen katholischen Ländern in Europa (mit Ausnahme Polens) sind die Katholiken in Irland praktizierende Gläubige, mit vollen Kirchen sonntags und strengen Feiertagen. Bis zu Beginn der 1960er Jahre unterstützten Politiker jedweder nationalistischer Couleur die Macht der Kirche. Der Eucharistische Kongreß 1932 bot der neuen Partei Fianna Fail Gelegenheit, ihre Glaubenstreue zu beweisen – nach dem peinlichen Vorfall für die Abkommensgegner während des Bürgerkriegs, als die Kirche sich gegen sie gestellt und de Valera exkommuniziert hatte. Fianna Fail zog so mit den Abkommensbefürwortern unter Cosgrave gleich, die 1923 trotz W. B. Yeats' Einwänden im Namen aller Protestanten gehorsam die Scheidung für illegal erklärt hatten. Yeats erklärte damals: »Wir, gegen die diese Maßnahme ergriffen wurde, sind keine Übeltäter, wir gehören zu den bedeutendsten Europäern, wir sind von der Sorte eines Burke, Grattan, Swift, Emmet und Parnell. Wir haben den Großteil der Gegenwartsliteratur verfaßt. Wir stellen den Großteil der politischen Intelligenz.« Sehr eindrucksvoll, aber die falschen Worte, um sich beim nicht anglo-irischen Publikum beliebt zu machen.

Die Anzahl der Protestanten im Süden nahm konstant ab, nicht jedoch ihr Einfluß. In den ersten Jahren war die Zahl der Auswanderer besonders hoch, vor allem auch in der Zeit nach dem Erlaß des päpstlichen Dekrets »Ne temere«, das die katholische Erziehung von Kindern aus Mischehen verlangte. Die Kirche machte sich für dieses Gesetz stark; 1957 stimmte sie für den Boykott von Protestanten in Fethard-on-Sea in der Grafschaft Wexford, weil sich ein katholisch-protestantisches Ehepaar entschieden hatte, seine Kinder auf eine protestantische Schule zu schicken. Die Stimmung war damals so antiprotestantisch, daß Hubert Butler, wie er sich 1978 erinnerte, »einen anonymen Brief an die Irish Times schrieb, wie es in den fünfziger Jahren üblich war«. Manchmal war die Kirche auch wie ein bellender Hund, der nicht beißt. Einige Bischöfe, vor allem Erzbischof John Charles McQuaid, brandmarkten Trinity College in Dublin als gottlose Institution, und bis zu den frühen 1970er Jahren war es Katholiken verboten, dort zu studieren. Tausende ignorierten dieses reaktionäre Verbot; ausländischen Katholiken war es völlig unbekannt.

In grundlegenden Fragen der Sozialgesetzgebung jedoch zeigte die Kirche ihre Stärke, am meisten bei der Mutter-und-Kind-Initiative von 1951. Damit wurde ein einkommensunabhängiges staatliches Mutterschafts-Gesundheitsprogramm eingeführt. Eigentlich ein sehr mittelmäßiger Entwurf, der in keiner Weise den damals neu eingeführten umfangreichen Vorsorgemaßnahmen des National Health Service [NHS; britische Gesundheitsbehörde] in Großbritannien nahe kam. Der Gesetzesentwurf wurde von Noel Browne eingebracht, dem einzigen Minister, der sich als Sozialist hätte bezeichnen lassen. Er hatte bereits wahre Wunder bei der Ausrottung der Tuberkulose vollbracht, die in Irland noch sehr viel länger auftrat als in anderen europäischen Ländern. Aber sein neuer Plan stieß auf vorhersehba-

Schwimmender Transport eines Pferdes *zu einem wartenden Dampfschiff. Dort wird es mit dem improvisierten Geschirr um seinen Körper an Bord gehoben und dann zum Festland gebracht. Szenen wie diese von 1954 dienten Robert Flaherty als Inspiration für seinen berühmten Film* Men of Aran *aus dem Jahre 1934. Es hieß, die Inselbewohner könnten nicht schwimmen, weil sie dachten, daß man das Wasser nicht abweisen dürfe, wenn man einmal in die Wellen getaucht sei.*
[FOTO: G. A. DUNCAN]

ren Widerstand, nicht nur von seiten der Ärzte (die den schrecklichen Virus eines staatliches Gesundheitswesens fürchteten), sondern auch von der katholischen Kirche, die eine Stärkung der Familienrechte und womöglich sogar die Einführung einer Sexualerziehung befürchtete. Die Kirche mußte allerdings nicht selbst tätig werden, sondern konnte sich darauf verlassen, daß Browne schon von seinen Kollegen unschädlich gemacht würde. Damit hätte alles vorbei sein können, aber Browne wagte es tatsächlich, seine Korrespondenz mit den Bischöfen zu veröffentlichen. Erst in den wirtschaftlich blühenden und kulturell offeneren 1970er Jahren wurden Sozialhilfe und Sozialgesetzgebung im nördlichen Europa eingeführt.

Damals waren Frauen in weiten Teilen Europas, nicht nur in Irland, unterdrückt und mißachtet. Aber der große Einfluß der Kirche erschwerte ein Veränderung dieser Situation in Irland besonders. »Die Vorstellung, daß es den Wünschen jeder Frau entsprach, den Mann fürs Leben zu finden, ihm Kinder zu gebären und deren Erziehung als Lebensaufgabe anzusehen, wurde niemals in Frage gestellt.« Ein anderes Zitat aus den 1960er Jahren beschreibt die Situation folgendermaßen: »Außerhalb der Ehe gibt es hier für Frauen kein Leben. Sie allein ist Sinn und Zweck. Alleinstehende Frauen ha-

Das Fernsehen hält Einzug, *1961 – gegen den Widerstand der Kirche. »Wenn man es nicht verbieten kann, muß man es segnen« – nach diesem Motto handelte Erzbischof McQuaid in den Frühtagen des Fernsehens (oben). Patrick O'Hagan sang vor Dubliner Zuhörern, die »sich selbst im Fernsehen betrachten konnten« – wenn ihre Augen gut genug waren, daß sie sich auf dem einzigen Fernseher erkennen konnten (rechts). Hemd, Krawatte und Jackett waren für die Regisseure offensichtlich ein Muß (links).*

ben es sehr schwer, besonders in Dublin, wo es viel mehr Frauen als Männer gibt.« Die Zukunft der Verheirateten bestand in zahlreichen Kindern: Mitte der 1960er Jahre war die Geburtenrate in Irland mehr als doppelt so hoch wie in Großbritannien oder Amerika. Ein Fünftel aller irischen Mütter hatte sieben oder mehr Kinder, 1966 gab es 6000 Familien mit mehr als 12 Kindern. Die permanente Verausgabung bei der Kindererziehung führte häufig zu Erkrankungen oder Zusammenbrüchen. Die Kirche bot kaum Unterstützung. Eine Mutter mehrerer Kinder verließ nach der Predigt eines Franziskaners über die Ehe das Gotteshaus mit den Worten: »Ich wünschte, ich wüßte so wenig davon wie er.« Es sollte noch sehr lange dauern, bis Verhütungsmittel in der Republik allgemein verfügbar waren – erst seit Ende der 1980er Jahre. Frauengruppen fuhren nach Nordirland und schwenkten bei ihrer Rückkehr aufgeblasene Kondome. Die Koalitionsregierung unternahm 1974 einen Versuch, Verhütungsmittel zu legalisieren, der Gesetzesentwurf wurde jedoch vom Parlament abgelehnt; auch vom damaligen Premierminister. Während der 40 Jahre seit der Unabhängigkeit waren Geisteskrankheiten weit verbreitet. Verrücktheit hatte in Irland eine lange Tradition, was Swift 1725 mit seiner Krankenhausstiftung wahrscheinlich als erster erkannt hatte:

Er gab sein bißchen Geld dahin
Für ein Haus der Kranken ohne Sinn,
Und zeigt' mit diesem bösen Blatt
Daß kein Land es so nötig hatt'.

Mitte der 1960er Jahre waren fast die Hälfte aller Kranken in irischen Krankenhäusern Psychiatriepatienten. Um sich nicht dem Verdacht sozialistischer Gesinnung auszusetzen, haben viele Regie-

Zigeuner im Sonntagsstaat. *Eine Familie aus Buttevant, Grafschaft Cork, auf dem Weg zum Cahirmee Fair [Volksfest], Ende der 1950er Jahre (links) Sechs- und mehrköpfige Familien waren durchaus normal; jeder Versuch einer Familienplanung wurde von der Kirche im Keim erstickt.*
[FOTO: E. WILTSHIRE]

Vor seiner Zeit. *Noel Browne spielt nach seiner Pensionierung Akkordeon (oben). Während seiner Amtszeit als Minister hatte er versucht, ein staatliches Gesundheitsprogramm für Mütter und Kinder einzuführen. Die Ärzteschaft, die ein staatliches Gesundheitswesen fürchtete, und die Kirche, die eine fortschreitende sexuelle Aufklärung verhindern wollte, brachten die Initiative Brownes jedoch zu Fall.*
[FOTO: B. HANVEY]

rungen die psychiatrische Versorgung stiefmütterlich behandelt und die Hauptlast Wohlfahrtsorganisationen und der Kirche überlassen.

Nun scheint es so, als sei das Leben in Irland völlig trostlos gewesen, doch dieser Eindruck trügt: Die Mehrheit der irischen Bevölkerung gab damals anderen Dingen den Vorzug als die Menschen anderswo, und darüber hinaus versuchte man auch, sich von dem weitreichenden Einfluß der großen Nachbarinsel zu befreien. Irland hatte zwar mühsam die Unabhängigkeit von Großbritannien erlangt, aber wenn es nicht seine eigenen Bräuche pflegte und eine eigenständige Kultur entwickelte, würde es immer nur ein Anhängsel bleiben. Das erklärt auch die starke Förderung der gälischen Sprache. Nach der großen Hungersnot war sie in weniger als einer Generation ausgestorben und war trotz der Wiedererweckungsbemühungen zwischen 1890 und 1900 um 1921 noch eine Minderheitensprache. Patrick Pearse hatte erklärt, daß Irland erst unabhängig sei, wenn es gälisch geworden sei, und ihm nachfolgende Nationalisten, besonders de Valera, teilten diese Einschätzung. De Valera sagte: »Ich bin davon überzeugt, daß, solange die Sprache erhalten bleibt, es eine nationale Eigenheit gibt, die das Überleben des Landes gewährleistet. Sobald die Sprache verlorengeht, droht der kulturelle Identitätsverlust.« In den 1920er Jahren wurde Gälisch Unterrichtsfach an den Grundschulen und Pflichtfach an den weiterführenden Schulen; in den 1930er Jahren mußte man für das Abitur einen Gälischtest bestehen, und viele öffentliche Ämter setzten eine gewisse Beherrschung dieser Sprache voraus. In der Verfassung von 1937 wurde Gälisch als erste Amtssprache festgelegt, dem jedoch aus praktischen Gründen Englisch als zweite Amtssprache hinzugefügt wurde.

Der gesunde Widerstand der Iren gegen Zwangsmaßnahmen bescherte dieser Politik nur beschränkten Erfolg. Viele Iren lernten Gälisch widerstrebend in der Schule und vergaßen es anschließend genauso, wie Kinder Englisch oder Französisch verlernen. Es gab gelegentlich peinliche Momente, wenn ein Abgeordneter im Parlament die erste Amtssprache benutzte und die sonst laut protestierende Opposition zum Schweigen brachte, oder groteske Situationen in den frühen Tagen des irischen Fernsehsenders RTE, wenn ausländische Filme mit irischen Untertiteln ausgestrahlt wurden. Viele Iren kamen zu dem Schluß, daß der Traum von einem gälischsprachigen Irland angesichts der Nähe zu England und der unaufhaltsamen Ausbreitung der angelsächsischen Kultur unrealistisch war. Ausländische Kommentatoren und auch einige Iren haben immer gerne auf den Selbstbetrug hingewiesen, die diese Sprachpolitik ihrer Ansicht nach darstellte; andererseits ist es durchaus wahrscheinlich, daß das Gälische ohne diesen Schutz ausgestorben wäre. So, wie die Dinge lagen, wurden einige Landstriche als gälischsprachige Regionen ausgewiesen (große Teile der Grafschaften Galway, Donegal und Kerry und isolierte Gebiete in anderen Grafschaften), und aufgrund der finanziellen Unterstützung blühte die Sprache in diesen entlegenen Gegenden. Die Vorstellung, ein richtiger Ire sei nur, wer auch gälisch spreche, blieb zwar bestehen (und ist auch heute durchaus noch anzutreffen), die Mehrheit jedoch stand der Frage gelassen gegenüber, wie auch Myles na Gopaleen, der die Situation in den 1940er Jahren folgendermaßen beschrieb: »Ich bin für den Schutz der gälischen Sprache, weil sie sehr alt, schön und äußerst interessant ist … die Vorstellung jedoch, sie als Alltagssprache wiederzubeleben, ist kompletter Unsinn … Englisch ist eine Weltsprache, und wir sollten uns freuen, sie zu sprechen, besonders weil wir sie mit unseren eigenen Verzie-

Literarische Größen. *Edna O'Brien (ganz links), bevor sie in London zur Städterin wurde. Brian O' Nolan/Flann O'Brien/Myles na Gopaleen, soviel von ihm zwischen Hut und Mantelkragen zu sehen ist, in der Palace Bar in Dublin (oben links). Samuel Beckett (oben), erhielt 1970 den Literatur-Nobelpreis; »Katastrophe«, knurrte er und brannte nach Tunesien durch. Michael Mac Liammoir am Klavier (oben rechts) versucht das ungestüme Gemüt von Brendan Behan (rechts von ihm) zu beruhigen. Im Hintergrund raucht Hilton Edwards seine Pfeife.*

rungen aus Tweed und Whiskeyflecken versehen und so unmißverständlich irisch gemacht haben. Darauf sollten wir stolz sein.« Verglichen mit dem Gälischen in Schottland und Irland überrascht nach wie vor die Stärke des Walisischen, obwohl der walisische Nationalismus am wenigsten stark ausgeprägt ist. Ein Teil Irlands, in dem die gälische Literatur nicht nur überlebte, sondern zelebriert wurde, sind die Blasket-Inseln. Die autobiographischen Erzählungen von Maurice O'Sullivan, Thomas O'Crohan und Peig Sayers zeigen eine verblüffende Häufung von Talent in einer einzigen winzigen Gemeinde.

Herausragend unter den irischen Schriftstellern, die die englische Sprache besonders gekonnt einsetzten, waren Joyce, Beckett und Yeats, obwohl die beiden ersteren im Exil lebten und der letztere, nachdem er seine Rolle als »sechzigjähriger lächelnder Mann der Öffentlichkeit« gespielt hatte, sich in den 1930er Jahren ins innere Exil begab und außerdem einen Großteil seines letzten Lebensjahrzehnts im Ausland verbrachte. Auch andere berühmte Iren emigrierten, unter ihnen Sean O'Casey, nachdem das Abbey-Theater sein Stück *The Silver Tassie* abgelehnt hatte (seine wehmütige Schlußfolgerung daraus war: »Man braucht Mut und Geduld, um in Irland zu leben«), und auch ausgesprochen irische Schriftsteller wie Louis MacNeice und Elizabeth Bowen schrieben meist in England. Den wenigen Berühmtheiten, die in Irland blieben, machte die Zensur – vor allem auf ihrem Höhepunkt in den 1940er und 1950er Jahren – das Leben häufig schwer. Von fast jedem bedeutenden Schriftsteller fand sich ein Buch auf der schwarzen Liste, beispielsweise von O'Casey, Beckett, Sean O'Faolain, Brendan Behan (der, wenn er betrunken war, zu brüllen pflegte, »Ich habe das Zensurbüro verboten, und meine Entscheidung ist unwiderruflich!«), Frank O'Connor und Edna O'Brien. (Überraschenderweise wurde Joyce nie verboten, vielleicht weil *Ulysses* auch in Amerika und Großbritannien nicht veröffentlicht worden war.) Bei den internationalen Schriftstellern scheint die Liste fast alle bedeutenden Autoren, vor allem Franzosen, zu umfassen: Voltaire, Zola, Flaubert, Balzac, Proust, Sartre, de Maupassant, Hemingway, Fitzgerald, Salinger, Orwell, Huxley, Dylan Thomas und Plato (wegen der Schrift *Symposium*). Und das ist nur ein winziger Ausschnitt; in den 1950er Jahren wurden jedes Jahr ungefähr 600 Bücher (die meisten von ihnen völliger Mist) verboten.

Die Kirche war nicht direkt für die Zensur verantwortlich; sie hatte vielmehr in den 1920er Jahren unter Bürgerlichen begonnen. Die Befürworter bildeten damals Bürgerinitiativen wie die »Irish Vigilance Association« [»Irische Gesellschaft der Wachsamkeit«] und »The Angelic Warfare for Maintaining the National Virtue of our Country« [»Engelsgleiche Gesellschaft zum Erhalt der Werte unseres Landes«]. Auch diesmal lieferte W. B. Yeats wieder hervorragend aristokratischen Rat: »Ich denke, Sie können die Künste, die gehobenen wie die einfachen, dem allgemeinen Gewissen der Menschheit überlassen.« Er wurde jedoch völlig ignoriert. 1930 wurde gemäß

dem Rat eines Untersuchungskomitees für schlechte Literatur eine Zensurbehörde errichtet; die rechtlichen Grundlagen der Zensur wurden in die Verfassung von 1937 geschaffen. Die Mehrzahl der Schriftsteller trug das Verbot mit Fassung oder war sogar stolz darauf. Es gab jedoch auch einige unangenehme Vorfälle, so zum Beispiel, als Eric Cross' wunderbares Buch über einen Geschichtenerzähler in West-Cork, *The Tailor and Ansty,* verboten wurde und der Autor von Mitgliedern der Kirche gezwungen wurde, niederzuknien und das Buch zu verurteilen.

Ein Teil des intellektuellen Lebens in den 1940er und 1950er Jahren konzentrierte sich auf die Zeitschrift *The Bell,* die zunächst von Sean O'Faolain und dann von Peadar O'Donnell herausgegeben wurde. Hubert Butler, der Dichter Patrick Kavanagh (der immer mit seinem Markenzeichen, einem Hut, auftrat) und der Meister der Kurzgeschichte Frank O'Connor schrieben für die Zeitung. Kavanagh wird allgemein als der beste irische Dichter der Zeit zwischen Yeats und dem Erscheinen der Dichter aus dem Norden in den 1960er Jahren betrachtet, obwohl er selbst sich vehement dagegen gewehrt hätte, irgendeiner dichterischen Tradition zugeordnet zu werden. In verschiedenen Dubliner Pubs fand ein reges intellektuelles Leben statt, so zum Beispiel in der Palace Bar, der Pearl Bar und bei McDaid's. John Ryan zufolge, einem damaligen Gönner verarmter Schriftsteller, hatten die meisten Literaten in Dublin Alkoholprobleme. Heute noch bekannt ist Brendan Behan, der – nach Aufenthalt in einer Jugenderziehungsanstalt in England und Inhaftierung in einem irischen Gefängnis wegen seiner IRA-Verbindungen – zwei Theaterstücke und eine Autobiographie schrieb. Die letzten Jahre seines Lebens verbrachte er damit, durch aufsehenerregende Auftritte in der Öffentlichkeit die irische Bourgeosie zu ärgern und sein internationales Publikum zu begeistern. Zu einem Interview in der englischen Fernsehsendung *Panorama* kam er einmal mehr als nur angeheitert, und als er später gefragt wurde, ob er es für angemessen halte, betrunken im BBC-Fernsehen zu erscheinen, sagte er: »Ich hielt es für völlig normal. Ja, in meinem Fall schon.« Er drang mehrmals in das Theater im Londoner West End ein, in dem sein Stück

Schminke und Ölfarbe. *Sioban McKenna (ganz links) bei einer frühen Probe für ein Stück von Sean O'Casey. Der Schauspieler Cyril Cusack (unten links) mit seinen dominanten Augenbrauen; Jack B. Yeats (links), bekannt geworden als Bruder von W. B. Yeats, konnte als Irlands wichtigster Maler ein eigenes Recht auf Ruhm beanspruchen; Sean O'Sullivan (unten rechts) betrachtet sein Porträt von de Valera.*

The Hostage gespielt wurde, einmal unterhielt er die Warteschlange an der Kasse mit irischen Liedern und sammelte anschließend für den Straßenmusikanten, den er dabei in den Schatten gestellt hatte, brüllte »eejits«, als ihm die Zuschauer zujubelten, und unterbrach die Aufführung immer wieder mit Rufen wie »Hoch leben die Rebellen, hoch leben die Chinesen!«. Später hat man sich besonders für seine Sexualität interessiert, was den überaus toleranten Behan sicher schrecklich gelangweilt hätte. Als er im amerikanischen Fernsehen einmal gefragt wurde, ob er ein praktizierender Homosexueller sei, antwortet er: »Ich war mir nie darüber im klaren, daß man das praktizieren muß. Aber wenn man die Wahl zwischen Whistlers häßlicher Mutter und Michelangelos David hat, dann ist es wohl keine Frage.«

Streitereien und Verleumdungen waren an der Tagesordnung. 1952 lauschte Evelyn Waugh einer Radiosendung zum hundertjährigen Geburtstag von George Moore: »Eine nach der anderen nahmen sich die knarrenden irischen Stimmen während fast zweier Stunden seiner an und haben Stück für Stück seinen Ruf ruiniert, typisch irisch.« Im Moment ist wahrscheinlich Brian O'Nolan der angesehenste Schriftsteller, seine englischen Romane schrieb er unter dem Pseudonym Flann O'Brien, seine Kolumne in der *Irish Times* hingegen unter dem Namen Myles na Gopaleen. Es gab noch zahlreiche andere, weniger produktive Schriftsteller. Behans Erklärung hierfür: »Ich bin ein Trinker mit einem Schreibproblem.« Solche Sprüche und Witze waren oftmals angesehener als wirkliche Kunst. »Dublin ist die Stadt der verdorbenen Prousts«, oder: »Wir sind die, vor denen uns unsere Mütter immer gewarnt haben.«

Der letzte Ausspruch stammt von dem Maler Sean O'Sullivan, aber neben der herausragenden Bedeutung eines Jack B. Yeats stand die bildende Kunst auf verlorenem Posten. Filme waren beliebt, jedoch weniger die Produktion als vielmehr der Konsum. Der Höhepunkt eines Abends in Dublin bestand darin, für das Kino anzustehen und seine Freundin zu einem Grillteller im dortigen Balkon-Restaurant einzuladen. Auf der O'Connell Street patroullierten Schieber, die ungeduldigen Frischverliebten Kinotickets verkauften. Natürlich unterlagen auch Filme der Zensur, und was gezeigt werden durfte, war von den vielen Schnitten häufig so verstümmelt, daß es schwierig war, der Geschichte zu folgen. Auch die Zuschauer wurden zensiert, wie 1943 in Clones, wo Männer und Frauen im Kino getrennt sitzen mußten. Das Abbey-Theater blieb nach wie vor das Nationaltheater, hatte aber Konkurrenz bekommen von zwei Engländern, Hilton Edwards (eindeutig Engländer) und Michael Mac Liammoir (angeblich Ire), die das Gate-Theater gründeten und einige mutige Stücke inszenierten, darunter Denis Johnstons impressionistisches Stück *The Old Lady Says No,* das zuvor unter einem anderen Titel vom Abbey abgelehnt und mit diesem Satz, quer über das Deckblatt des Manuskripts geschrieben, an Johnston zurückgegeben worden war – die im Titel genannte Old Lady war Augusta Gregory.

Für einige Intellektuelle waren die 40 Jahre nach der Unabhängigkeit unerträglich, für andere wiederum eine sehr intensive Zeit. Ein bissiger englischer Journalist, Honor Tracy, der in Irland gelebt und gearbeitet hatte, beschrieb diese Tage als Messe am Morgen, Langeweile während des Tages und Rausch am Abend: Religion,

Trägheit, Alkohol. Harold Pinter dagegen war der Ansicht, daß die Zeit »nicht immer, aber manchmal golden war, und die 1950er Jahre waren alles in allem für mich und viele andere eine goldene Zeit«.

Wirtschaftlich und gesellschaftlich war die Zeit geprägt von Stetigkeit, in der Politik jedoch ereigneten sich große Veränderungen. Ziel war die Entwicklung einer größeren Unabhängigkeit von Großbritannien, noch bestehende Verbindungen wurden langsam, aber sicher abgebrochen, und 1949 schließlich erreichte Irland die vollständige Unabhängigkeit. Während dieser Zeit (und auch noch danach) teilten sich die beiden wichtigsten Parteien in Gegner und Befürworter des Abkommens von 1921. Nach dem Tod von Collins und Griffith wurde William T. Cosgrave Vorsitzender der Abkommensbefürworter, die zur Cumann na nGaedheal wurden (diese wiederum war die Vorgängerinstitution von Fine Gael). Zunächst einmal mußte die Regierung ihre Autorität etablieren. Bei den Wahlen 1923 hatte de Valeras Sinn Fein 44 Sitze gewonnen und sich geweigert, im Parlament des Unterdrückerstaates zu sitzen, weil sie der Regierung die Legitimität absprach. Die Gefahr gewaltsamen Widerstands war

Barfuß *umrunden Pilger das Kreuz bei Lough Derg, Grafschaft Donegal (ganz links).*

Ein Glas dunkles Bier. *Irische Kneipen und Trinkgewohnheiten vor ein paar Jahrzehnten (links und rechts), bevor das Marketing sie eroberte und in warme, einladende Orte verwandelte, die den Verkauf einer neuen Generation von Bier und Stouts ankurbeln sollten.*
[ALLE FOTOS: K. FRANCKE]

A1

allgegenwärtig; 1924 mußte sich die Regierung mit einer drohenden republikanischen Meuterei in der Armee auseinandersetzen. Der starke Mann, der das erledigte, war Kevin O'Higgins; seine Ermordung 1927 führte dazu, daß die Regierung widerstrebende Teile der alten IRA unablässig bekämpfte.

Bis dahin war de Valera jedoch zur konstitutionellen Politik zurückgekehrt, das heißt, er war bereit, den Treueeid auf den König zu schwören und so mit dem unnachgiebigen Teil von Sinn Fein zu brechen. Daher akzeptierte de Valera 1922 aus Gründen, die wohl nur ihm bekannt sind, Collins' Haltung, daß das Abkommen als Übergangslösung und erster Schritt zu einer weitergehenden Lösung doch annehmbar sei. Der Wahlgewinn seiner neuen Partei Fianna Fail (»Schicksalskrieger«) 1932 sorgte für große Aufregung. Viele Iren hatten sich davon überzeugen lassen, daß die Anhänger des Abkommens nicht nur Republikaner, sondern auch kommunistische Genossen waren. Manche der ins Parlament gewählten neuen Abgeordneten trugen einen Revolver, den sie aber (gottlob!) nie ziehen mußten.

In diesen Jahren kam es gelegentlich zu kleineren Straßenkämpfen zwischen jubelnden Republikanern – einige waren gerade von der neuen Regierung aus der Haft entlassen worden – und tatkräftigen Mitgliedern der Opposition – eine Minderheit von ihr orientierte sich an der europäischen Politik und wählte ausgerechnet Mussolini zum Vorbild. Unter der Führung des entlassenen Polizeichefs General O'Duffy wählten sie eine Uniform – blau statt

Roger Casement – *sein Leichnam wird 1965 nach Dublin rücküberführt (rechts). Schon 1947 waren die Pistole und Papiere der Countess Markievicz, von ihrem Vetter Captain De Courcy Wheeler 1916 sichergestellt, zurückgegeben worden, ebenso die grün-goldene Flagge, die auf dem Hauptpostamt gehißt worden war.*

Umzug. *Solche Gesten haben nichts daran geändert, daß die Verbindungen zu England weiter abbröckelten: 1948 wurde Königin Victoria in den Ruhestand befördert (links). Erst 1988 fand sie einen neuen Standort – ironischerweise in Australien. Die Nelsonsäule wurde 1966 gesprengt (oben rechts), obwohl sie 1808 mit öffentlichen Spenden bezahlt und lange vor der in London errichtet worden war. Das großartige Reiterstandbild Williams III. am Trinity College wurde 1928 gesprengt; man munkelt, es sei dann eingeschmolzen worden, um die Löcher in der Dubliner Kanalisation zu flicken.*
[FOTO LINKS: G. A. DUNCAN]

im Bürgerkrieg gekämpft hatten; schade, daß es der Regierung unter Lloyd George an Weitsicht und Vorstellungskraft gemangelt hatte, dies bereits 1921 zu verwirklichen.

1932 an die Macht gekommen, schaffte de Valera sofort den Treueeid auf den englischen König ab – der ihm ein besonderer Dorn im Auge gewesen war – und erarbeitete 1937 die heute noch gültige irische Verfassung. Aus dem Freistaat wurde Eire, die gälische Bezeichnung für Irland. Die heute heftig umstrittenen Artikel 2 und 3 der Verfassung erklärten die gesamte Insel zum Staatsgebiet und übertrugen dem Dubliner Parlament die Jurisdiktion darüber. Es wurde jedoch pragmatischerweise hinzugefügt, daß das Recht bis zur Wiedereingliederung der nördlichen Grafschaften nur in den 26 Grafschaften im Süden gelten solle. Seltsamerweise unterließ de Valera den letzten Schritt, die Erklärung Irlands zur Republik. Der Grund dafür war offenbar, daß er nicht nur drei Viertel des Landes mit diesem Titel würdigen wollte, für den 1916 Männer gekämpft hatten und gefallen waren. Darüber hinaus hoffte er, daß eine möglichst enge Verbindung mit dem Commonwealth die Nordiren dazu veranlasssen könnte, dem Süden beizutreten.

Der Streit der Experten über die Frage, ob Irland nun zum Commonwealth gehörte oder nicht, dauerte an. Die Iren waren der Ansicht, daß sie nicht dazugehörten und nur eine lose Verbindung bestand, die Briten dagegen waren überzeugt, daß Irland noch aktives Mitglied sei. Der Streitpunkt wurde erst bei Ausbruch des Krieges 1939 relevant, wobei die irische Haltung sich sofort durchsetzte, denn Irland war das einzige Mitglied (oder ehemalige Mitglied) des Commonwealth, das neutral blieb.

Die irische Neutralität während des Zweiten Weltkriegs fand

schwarz – und nahmen im Laufe der folgenden Jahre einige typische Eigenschaften an: den hysterischen Antikommunismus, den zum Gruß erhobenen Arm, Paraden und selbst den peinlichen Gruß »Heil O'Duffy«. Ansonsten jedoch waren die Blauhemden Schwächlinge, verglichen mit den wirklichen Faschisten, und haben niemals die Politik Mussolinis und Hitlers – Rassismus, Imperialismus und Diktatur – vertreten. Nach etwa einem Jahr Zusammenarbeit mit verschiedenen Gegnern von Fianna Fail wurde O'Duffy 1934 aus der Politik ausgeschlossen. Während des Spanischen Bürgerkriegs kämpfte er mit 700 Blauhemden für Franco, 200 ehemalige IRA-Mitglieder hingegen kämpften auf der Seite der Republikaner.

Die politischen Gegner von Fianna Fail hatten sich zur Fine Gael zusammengeschlossen (»Der Stamm der Iren«); in den 1930er Jahren legten sie Wert auf den Erhalt konservativer Werte, Recht und Ordnung, die Interessen der größeren Landwirte und die Beziehungspflege mit dem Empire. De Valeras Handelskrieg mit Großbritannien verurteilten sie, mußten aber zu ihrem eigenen und sicher zum Erstaunen der Briten feststellen, daß wirtschaftliche Nachteile keinen direkten Einfluß auf ihre politischen Sympathien hatten. De Valera jedenfalls war bemüht, die Verfassung des Freistaates immer weiter zu untergraben, mit dem Ziel, völlige Unabhängigkeit zu erreichen, und fand hierbei die Unterstützung der großen Mehrheit der Iren.

In gewisser Weise profitierte Irland von der Dezentralisierung des Commonwealth in den 1930er Jahren. (Südafrika und Kanada übernahmen dabei die Vorreiterrolle, während Australien und Neuseeland zunächst zurückhaltender waren.) Irlands Dominion-Status war in dem Abkommen von 1921 ganz deutlich in Anlehnung an den Status Kanadas definiert worden. Das Statut von Westminster von 1931 erklärte die völlige Unabhängigkeit der Dominionländer, das heißt, Großbritannien konnte nicht in die Regierung eingreifen, sie blieben jedoch Mitglieder des Commonwealth. Praktisch bedeutete dies, daß die Länder nach ihrem eigenen Willen regieren und, wenn sie wollten, sich auch völlig von Großbritannien lösen konnten. Großbritannien gestand Irland nun also zu, wofür die Iren

nicht nur die volle Unterstützung der Bevölkerung, sondern man war sogar stolz darauf. Sie war der sichtbare Beweis dafür, daß das Land nun die völlige Unabhängigkeit von Großbritannien erlangt hatte. Die anglo-irische Romanschriftstellerin Elizabeth Bowen, die während des Krieges für die britische Regierung nachrichtendienstliche Berichte über Irland schrieb, war der Ansicht, daß die »irische Neutralität der erste Ausdruck der Selbstbehauptung war«. Viele in England, allen voran Churchill, ärgerten sich über diese »Treulosigkeit«, wie sie es nannten; und zweifellos wirkt Irlands Haltung in einem der schrecklichsten Kriege seit Jahrhunderten, rückblickend betrachtet, wenig vorbildlich. Damals jedoch hatten die Iren keinen Blick für internationale Politik, sondern interessierten sich nur für das anglo-irische Verhältnis. Wenn man jedoch die lange, traurige Geschichte der Feindseligkeiten zwischen den beiden Ländern und die jüngere Geschichte der offenen Auseinandersetzungen berücksichtigt, ist diese Haltung sehr viel verständlicher.

Nachdem die Neutralität nun einmal erklärt worden war, mußte sie verteidigt werden. Es gab Zeiten, besonders um 1940, in denen Irland um ein Haar von Großbritannien oder von Deutschland besetzt worden wäre. Die Briten übten großen Druck auf Irland aus, um die Häfen aus dem Abkommen, besonders Berehaven und Cobh im Südwesten, zurückzubekommen. Diese Häfen, die sie Irland 1938 fast gedankenlos zurückgegeben hatten, sollten nun der U-Boot-Abwehr im Atlantik dienen. De Valera erkannte, daß dies das Ende der irischen Neutralität bedeutet hätte, wäre jedoch dazu bereit gewesen, wenn die Briten die Teilung Irlands aufgehoben hätten. Während des Krieges (und auch noch später) mußte jeder Besucher seines Büros die Karte Irlands betrachten, in der die Republik in Schwarz, der Norden in einem »kränklichen Weiß« markiert war, während der Premierminister darauf beharrte, daß »dies die eigentliche Ursache all ihrer Probleme« sei.

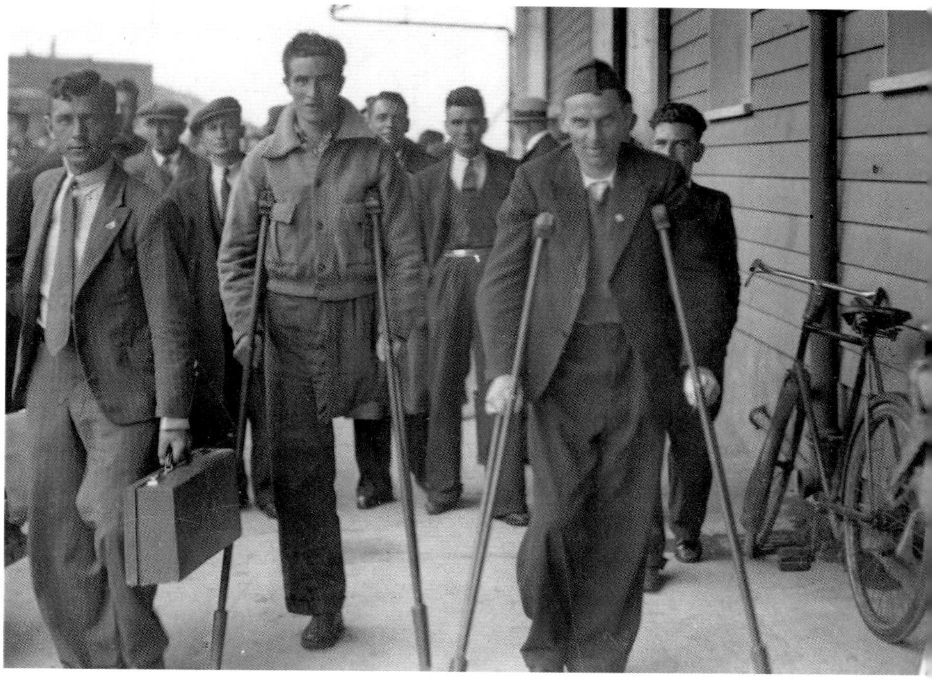

Im Spanischen Bürgerkrieg *kämpften Iren auf beiden Seiten – so Frank Ryan, ein IRA-Extremist, der hier mit spanischen Republikanerkameraden posiert (oben links), oder diese verwundeten Freiwilligen, die auf der Seite von Francos Faschisten gekämpft hatten (oben rechts).*

Eine Parade der Blauhemden. *Mrs. »General« O'Neill in Kinsale, Grafschaft Cork, 1933 mit beruhigend schlecht gedrillten Anhängern. Irland war für extreme politische Überzeugungen genauso anfällig wie der Rest Europas.*

[FOTOS OBEN LINKS UND LINKS: M. MCINERNEY]

Die Kriegsjahre wurden zum »Ausnahmezustand« erklärt, und die Regierung erkannte sich selbst völlige Exekutivgewalt zu. Staatliche Neutralität wurde völlig unparteiisch und rigoros durchgesetzt, – das ging so weit, daß de Valera dem deutschen Vertreter bei Hitlers Tod einen Anstandsbesuch abstattete. Die Zensur verbot alle Nachrichten, die möglicherweise den Dienst irischer Männer in der britischen Armee offenbart hätten. Die probritische *Irish Times* umging dieses Verbot, indem sie berichtete, ein ehemaliges Mitglied ihrer Zeitung, das dann der britischen Marine beigetreten sei, habe ein Schiffsunglück überlebt und sei nun »nach einem Bootsunfall im Pazifik in Sicherheit«. Von anderen Opfern wurde berichtet, sie befänden sich im Krankenhaus, an Bleivergiftung leidend, die sie sich in der Libyschen Wüste zugezogen hätten. Der Herausgeber machte auf die Tatsache, daß viele Offiziere der alliierten Streitkräfte aus Irland kamen, mit folgenden Sätzen aufmerksam: »Mr. Winston Churchill nannte namentlich neun Militär- und Marinekommandanten, die sich vor kurzem in Nordafrika und im Mittelmeer verdient gemacht haben. Diese neun Ehrenmänner heißen:

General Wavell	England
General Mackie	Australien
General Wilson	Japan (Nördliche Insel)
General O'Connor	Japan
General O'Moore Creagh	Japan
General Dill	Japan (Nördliche Insel)
General Brooke	Japan (Nördliche Insel)
Admiral Cunningham	Japan
Admiral Somerville	Japan

Bei diesen Beispielen hat der Zensor vielleicht ein Auge zugedrückt, ansonsten aber herrschte eine sehr viel humorlosere, strengere Haltung. Das Foto eines hübschen jungen Mädchens mit der Unterschrift »Frühling kehrt ein in St. Stephen's Green« wurde mit

Die Free State Army *(links) marschiert in Kniebundhosen und Stahlhelmen, die denen der Deutschen ähneln, mit englische Lee-Enfield-Gewehren über der Schulter. Die Armee litt unter einem Mangel an Waffen und Ausrüstung: Einige der gepanzerten Fahrzeuge waren von Schmieden in Carlow auf Ford-Chassis gebaut worden.*

Die Luftwaffe *(rechts) verfügte über ein paar Gloster-Gladiator-Doppeldecker wie diesen; hier lädt der Pilot gerade das Magazin eines der Maschinengewehre nach.*

der Begründung verboten, die leichte Sommerbekleidung »erlaube der einen oder anderen kriegführenden Seite nützliche Rückschlüsse auf das Wetter«.

Viele Iren aus dem Süden, ungefähr 50 000, haben sich freiwillig zum Kriegsdienst gemeldet, mehr als in Nordirland. Es ist jedoch schwer, genaue Zahlen zu erhalten, die oftmals von peinlich berührten und aufgebrachten Politikern im Norden zurückgehalten wurden. Insgeheim haben irische Politiker den Alliierten sehr geholfen, von nachrichtendienstlichen Informationen bis hin zur heimlichen Beförderung gestrandeter Soldaten der Luftwaffe nach Nordirland. Die Iren aus der Republik kehrten natürlich auf Fronturlaub nach Hause zurück, hielten aber den Schein des zivilen Lebens aufrecht, indem sie in Zivilkleidung in Irland erschienen, die die Briten freundlicherweise in den Häfen in Fishguard und Holyhead bereithielten. »Man hatte nicht den Eindruck, in ein Land mit anderen Überzeugungen zu fahren«, erinnert sich ein Soldat, »es war, als hätten die Alliierten absichtlich eine Region geschaffen, in der es Steak, Alkohol und richtige Beleuchtung gab – eine Art Erholungsheim.«

Der Vertreter Großbritanniens in Dublin war der beeindruckende Sir John Maffey, 1,95 Meter groß und bis zu seinem Ausscheiden als General-Gouverneur des Sudan im Jahre 1934 das Klischee eines Kolonialbeamten schlechthin. In der Botschaft in Dublin setzte er sich selbstbewußt, aber sehr stilvoll für die britischen Interessen ein und hatte neben seinen offiziellen Pflichten ein Cricketteam organisiert, das im College-Park spielte. Der deutsche Botschafter war Dr. Eduard Hempel, ungewöhnlicherweise nicht Mitglied der NSDAP; er hatte einen ebenso guten Überblick über die Situation in Irland wie Maffey. Vor dem Botschaftsgebäude in der Northumberland Road 58 wehte täglich die Hakenkreuzfahne. (Wegen Irlands unklarer Situation England gegenüber durfte Maffey nicht den Union Jack hissen.) Ein Mitglied in Maffeys Stab war der Dichter John Betjeman, der, wenn er sich gerade auf seinem heruntergekommenen anglo-irischen Landsitz aufhielt, gelegentlich Briefe als »Sean O Betjeman, attache na press« unterzeichnete. Betjeman hatte einige Jahre vor dem Krieg in einen Brief an T. S. Eliot Irland treffend beschrieben: »Kennen Sie Oireland? Es ist so wie England zur Zeit von Rowlandson, gemischt mit etwas Katholizismus.«

Was Betjeman an Dublin gefiel, war die Tatsache, daß es dort Rindfleisch gab. Die Rationierung in Irland nahm sehr merkwürdige Formen an. Die Versorgung mit Fleisch und Milchprodukten war relativ gut, aber Tee war sehr knapp, mit dem Ergebnis, daß ein knappes Pfund gegen eine Flasche Whiskey getauscht wurde. Kleider und Schuhe waren rationiert, und Fianna Fails Autarkiebestrebungen erwiesen sich jetzt als sehr günstig. Ohne Brennstoffreserven, mit Ausnahme von Torf, stellte der Verkehr ein großes Problem dar. Benzin gab es nur für besonders wichtige Zwecke. Einige Autos waren gasbetrieben, das Gas wurde in unförmigen Ballons befördert, die auf dem Autodach oder in einem Anhänger transportiert wurden. Pferdefuhrwerke und eine bizarre Sammlung anderer Fahrzeuge wurden wieder fahrtüchtig gemacht. In Limerick wurde eine zwanzigsitzige Postkutsche eingesetzt, und in Dublin verkehrten Pferdetaxis. Fahrraddiebe hatten Hochkonjunktur. Das öffentliche Verkehrssystem wurde mühsam aufrechterhalten, aber niemand erwar-

Benzinrationierung im Krieg. *Nur gut, daß der Vorkriegs-Verkehr in Irland noch überwiegend mit Pferden stattgefunden hatte und es dadurch noch viele Pferdefuhrwerke gab. Das machte sich nun bezahlt, nachdem Benzin rationiert worden war, wie diese überladene Kutsche im Zentrum von Dublin beweist.* [FOTO: G. A. DUNCAN]

Diese Szene in Cahir *von 1942 (rechts) würde Umweltschützer sicher zu Freudentänzen veranlassen, aber das Bild war eher ironisch gemeint.* [FOTO: FR. BROWNE S. J.]

CAR PARK

tete noch Pünktlichkeit. »Da kommt der Zug. Pünktlich auf den Tag«, rief der Zugschaffner in der Karikatur der *Dublin Opinion.* Ein Zug brauchte mehrere Stunden, um die zehn Kilometer zwischen Dun Laoghaire und Dublin zurückzulegen, und die Reisenden mußten unterwegs Holz sammeln, mit dem der Kessel befeuert wurde. Ein Zug von Dublin nach Athlone wurde unterwegs zweimal von einem Segelboot auf dem Royal Canal überholt. Die kleine irische Handelsmarine verkehrte weiterhin, die Schiffe trugen auf beiden Seiten die Aufschrift EIRE und waren nachts beleuchtet. Trotzdem wurden während des Krieges 16 Schiffe versenkt, die meisten auf der Route Dublin–Lissabon–Dublin. Die Postboote nach Hollyhead wurden grau gestrichen und hatten 13-Pfünder-Kanonen auf dem Vorschiff. Aer Lingus bot nur einen Flug nach Liverpool an, Foynes an der Shannonmündung dagegen wurde schnell zu einem sehr geschäftigen Flugplatz für Wasserflugzeuge; es war der erste Zwischenstopp auf dem Weg nach Amerika, und allein 1942–43 wurden hier 1400 alliierte Flugzeuge und 15 000 Passagiere abgefertigt.

Es wäre Irland sehr schwer gefallen, sich gegen eine Invasion zu verteidigen. Die Luftwaffe bestand aus nicht viel mehr als Lysander-Aufklärungsflugzeugen, einigen Gloucester Gladiators, Avro-Ansons und Walrus-Amphibienflugzeugen. Während des Krieges mußte sie einige alliierte Flugzeuge, die über Irland abgestürzt waren, wiederherrichten. Die Marine verfügte über einige Torpedoboote und zwei Patrouilleboote. Die Armee war größer, aber schlecht ausgerüstet, und es fehlte an Waffen. Sie verfügte über gerade mal 20 gepanzerte Fahrzeuge, nicht jedoch über Panzer. Einige der Fahrzeuge waren von Schmieden in Carlow auf Ford-Chassis gebaut worden und hießen dementsprechend natürlich »Carlow-Panzer«. Ein Beispiel dafür, was hätte geschehen können, ereignete sich im April und Mai 1941, als Belfast unter starkes Bombardement geriet. Die Stadt war schlecht vorbereitet – wahrscheinlich hatte man angenommen, Nordirland sei für deutsche Bomber unerreichbar – und die Zerstörung entsprechend groß. Über 1000 Menschen kamen ums Leben (900 in einer Nacht), und als die Plätze in den Leichenhäusern knapp wurden, bahrte man die Toten schließlich im öffentlichen Schwimmbad in der Falls Road auf; zuletzt lagerte man sie auch direkt im leeren Schwimmbecken, als Särge knapp wurden. De Valera schickte Feuerwehren aus dem Süden zu Hilfe und brach damit ganz eindeutig die irische Neutralität, aber, mit seinen Worten zu sprechen, es handelte sich um »unsere eigenen Leute«. Auch Dublin wurde einige Male bombardiert, wenn auch versehentlich; den größten Schaden richtete im Juni 1943 eine Landmine an, die 32 Menschen tötete.

Krieg im Krieg. *Es ist 1939, und der Krieg gegen Hitler hat begonnen – und trotzdem finden auf dem Trafalgar Square in London Demonstrationen gegen die Inhaftierung von IRA-Mitgliedern (unter ihnen der junge Brendan Behan) in Irland und England statt (rechts). Noch am 25. August starben fünf Menschen, als eine in einem Fahrradkorb versteckte Bombe auf der Hauptstraße in Coventry explodierte.*

Neueste Nachrichten. *Die Menge liest die neueste Ausgabe des* Cork Independent, *die im Fenster der Redaktion aushängt, 1939.*
[FOTO: FR. BROWNE S. J.]

Im Süden war der militärische Nachrichtendienst gut organisiert (dort wurde die irische Neutralität erneut gebrochen, indem man die Berichte den Briten zukommen ließ), und man ergriff relativ problemlos deutsche Spione. Die Deutschen selbst haben dazu beigetragen, indem sie zum Teil sehr bizarre Spione nach Irland geschickt hatten, unter anderem zwei Südafrikaner und einen Inder, die 1940 in der Nähe von Baltimore gelandet waren. Letzterer marschierte mit einem bunten indischen Seidengewand und Strohhut eine irische Landstraße entlang und wurde sofort verhaftet, ebenso die beiden anderen. (Die Polizei berichtete dem Nachrichtendienst, daß »zwei Weiße und ein Nigger aus dem Nichts aufgetaucht sind«). Iren, die von der deutschen Abwehr als Spione über Irland mit dem Fallschirm abgesetzt wurden, betrachteten dies als einen billigen Rückflug und meldeten sich nach ihrer Rückkehr glücklich bei der Verwaltung – oder vertrauten sich den falschen Leuten an: so beispielsweise ein junger Mann, der bei seiner Rückkehr nach Claire von seinem Vater an die Behörden ausgeliefert wurde. Der Vater kassierte sogar die 500 Pfund Belohnung, die er allerdings für seinen Sohn verwendete.

Zwischen der IRA und deutschen Agenten wurden Verbindungen geknüpft, aber beide Seiten hielten nicht viel voneinander. Die IRA bekämpfte nicht nur Großbritannien, sondern auch die Regierung in Dublin. Sie hatte sich 1930 mit de Valera überworfen und wurde 1936 verboten. Nach dem Verbot und während des Krieges schreckte die Regierung selbst vor drakonischen Maßnahmen nicht zurück: Hunderte wurden ohne Prozeß interniert, sechs IRA-Mitglieder hingerichtet, drei Hungerstreikende verhungerten. Die IRA vertrat den extremen Nationalismus, der sich wahrscheinlich ausgebreitet hätte, wenn de Valera die Neutralität aufgegeben hätte und an der Seite Großbritanniens in den Krieg eingetreten wäre.

Churchill hat diesen Druck, der auf de Valera lastete, niemals ganz verstanden; wie so viele unverbesserliche Imperialisten konnte er nicht begreifen, warum irgend jemand das Empire verlassen wollte. In seiner Siegesrede 1945 machte er sich über die irische Neutralität lustig, was wiederum de Valera Anlaß für eine der besten Reden seines Lebens gab. Er sprach sehr gesetzt, wie es sich für einen Staatsmann gehörte, und kam zu einem Schluß, der allen Radiohörern zu Herzen ging: »Churchill ist stolz darauf, daß Großbritannien ein Jahr nach der Besetzung Frankreichs und vor dem Eintritt Amerikas alleine ausgeharrt hat. Konnte er nicht den Großmut aufbringen, anzuerkennen, daß ein kleines Land nicht ein oder zwei Jahre, sondern Hunderte von Jahren Angriffen, Plünderungen, Hungersnöten und zahllose Massakern standgehalten hat? Ein Land, das unzählige Male bewußtlos geprügelt wurde, aber jedesmal, wenn es sich wiederaufrichtete, den Kampf wiederaufgenommen hat, ein

kleines Land, das keine Niederlage hingenommen und niemals seine Seele verraten hat?«

Trotzdem befand sich Irland nach dem Zweiten Weltkrieg in einer diplomatischen Isolation. Bis 1956 war das Land durch das Veto der Sowjetunion von den Vereinten Nationen ausgeschlossen, weil, so das Argument, Irland durch seine Neutralität bewiesen habe, daß es »kein friedliebendes Land sei«. Die meisten Iren machten sich jedoch aus der internationalen Verdammung wenig, jedenfalls wiesen sie darauf hin, daß nur Großbritannien und Frankreich moralisches Ansehen beanspruchen könnten, da sie als einzige freiwillig in den Krieg eingetreten seien. Wenn Irland angegriffen worden wäre, hätten die Iren sicher auch gekämpft. Ein Beispiel dafür, wie wenig Irland den Kampf gegen Hitler verfolgt hatte, war noch bis in die Mitte der 1970er Jahre hinein sichtbar: die Firma »Swastika Laundry« [Wäscherei »Hakenkreuz«] fuhr mit Transportern durch Dublin, die als Firmenzeichen ein riesiges rotes Hakenkreuz auf weißem Grund (und die entschuldigende Aufschrift »gegründet 1912«) trugen. Heinrich Böll wurde 1954 von einem dieser Transporter beinahe überfahren, was den ehemaligen deutschen Soldaten gehörigen erschreckte.

In den ersten Nachkriegswahlen 1948 erhielt Fianna Fail von allen Parteien die meisten Stimmen, erreichte jedoch nicht die absolute Mehrheit im Parlament. Zur allgemeinen Überraschung konnte Fine Gael mit einigen kleineren Parteien eine Koalition bilden und John Costello zum Premierminister wählen. An der Wirtschafts- und Sozialpolitik änderte dies jedoch kaum etwas – das Land war nach wie vor bettelarm, der Nachkriegsboom, der im restlichen Europa einzusetzen begann, war noch in weiter Ferne. Die neue Regierung, angetrieben von ihrem dynamischsten Minister, Sean McBride, dem Vorsitzenden der kleinen unabhängigen Partei Clann na Poblachta, unternahm nun den letzten Schritt und rief am Ostermontag 1949 die Republik aus – gegen den Widerstand der das Abkommen befürwortenden Fine Gael. Sinn Fein und die IRA lehnten eine Anerkennung der Teilrepublik natürlich ab, aber vielen erschien die IRA so gut wie am Ende.

Während der 1950er Jahre wechselten Fine Gael und Fianna Fail einander in der Regierung ab. Die erste Fine-Gael-Koalition hielt bis 1951, dann regierte Fianna Fail bis 1954 und wurde von einer weiteren Koalition abgelöst. Schließlich kehrte Fianna Fail 1957 mit überwältigender Mehrheit in die Regierung zurück. De Valera blieb bis 1959 Premierminister und wurde anschließend für zwei volle Amtszeiten zum Präsidenten gewählt; dieses Amt übte er bis zu seinem Ruhestand 1973 aus. Gegen Ende seines Lebens war de Valera zu einer nationalen Vaterfigur geworden. Fast die gesamte Geschichte Irlands während des 20. Jahrhunderts war mit dieser großen, eindrucksvollen Gestalt verknüpft, wenn dies Verhältnis, mit den Worten eines Kritikers, auch eher einem »Rolls-Royce-Chassis mit einem Fordmotor« entsprach. Er wirkte wie der perfekte Staatsmann: hochgewachsen, halbblind, asketisch und von natürlicher Würde. Bei Beerdigungen machte er eine tadellose Figur, kerzengerade stand er in strömendem Regen. Seine Vision von Irland hatte sich seit Beginn seiner Karriere kaum geändert: eine gälischsprechende Nation mit 32 Grafschaften, deren Landschaft (wie er in einer Rundfunksendung 1943 sagte) »geprägt ist von gemütlichen Häusern … gesunden, tobenden Kindern, athletischen Jugendlichen und dem Lachen hübscher Mädchen, in deren Heim die Weisheit der Alten regiert«. Diese paradiesischen Vorstellungen werden heute gerne belächelt, damals aber sprach er vielen aus dem Herzen und setzte sich sehr mutig und entschlossen für die Umsetzung seines Ideals ein.

Man sagt, de Valera sei es gelungen, Republikanismus und Sozialismus voneinander zu trennen, auch wenn der Sozialismus in Irland tatsächlich nie sehr stark vertreten war. Bis vor kurzem war Irland das einzige europäische Land ohne bedeutende linke Partei, die zumindest in beschränktem Umfang Verstaatlichungen oder staatliche Wirtschaftsplanung angestrebt hätte. Daher gab es in Irland in den 1950er und 1960er Jahren keinerlei Reformbewegungen. Veränderungen kamen überwiegend erst mit neuen Wirtschaftsgrundsätzen – hauptsächlich Anleihen beim Keynesianismus – und einem Wechsel in der internationalen Politik auf. Diese Politik wurde be-

Letzte Ehre für die Toten. *Volkstrauertag in Limerick, um 1955. Zwei Männer tragen Orden aus dem Ersten Weltkrieg (links); der Mann in der zweiten Reihe mit dem Kranz in der Form des RAF-Zeichens trägt Orden aus dem Zweiten Weltkrieg. Die Teilnahme vieler Südiren am Zweiten Weltkrieg sorgt immer noch für Kontroversen, ebenso das Tragen der Mohnblüte zur Erinnerung an die beiden Kriege. Die Särge zweier bei einer UN-Mission in den 1960er Jahren im Kongo ums Leben gekommenen irischen Soldaten werden auf dem Lastwagen (rechts) durch die Stadt gefahren. Die UN haben, genauso wie die Europäische Union, paradoxerweise zur Emanzipation Irlands beigetragen. Sie wirken beide als ein Gegengewicht zum britischen Einfluß.*

Grace Kelly, *damals schon Prinzessin Gracia Patricia von Monaco, besucht das Dorf, in dem ihre Familie gelebt hatte, bevor sie im 19. Jahrhundert nach Amerika auswanderte (links).*

Präsident Kennedy *(oben) in der ehemaligen Residenz des Vizekönigs im Phoenix Park in Dublin, 1963, kurz vor seiner Ermordung. Es hat noch keinem amerikanischen Präsidenten geschadet, sich mit der Irlandfrage zu beschäftigen.*

Vision und Wirklichkeit. *Der große Mann de Valera (oben) pries oft den Wert der Familie und umgab sich gerne mit Kindern (oben). Seine Vision war die vom »Toben gesunder Kinder«, aber die Szene vom Fronleichnamstag in Dublin 1969 paßt noch nicht in dieses Bild. Die Kinder lungern eher herum, als daß sie toben, und die schönen georgianischen Häuser zerfallen.*
[FOTO LINKS: E. WILTSHIRE]

sonders in Irlands tatkräftiger Rolle bei den UN deutlich. Die beiden Iren, die in den 1950er und 1960er Jahren sehr aktiv in diesem Forum tätig waren und es prägten, waren Frederick Boland und Conor Cruise O'Brien, während irische Soldaten an den verschiedensten Kriegsschauplätzen der Welt, vor allem im Kongo, kämpften und starben

Der wirtschaftliche Aufschwung der 1960er Jahre, der, von einigen Schwankungen abgesehen, bis heute andauert und dafür gesorgt hat, daß Irland inzwischen über ein fast ebenso hohes Pro-Kopf-Einkommen verfügt wie Großbritannien, wird im allgemeinen einem Beamten, T. K. Whitaker, und de Valeras Nachfolger als Premierminister, Sean Lemass, zugeschrieben. Natürlich war auch Irlands Beitritt zur EU 1973 positiv für die Wirtschaft. Nach 40 Jahren wirtschaftlicher und sozialer Einöde kam es zu tiefgreifenden Veränderungen und Innovationen. Die irischen Hunde, die in den 1950er Jahren noch hinter vorbeifahrenden Autos hergerannt waren, lagen in den 1960er Jahren gemütlich am Straßenrand und betrachteten den motorisierten Wohlstand. Der Schriftsteller Colm Tobin hingegen vertritt die Ansicht, der entscheidende Moment sei gekommen, als es 1972 in Enniscorthy endlich Joghurt zu kaufen gab.

SHORT BROS.
-ADHL

Abheben. *In den 1930er Jahren waren die Wasserflugzeuge von Shorts, hergestellt in Belfast, bahnbrechend für die zivile Luftfahrt, ihre Sunderlands waren ein wichtiges Element der U-Boot-Abwehr in den 40ern. Shorts, gemeinsam mit den Schiffbauern Harland und Wolff, war etwas Einmaliges für den Norden, ein Maß an technischer und industrieller Aktivität, mit dem der Süden sich auch nicht im entferntesten messen konnte.*

KAPITEL SIEBEN

NORDIRLAND 1920–72

STELLEN SIE SICH EIN LAND VOR, IN DEM DIE Mehrheit der Bevölkerung jedes Jahr einen Feiertag begeht, indem sie in riesigen Paraden daran teilnimmt oder begeistert zusieht. Obwohl der Umzug im Hochsommer stattfindet (12. Juli), haben die meisten Männer einen Regenschirm dabei, tragen einen dunklen Anzug, Melone (die man selbst in der Londoner City seit den 1950er Jahren kaum noch sieht), weiße Handschuhe und vor allem ein oranges Band um den Hals. Hunderte von Kapellen spielen Märsche und sorgen für ohrenbetäubenden Lärm. Stellen Sie sich weiter vor, daß die Teilnehmer unterschiedlichen Logen angehören, deren jede – wie ein frommes Segel – ein Spruchband vor sich herträgt mit leidenschaftlichen Sprüchen wie: »Es lebe der Schwur!« oder »Wenn Gott uns beisteht, wer soll uns dann etwas anhaben?« Diese Märsche finden in einem Teil des Vereinigten Königreiches statt und erinnern an den Sieg der dort lebenden Protestanten unter einem englischen König (einem gebürtigen Holländer) gegen einen gerade abgesetzten englischen König an einem unbekannten Fluß in Irland im Jahre 1690. Man kann dieses Ereignis als Europas größtes Volksfest betrachten oder als den Versuch des Orange Order, die Katholiken in Nordirland nicht vergessen zu lassen, wer die Macht im Land hat und in Zukunft haben soll. Selbst Beobachtern, die über die Hintergründe informiert sind, werden einige der Bräuche aus dem 17. Jahrhundert ein Rätsel bleiben. Einem englischen Besucher, der fragte, wer König Billy sei, was der Boyne und der Zwölfte, den die Orange-Anhänger feierten, für eine Bedeutung hätten, wurde geraten: »Hau ab nach Hause und lies die Bibel.« Paraden zur Erinnerung an den 12. Juli waren in Nordirland bereits im 19. Jahrhundert abgehalten worden. Lady Pamela Campbell, die Frau eines in Armagh stationierten englischen Generals, nannte den Ort 1828 »die festen Kerne einer Orange«. Sie stellte fest, daß »es hier zweifellos zu Auseinandersetzungen kommen wird, weil unsere Orange-Leute so überzeugt sind, sie *werden* marschieren und sie *werden* ihre Marschmusik spielen«. Es sieht ganz so aus, als würden diese Riten bis ins 21. Jahrhundert fortgesetzt.

Wie bei so vielen geteilten Völkern weltweit dachten die wenigsten, daß die irische Teilung dauerhaft sein würde. Der Government of Ireland Act von 1920 teilte mit der Schaffung zweier Parlamente zwar das Land, sah aber zugleich einen übergreifenden Council of Ireland vor. Die Mitglieder dieser Versammlung sollten von den beiden Parlamenten gewählt werden und nach und nach immer mehr Macht bekommen, so daß »schließlich ein Parlament für ganz Irland entstünde«. Dies war und ist auch heute noch ein Ziel; was die Unionisten im Norden betraf, so mußten sie das Homerule-Parlament, das sie nie gewollt hatten, so gut es ging ausnutzen. Sie hatten relativ schnell herausgefunden, daß eine unabhängige Versammlung die Union und ihre eigene Position stärkte.

Das für die Innenpolitik zuständige Parlament Nordirlands be-

Stormont. *Der Park des nordirischen Parlamentsgebäudes (links) wird während des Krieges zum Anbau von Lebensmitteln genutzt. Ulster wurde das Zentrum der Lebensmittelproduktion während des Krieges. Die bei den deutschen Bombenangriffen zerstörten Häuser und getöteten Menschen waren in den Augen der Unionisten ein weiterer Beweis für ihre Sache. Im April und Mai 1941 starben in Belfast 1000 Menschen, zum Teil weil die Bombenangriffe völlig unerwartet kamen.*

Der Hafen von Derry, *1944 (oben), voll mit britischen und amerikanischen Zerstörern, die mit Nordatlantik-Konvoiaufgaben betraut waren. Seine strategische Lage im Westen machte ihn im Kampf gegen deutsche U-Boote unentbehrlich.*

Mitglieder umfaßte, vereinte sie alle sozialen Schichten. Bis in die 1970er Jahre hinein waren die Parteivorsitzenden Mitglieder des Adels. Der vierte und der fünfte Premierminister Nordirlands beispielsweise, Captain Terence O'Neill und Major James Chichester-Clarke, waren Vettern, Söhne (und in Chichester-Clarkes Fall auch noch Enkel) von Parlamentsmitgliedern in Großbritannien, Eton-Absolventen, ehemalige Offiziere der Irish Guards mit dem Tonfall und den Manieren der Oberschicht. Beide hatten im Zweiten Weltkrieg gedient (zwei Brüder von O'Neill waren gefallen) und behielten ihre Militärtitel bei – wie in Nordirland üblich. Davor war Nordirland von zwei Treuen ähnlicher Couleur regiert worden, die fast 40 Jahre lang an der Macht waren: James Craig, der spätere Lord Craigavon, und Basil Brooke, später Lord Brookeborough. Innenpolitisch änderte sich von 1921 bis 1968 so gut wie nichts. Der Kitt zwischen diesen Gentlemen und dem protestantischen großen Rest war die Mitgliedschaft im Orange Order, die für die politische Karriere und Förderung unerläßlich war. Craig hat diesen Zusammenhang am besten beschrieben: »Ich habe immer gesagt, daß ich zuerst Mitglied des Orange Order und erst in zweiter Linie Politiker bin; ich setzte mich ausschließlich dafür ein, daß wir ein protestantisches Parlament für einen protestantischen Staat haben.«

Und was war mit denen, die in einem protestantischen Staat lebten, aber selbst keine Protestanten waren? Ungefähr ein Drittel der Bevölkerung war katholisch und ausgesprochen nationalistisch. Zunächst ignorierten ihre Anführer das nordirische Parlament und hofften darauf, daß die Grenzkommission den Norden so schwächen würde, daß eine Union mit Dublin unvermeidlich wäre. Als sich diese Hoffnung nach 1925 zerschlagen hatte, bemühten sie sich um Sitze im Parlament, um ihre Position zu stärken, bildeten aber erst in den 1960er Jahren die offizielle Opposition. Brian Moores frühe Romane über Katholiken der Mittel- und Arbeiterschicht in Belfast illustrieren eindringlich diese kompromißlose Ghettosituation. Gerade das Widerstreben der Minderheit, eine »loyale« Opposition zu bilden und die Legitimität des nordirischen Staats anzuerkennen, förderte die Belagerungsmentalität der Unionisten.

Verallgemeinernd gesagt, waren die Unionisten überzeugt, das britische Erbe in Nordirland bewahren zu müssen, und das bedeutete zwangsläufig eine unnachgiebige Haltung gegenüber der katholischen Minderheit. Denn obwohl die Unionisten in Nordirland die Mehrheit stellten, waren sie natürlich aufs gesamte Land gesehen in der Minderheit. Sobald sie unaufmerksam wären und den Katholiken auf irgendeinem Gebiet Macht zugestünden, geriete ihre Stellung in Gefahr. Daher auch die dem 17. Jahrhundert entlehnten emotionalen Sprüche: Keine Preisgabe! Nicht einen Zentimeter! Ulster ist britisch! Keinen Papst bei uns! (Dieses Graffito von 1976 auf einer Mauer in Belfast war mit dem Zusatz »glücklicher oller Papst!« versehen.) Nicht ganz grundlos ging man davon aus, daß alle Katholiken Nationalisten seien und – weniger begründet – daß man ihnen keine verantwortlichen Positionen anvertrauen könne. Daher wurde die Minderheit diskriminiert. Zum Teil war dies in der ehrlichen Abneigung gegen den Katholizismus und in der Angst vor ihm auf seiten der nordirischen Protestanten begründet, die überwiegend presbyterianisch waren und somit die Römische Kirche ablehnten. Ein

stand aus einem Unterhaus mit 52 Abgeordneten und einem fast machtlosen Senat mit 26 Mitgliedern. Beide Versammlungen tagten in Stormont, einem großen klassizistischen Gebäude, das eigens erbaut worden war, um die Würde dieser gesetzgebenden Körperschaft zu unterstreichen, und am Ende eines langen, von einer Statue Carsons dominierten imposanten Boulevards lag. Neben diesem Gebäude stand ein noch merkwürdigeres – eine pseudomittelalterliche Burg, die das Kabinett des nordirischen Premierministers und seiner Minister beherbergte. Sie bildeten die Exekutive und regierten Nordirland in allen Angelegenheiten, mit Ausnahme außenpolitischer Belange, die nach wie vor vom Parlament in London geregelt wurden. Aufgrund dieser in Westminster verbleibenden Macht schickte Nordirland nach wie vor 13 Abgeordente nach London.

Die Unionist Party bildete die erste Regierung in Nordirland – und blieb während der nächsten 50 Jahre ununterbrochen an der Macht – die Existenzgrundlage Nordirlands war die unionistische Mehrheit. Darum auch umfaßte die neugeschaffene Einheit sechs der neun Grafschaften der Provinz Ulster – das größte von den Protestanten kontrollierte Territorium. Die Größe der protestantischen Mehrheit innerhalb der Bevölkerung sicherte die Union. Wahlen fanden immer nach demselben Schema statt. Wechselwähler etwa, die einmal für die unionistische Mehrheit und ein anderes Mal für die nationalistische Minderheit gestimmt hätten, gab es nicht. Viele der Sitze waren unanfechtbare unionistische Hochburgen.

Da die Unionist Party praktisch alle Protestanten im Norden als

Ein großes Schiff *wird 1954 bei Harland und Wolff 1954 fertiggestellt (links). Anders als die* Titanic *diente ihr letzter großer Dampfer, die* Canberra, *sehr lange als Kreuzfahrtschiff wie auch zur Beförderung von Auswanderern (vieler Iren) nach Australien und wurde während des Falklandkrieges beschlagnahmt.*

Der Comet, *das weltweit erste Düsenverkehrsflugzeug, wurde bei Short Brothers in Belfast gebaut (rechts). So blieb Großbritannien ganz vorn – und in der Schuld von Ulster.*

BBC-Reporter fragte in den 1970er Jahren einen Protestanten aus Belfast: »Was stört Sie an Römisch-Katholischen?« – »Sind Sie blöd? Ihre Religion natürlich.« Im allgemeinen lautete die Antwort jedoch, daß die Katholiken immer schon unloyal gewesen und deswegen Verräter des Staates seien. »Die Katholiken wollten Ulster mit aller Macht zerstören«, sagte Sir Basil Brooke 1933. Er fuhr fort mit dem Rat, nur Protestanten zu beschäftigen. »Ich denke, ich kann mich zu dieser Frage klar äußern, weil ich selber nie einen Katholiken um mich hatte ... ich möchte alle Loyalisten ermuntern, möglichst immer nur gute protestantische Iren einzustellen.«

Diskriminierung gab es ganz zweifellos, sie fand jedoch auf sehr viel diskretere und subtilere Weise statt als der Rassismus in anderen Ländern. Vergleiche mit der Apartheid sind unangebracht. Dennoch fühlten sich viele Katholiken auf lokaler Ebene benachteiligt. Zwar galt zum Schutz der Minderheiteninteressen in Nordirland das Verhältniswahlrecht, den Unionisten war es jedoch gelungen, es sowohl auf lokaler als auch auf Provinzebene abzuschaffen. Ein Großteil der Katholiken konnte an Lokalwahlen nicht teilnehmen, weil nur Immobilienbesitzer und Bewohner von Sozialwohnungen und ihre Ehefrauen Wahlrecht hatten. Da die Katholiken den ärmsten Teil der Bevölkerung darstellten, traf sie diese Regelung härter als die Protestanten. Deswegen war die Frage der Wohnraumverteilung von so großer Bedeutung. Austin Currie, ein Anführer der Bürgerrechtsbewegung in den 1960er Jahren, drückte das so aus: »Die Zuteilung einer Sozialwohnung bedeutete nicht nur die Zuteilung von Wohnraum, sondern auch die Erteilung des Rechts auf zwei Stimmen. In Gebieten mit unklaren Mehrheitsverhältnissen kontrollierte derjenige, der die Wohnungsvergabe überwachte, im Endeffekt auch den Ausgang der Wahlen in dieser Gegend.« So konnte es geschehen, daß ein Gebiet mit einer katholischen Mehrheit und einer protestantischen Verwaltung den Status aufrechterhielt, weil Protestanten bei der Wohnungsvergabe bevorzugt wurden.

Die Veränderung von Wahlbezirksgrenzen spielte beim Erhalt von protestantischen Mehrheiten ebenso eine Rolle. Das beste Beispiel dafür war der Stadtrat von Londonderry, in dem 14 000 katholische Wähler aus einem großen Wahlbezirk auf acht Abgeordnete kamen, während 9000 Protestanten aus zwei kleinen, aber wohlkalkuliert abgegrenzten Wahlbezirken auf zwölf Abgeordnete kamen. Unter solchen Umständen war es natürlich wenig überraschend, daß den Protestanten Häuser und Jobs zugeteilt wurden. In Armagh gab es einen besonders krassen Fall von Grenzverschiebung: War die Grenze bisher entlang der Front einer Reihenhauskette verlaufen, so setzte sie sich plötzlich hinter den Gärten dreier störender katholischer Häuser fort. Conor Cruise O'Brian berichtet, was ein englischer Jesuit auf Studienreise in den 1950er Jahren sagte, als ihm sein Fremdenführer, ein nationalistischer Politiker, diese Manipulation offenbarte: »Was für ein kompletter Schwachsinn.« Dieser fragte nach typisch nordirischer Überzeugung zurück: »Um Gottes willen, was ist daran *schwachsinnig?*« Die Katholiken mußten bald erkennen, daß – abgesehen von ein paar Jobs bei der örtlichen Verwaltung – es keinen Sinn hatte, sich für Stellen in der Industrie zu bewerben, selbst bei großen Konzernen wie bei dem Flugzeughersteller Short Brothers oder der Belfaster Werft Harland and Wolff. Und wer eine Stelle gefunden hatte, wurde oftmals nicht oder nur sehr selten befördert. Denis Donoghue schreibt über seinen Vater, der zwischen den beiden Kriegen in der Royal Ulster Constabulary diente und nicht befördert werden konnte: »Er war kein Protestant, also war er kein Unionist, also war er kein Mitglied des Loyal Order of Orangemen, also ...«

Donoghue behauptet auch von sich, daß er als Junge in Warrenpoint in Nordirland einen Protestanten auf 100 Meter Entfernung erkennen konnte. »Ein Protestant in Nordirland bewegt sich, unabhängig von seiner sozialen Herkunft, mit einem Ausdruck von Besitzanspruch und Autorität. Er bewegt sich, als gehöre das Land ihm, was ja auch stimmt.« Andere Iren waren weniger scharfsichtig für solche Unterscheidungen, die jedoch in einer so sektiererischen Welt für das Fortkommen von großer Bedeutung waren. Als Hinweis dienten Namen, Adressen und vor allem Schulen. Ein Nationalist erinnerte sich, daß in den 1960er Jahren, »als ich Bewerbungen für

PM
Coca-Cola

Marschsaison. *Zwei Mitglieder des Orange Order haben ihre Melonen abgesetzt und ihre Schirme beiseite gelegt, um zu Mittag zu essen (links). An ihren Schärpen kann man erkennen, zu welcher Loge sie gehören. In der Vergangenheit tolerierten auch die meisten Katholiken die Märsche, weil sie im oft etwas langweiligen Sommer in Ulster eine willkommene Abwechslung waren. Seit den 1970er Jahren jedoch sind sie zu einem verhaßten Symbol für die Unterdrückung geworden. Die Teilnehmer marschieren zu von Pfeifentrillern begleiteten kräftigen Trommelrhythmen. Drei Generationen derselben Familie aus Ballymena führen zu Beginn der 1980er Jahre ihre Lambeg-Trommeln vor (oben): »Die Trommeln verdrängen alles, wie riesige Tumoren.*

[FOTO OBEN: B. HANVEY]
[FOTO LINKS: K. FRANCKE]

einen Job schrieb, mir mein Vater, der eigentlich ein unpolitischer Mensch war, riet, nicht Falls Road als Adresse anzugeben, sondern Broadway, eine ziemlich neutrales Gebiet in unserer Nähe. Unser Name, Gorman, war ebenfalls neutral genug, nicht wie O'Shaughnessy oder Murphy.» Nachnamen konnten jedoch auch irreführen – der Anführer der protestantischen Shankill Butchers, einer Verbrecherbande, die Katholiken folterte und umbrachte, hieß Murphy. Der Vorname dieses Murphy lautete allerdings Lennie, und Leonard war im Norden ein ausschließlich protestantischer Name.

Eine ganze Reihe von Geschichten, die teilweise sicherlich der Wahrheit entsprechen, schildern die unüberbrückbare Kluft zwischen den Konfessionen. Der Orange Order in Agohill in der Grafschaft Antrim war besonders bigott: Eines seiner Mitglieder war angeblich auf dem Sterbebett zum Katholizismus übergetreten. Überraschung und Entsetzen, bis sich herausstellte, daß er es getan hatte, damit die Welt statt eines echten Protestanten einen Katholiken verliere. Dann war da noch ein englischer Colonel, der sich in Irland zur Ruhe gesetzt und auf seinen Volksbefragungsbogen »Agnostiker« geschrieben hatte. »Überhaupt kein Problem«, meinte der örtliche Beamte, »aber sind Sie katholischer oder protestantischer Agnostiker?« Und eine Zeitungsüberschrift in Nordirland lautete angeblich: »Protestanten und Katholiken vereint im Haß gegen die Ökumene.«

Obwohl die beiden Konfessionen im Norden völlig getrennt voneinander lebten, war dieses Leben für die Minderheit kein Zuckerschlecken. Die Unionisten hatten die Kontrolle, und zwar im wahrsten Sinne des Wortes durch den Special Powers Act von 1922, der es der Regierung erlaubte, ohne Haft- oder Durchsuchungsbefehl Wohnungen zu durchsuchen und Bürger zu verhaften und fest-

zuhalten. Ein verärgerter Nationalist fand den Namen des Gesetzes viel zu kompliziert, ein Satz reiche doch völlig aus: »Der Innenminister soll das Recht haben, alles zu tun, was er möchte.« Die Katholiken waren der Ansicht, daß dieses Gesetz ihnen gegenüber viel zu rigide angewendet wurde; die Regierung konnte auf die ständige Bedrohung der Verfassung durch die Nationalisten und die gelegentlichen Angriffe der IRA verweisen, ihre erfolglose »Kampagne« von 1956 bis 1962. Ebenso lehnten die Katholiken die fast ausschließlich protestantischen Polizeikräfte (die Royal Ulster Constabulary) ab, die Regierung verwies jedoch nicht ganz zu Unrecht darauf, daß nur wenige Katholiken sich um Posten bei ihr bewarben. Aber wirkliche Verachtung brachten die Katholiken den B. Specials entgegen – einer Reservepolizeieinheit, die ausschließlich protestantisch war und aus aggressiven Mitgliedern des Orange Order bestand (»Law and Orange Order«).

Nur wenige würden bestreiten, daß sich Nordirland von anderen Demokratien unterschied, auch wenn die Kommentatoren je nach ihrer politischen Überzeugung unterschiedliche Kräfte für diese Regierung ohne allgemeinen Konsens, wie ein Soziologe sagen würde, verantwortlich machten. Die Regierung in London, egal ob Labour oder Tories, hat jedoch ganz eindeutig niemals Reformen im Norden durchgesetzt. Man vertrat die Ansicht, daß innenpolitische Fragen unter die Zuständigkeit der lokalen Regierung in Stormont fielen. Die Tories waren natürlich froh über die Stimmen der Ulster Unionists und wollten nicht für Unruhe sorgen, aber auch die Labour-Regierung hat immer weggesehen. James Callaghan, Ende der 1960er Jahre, als die Situation eskalierte, Innenminister, gab später zu: »Ja, theoretisch und logisch betrachtet, hätten wir die Regierung in Stormont Castle dazu zwingen müssen, Maßnahmen zu ergreifen, aber wie so oft in der Politik mußte es erst zu einer Krise kommen, bevor etwas unternommen wurde.« Abgesehen davon erweckte die Unterdrückung der Minderheit nie die Aufmerksamkeit der Weltöffentlichkeit, wie dies beispielsweise das Sharpeville-Massaker in Südafrika tat. Unterdrückung gab es zwar, aber sie fand eher im Verborgenen statt, verbunden mit unauffälliger Einschüchterung, aber ohne Horrortaten, die das Interesse Außenstehender hätten erregen können. Und viele protestantische Mitglieder der Arbeiterklasse ließ es ziemlich kalt, einer privilegierten Schicht anzugehören. »Als Junge aus der Shankill Road», sagte einer von ihnen, »war ich vielleicht ein Bürger erster Klasse, aber ich habe sicherlich nichts davon gemerkt. Meine Hosen waren genauso kaputt wie die der Katholiken.«

In den 1960er Jahren zwangen verschiedene Umstände die Regierung in Stormont zu Veränderungen. Überraschenderweise kam eine Ursache dazu aus den Reihen der aalglatten Unionisten selbst: die Ernennung von Terence O'Neill zum nordirischen Premierminister 1963. O'Neill war klar, daß die Beziehungen zur katholischen Minderheit verbessert werden mußten, und er suchte vorsichtig nach Schwachpunkten in der reaktionären Haltung der unionistischen Regierung. Er ernannte liberale Berater, wurde beim Besuch eines Klosters mit lächelnden Nonnen fotografiert und hielt versöhnliche Reden, die sich grundlegend von denen seines ewiggestrigen Vorgängers, Lord Brookeborough, unterschieden. Vor allem aber besuchte und empfing er den reformerischen Premierminister der Republik Irland, Sean Lemass. O'Neill mußte jedoch vorsichtig sein. Er hatte die unnachgiebigen Mitglieder seines Kabinetts, William Craig und den ambitionierten Brian Faulkner, im Rücken, die beide nicht der traditionell adligen unionistischen Führungsschicht entstammten. Das gleiche galt auch für eine andere Persönlichkeit, die sich in den 1960er und den darauffolgenden 30 Jahren große Prominenz erwarb – Hochwürden Dr. Ian Paisley. Der Big Man aus Ballymena spielte zwei Rollen: die des fundamentalistischen Predigers im klassischen Sinne, der ständig auf die Bibel verwies, und die des Anführers der eingefleischten Loyalisten. Er verkörperte zwei wichtige Elemente des nordirischen Protestantismus, unbedingte Loyalität und Antikatholizismus. Während der 1960er Jahre organisierte er Demonstrationen und Protestmärsche gegen jegliche Reform oder Bedrohung seiner Auffassung von Protestantismus. Obwohl die Regierung gelegentlich sehr entschieden gegen ihn vorging – 1966 wurde er für drei Monate inhaftiert (bei seiner Freilassung wurde er in einem Auto mit der Aufschrift »Seht das Lamm Gottes« abgeholt) –, fand er zunehmend Unterstützung; seine Reden und sein Beispiel sollten in den Unruhen von 1968 und 1969 eine Schlüsselrolle spielen.

Eine weitere Ursache für Veränderungen war das Anwachsen der katholischen Mittelschicht oder zumindest derjenigen, die die durch den Butler Act von 1944 entstandenen Bildungschancen genutzt hatten. Viele Studenten in den 1960er Jahren sahen die Diskriminierung nicht mehr wie ihre Eltern als etwas Unabwendbares an, sondern waren entschlossen, Veränderungen herbeizuführen. Dazu ermutigt wurden sie duch die allgemeine Stimmung unter den Jugendlichen der westlichen Welt in jenem Jahrzehnt, besonders durch die Bürgerrechtskampagne in Amerika. Das amerikanische Vorbild hatte bewiesen, daß gewaltloser Widerstand, Demonstrationen, bürgerlicher Ungehorsam und ähnliches ein altes Unterdrük-

Schlechtes Omen. *Ein kleiner Junge scheint mit seinem Spielzeuggewehr die Gewalttaten vorwegzunehmen. Die RUC-Polizisten sehen gelassen einer vorbeiziehenden Bürgerrechtsdemonstration zu, 1968 (links).*

Tag und Nacht. *William Craig (ganz rechts), ein eingefleischter Unionist, spricht im Mai 1972 zu seinen Anhängern. Bernadette Devlin (unten) protestiert 1970 vor Downing Street. Gerade zu Ende studiert, war sie als Vertreterin der Nationalisten jüngstes Mitglied im Unterhaus und gefundenes Fressen für die Medien. Die Irlandfrage bereitete Westminster wieder einmal Schwierigkeiten.*

kungssystem zerstören konnten. Die Politik der Unionisten wurde nun nicht mehr, wie in der Vergangenheit geschehen, von einer resignierenden Minderheit akzeptiert. So zum Beispiel die finanzielle Aushungerung der Provinz westlich des Flusses Bann, die Gründung einer neuen Universität im protestantischen Coleraine statt im katholischen Derry, wo es bereits ein sehr beliebtes College gab, und die Gründung der ersten neuen Stadt im bevorzugten östlichen (protestantischen) Teil der Provinz, die dann auch noch ausgerechnet Craigavon genannt wurde.

Erstes Anzeichen eines organisierten Widerstands war die Gründung der Northern Ireland Civil Rights Association (NICRA – [nordirische Bürgerrechtsgesellschaft]) 1967, die eine Reihe von Reformen durchsetzte, insbesondere bei der Wohnungsvergabe. Einer ihrer Unterstützer, der Abgeordnete Austin Currie, trat ihr im Sommer 1968 bei, um gegen die Vergabe eines Hauses an eine 18jährige protestantische Sekretärin zu demonstrieren, die Hunderten geduldig wartender katholischer Familien gegenüber bevorzugt worden war. Diese Aktion wurde als erster öffentlicher Schritt der Bürgerrechtsbewegung betrachtet. Ein Ableger dieser Bewegung, People's Democracy (PD), setzte sich nicht nur für die Bekämpfung sozialen Mißbrauchs, sondern auch für die Einführung allgemeiner sozialistischer Maßstäbe in ganz Irland ein. Die irische Einheit kam für sie erst an zweiter Stelle. Prominente Anhänger dieser Bewegung waren Eamon McCann und Bernadette Devlin, beide damals kaum älter als 20 Jahre. Republikanische Beweggründe waren in der Bürgerrechtsbewegung nur minimal vertreten, auch wenn ihre Anhänger größtenteils katholische Nationalisten waren. Statt traditioneller republikanischer Balladen sangen sie eher Lieder wie »We shall overcome« und

Stacheldrahtbarrikaden *beweisen, daß diese Szene vom Beginn der Krise stammt. Nach ein oder zwei Jahren wurden sie durch Betonklötze ersetzt, durch die sich mühsam der Verkehr schlängelte. Die britischen Truppen kamen schlecht ausgerüstet an und waren kaum vorbereitet auf das, was sie erwartete. Ihre Ausbildung im Umgang mit Volksunruhen beschränkte sich auf Erfahrungen in den Kolonien. Die Katholiken waren zunächst froh über die Ankunft der Soldaten, die Protestanten dagegen betrachteten sie als britische Lakaien.*

Weder Bibel noch Bajonette *waren zum Erhalt des Friedens hilfreich. Im August 1969 wurden zum erstenmal Truppen in Londonderry und in der Bogside in Belfast eingesetzt, die die Gewalt eindämmen sollten (oben). Die Soldaten versuchten verzweifelt, sich zwischen die beiden Gemeinschaften zu stellen, ohne zu wissen, wo die eine aufhörte und die andere begann. Trotz der biblischen Warnung dieses Protestanten aus dem Buch Jeremia (links) währte der Winter sehr lange. Angesichts der IRA-Heckenschützen mit Armalite-Gewehren packten die Soldaten ihre Bajonette schnell wieder ein.*

die Internationale. Im Norden hatte die IRA nach dem Ende der letzten Kampagne 1962 ihr Selbstbewußtsein noch nicht wiedererlangt, und im Süden hatten sozialistische Überzeugungen gegenüber nationalistischen Gedanken die Oberhand gewonnen. Viele Unionisten jedoch betrachteten die NICRA als eine republikanische Organisation, die bekämpft werden mußte.

Die meisten Berichte über die Unruhen beginnen mit den Auseinandersetzungen in Derry im Oktober 1968, als eine von der Regierung in Stormont verbotene Demonstration von der Polizei mit Knüppeln und Wasserwerfern aufgelöst wurde. Diese Ereignisse wurden im Fernsehen übertragen, und die Menschen in Großbritannien und überall in der Welt erfuhren plötzlich von der verrückten Situation in diesem Teil des Vereinigten Königreichs. Anfang 1969 griff eine Gruppe Paisley-Anhänger wiederholt eine Demonstration der PD an; schließlich kam es an der Burntollet-Brücke zu besonders heftigen Auseinandersetzungen. Bernadette Devlin, eine der Anführerinnen der Demonstration, beschrieb die Ereignisse folgendermaßen: »Horden schreiender Menschen, Bretter, Flaschen, Latten, Eisenstangen, Brecheisen und benagelte Knüppel schwingend, stürmten aus den Gassen hervor, fielen über den Zug her und prügelten uns grün und blau.« Die Haltung der Polizei zu diesem Angriff war unentschlossen. Als die Spannungen wuchsen, entließ O'Neill seinen reaktionären Innenminister William Craig und hielt bewegende Fernsehansprachen, in denen er die beiden Seiten zum friedlichen Miteinander aufrief. Sie polarisierten sich jedoch immer mehr. O'Neill verlor zunehmend Rückhalt in der Unionist Party, seine Reformversuche stießen auf Widerstand, und so trat er schließlich im April 1969 zurück. Sein Nachfolger wurde Major James Chichester-Clarke, der nach einem Pandabär im Londoner Zoo den Spitznamen Chi-Chi bekam. Paisley reagierte auf diese Veränderungen mit der nicht ganz unwahren Behauptung, daß er einen Captain zum Rücktritt gezwungen habe und das auch bei einem Major schaffen werde. Im August 1969 kochte die Situation in der Provinz über. Der Umzug der Derry Appretice Boys im August zur Erinnerung an protestantische Siege im 17. Jahrhundert hatte schon oft zu Ausschreitungen geführt. In diesem Jahr trieb die Polizei steinewerfende Jugendliche in das strengkatholische Viertel Bogside und stieß dort auf ein organisiertes Sperrfeuer aus Steinen und Molotow-Cocktails. Tränengas wurde eingesetzt, das vielen Demonstranten zu schaffen machte, nicht jedoch Bernadette Devlin, die seit April

Der Bloody Sunday, *Januar 1972, und das Parachute Regiment [Fallschirmspringer-Einheit] sind ein gefundenes Fressen für die IRA. 14 Menschen starben, weil die Soldaten die Nerven verloren, hervorgerufen, aber nicht entschuldigt, durch Steinwürfe und einen oder mehrere Schüsse. Tot, sterbend oder verletzt – ein Mann wird weggetragen (links). Der Geistliche Edward Daly (heute Bischof) schwenkt verzweifelt sein Taschentuch, in der Hoffnung, die Schießerei zu beenden, während die Soldaten hektisch um sich blicken.*

Parlamentsmitglied in London war: Sie sagte den Menschen, »es ist okay, wenn man sich erstmal daran gewöhnt hat«, während sie die Bevölkerung in Bogside schlagartig aktivierte und ihnen half, Wurfgeschosse herzustellen. Auf keiner der beiden Seiten wurden Schußwaffen eingesetzt, aber die Auseinandersetzungen hielten tagelang an, ohne daß die Situation sich besserte: nicht durch die Aussage des Premierministers der Republik Irland, Jack Lynch, der Süden könne nicht einfach tatenlos zusehen, was bei den Loyalisten den Eindruck hinterließ, daß eine Invasion bevorstünde; nicht durch die Entscheidung der nordirischen Regierung, die verhaßten B. Specials einzusetzen. In Belfast waren die Aufstände noch viel schlimmer; dort gebrauchten beide Seiten auch Schußwaffen: Die RUC durchsiebte gelegentlich aus ihren gepanzerten Fahrzeugen heraus ein Gebäude mit Maschinengewehrsalven, während protestantische Banden und die B. Specials etwa 200 katholische Häuser niederbrannten. (Fünf Katholiken und zwei Protestanten starben, unzählige wurden verletzt.) Sowohl die Regierung in Stormont als auch die in London erkannte, daß es an der Zeit war, die britische Armee einzusetzen. Der nationalistische Abgeordnete Gerry Fitt erinnert sich daran, wie er Innenminister Callaghan anrief und ihn bat, den Befehl zu geben. »Seine Antwort werde ich niemals vergessen. ›Gerry‹, sagte er, ›natürlich kann ich die Armee nach Irland schicken, aber es wird verdammt schwer werden, sie wieder zurückzuholen.‹«

Von den Katholiken in Belfast und Derry wurde die britische Armee als Retter empfangen – was in jenen Monaten 1969 sicherlich auch der Fall war. »Ich fühlte mich wie ein Ritter in einer glänzenden Rüstung«, erinnert sich ein Soldat, »es war wunderbar ... Tee? Es gab fast zu viel Tee – und Kuchen und belegte Brote. Sie kamen auf die Straße mit Tabletts. Ich habe damals sicher fünf Ki-

Die Trauernden. *Eine Familie trauert um die Opfer des Bloody Sunday (rechts). 1972 mit seinen 470 Toten war, so die Hoffnung, der Tiefpunkt der Auseinandersetzungen erreicht. Sicherlich aufgrund der Ereignisse dieses Sonntags wurde die Regierung in Stormont abgeschafft und durch eine Verwaltung von Westminster ersetzt.*

Paramilitärische Mode. *Weibliche Mitglieder der Official IRA posieren zu Beginn der 1970er Jahre während einer Osterparade in Downpatrick zur Erinnerung an den Aufstand von 1916 für die Presse (links). Die Frauen tragen alle einen Aufkleber mit dem Symbol der Osterlilie.*

Willkommen zu Hause *für den Republikanerveteran Frank McGlade (rechts) der 1971 interniert und im April 1972 wieder freigelassen wurde, nachdem die Briten festgestellt hatten, daß sie ein weiteres Eigentor geschossen hatten.*
[FOTOS: B. HANVEY]

lo zugenommen. Der Empfang, den sie uns bereiteten, war unglaublich.« Nachdem sich die britische Regierung nun voll und ganz auf den Norden konzentrierte, wurden Kommissionen eingesetzt, die die Ursachen des Aufstandes untersuchen sollten. Der Cameron-Bericht, im September 1969 veröffentlicht, äußerte milde Kritik an der PD, wirklich harte Kritik ernteten jedoch die Wohnungsnot der Katholiken, die Verschiebungen der Wahlkreisgrenzen, die mangelnde Stimmengleichheit und der Special Powers Act. Das war bereits ein harter Schlag für die Unionisten, aber eine noch bitterere Pille war der im darauffolgenden Monat erschienene Hunt-Bericht, der tiefgreifende Reformen der Polizei und die Abschaffung der B. Specials empfahl. Die Reaktion darauf waren schwere Krawalle in der Shankill Road in Belfast. Ein protestantischer Heckenschütze erschoß einen Polizisten – das erste RUC-Opfer dieser Unruhen –, während die britische Armee sich den loyalistischen Banden gegenübergestellt sah. 22 Soldaten wurden verwundet und mindestens zwei ihrer Gegner erschossen. Im Laufe der nächsten Monate setzten die Briten die von Hunt und Cameron vorgeschlagenen Reformen durch und erfüllten damit mehr oder weniger alle Forderungen der Bürgerrechtsbewegung. Eine Ausnahme war die Abschaffung der Regierung in Stormont selbst; das Fortbestehen dieser Regierung und ihrer Politik war einer der Gründe dafür, daß die Katholiken langsam ihre Meinung änderten und die britische Armee und die Sicherheitskräfte als Invasoren zu betrachten begannen. Viele Reporter (manche erst rückblickend) hatten gesagt, daß die Lage möglicherweise hätte entschärft werden können, wenn Großbritannien 1969 die Regierung in Stormont abgeschafft, die Provinz von London aus verwaltet, Reformen durchgeführt und die Sicherheitskräfte unter Kontrolle gehalten hätte.

Die Ereignisse von 1969 und der Empfang, den die katholischen Nationalisten einem alten Feind, der britischen Armee, bereiteten, hatten viele irische Republikaner entsetzt. Das war im Drehbuch so nicht vorgesehen gewesen. Die IRA hatte bei Verteidigung von Derry und Belfast so gut wie keine Rolle gespielt, wenig überraschend in Anbetracht ihrer wenigen Mitglieder und Waffen. An den Wänden der katholischen Ghettos erschien das vernichtende Graffito : »IRA – I Ran Away«. Als Reaktion auf diese Krise teilte sich die IRA in den 1970er Jahren. Die Official IRA machte einen Linksruck und strebte eine Beteiligung an der verfassungsgemäßen Politik mit Hilfe der Sinn Fein an, der traditionellere Flügel, der sich selbst Provisionals nannten, lehnte dagegen das marxistische Gerede von sozialer Revolution ab und wollte sich statt dessen völlig darauf konzentrieren, die Briten aus Nordirland zu vertreiben und Irland wiederzuvereinigen. Auch die politischen Parteien durchlebten eine Phase der Veränderungen. Der unionistische Block spaltete sich 1971 in die extremere Democratic Unionist Party (DUP) unter Ian Paisley, die die Official oder Ulster Unionist Party – nach dem Rücktritt von Premierminister Chichester-Clarke ab März 1971 unter Brian Faulkners Führung – zurückließ. Die Nationalisten gründeten im August 1970 unter der Leitung von Gerry Fitt, John Hume und Austin Currie die Socialist Democratic Labour Party (SDLP). Im selben Jahr lösten die Tories nach der Wahl in Großbritannien Labour in der Regierung ab. Der nun für Nordirland zuständige Innenminister wurde Reginald Maudling, dessen schlaffe Haltung im krassen Gegensatz zu Callaghans Elan stand. Maudlings Einsatz läßt sich am besten durch seine vielbeachtete Bemerkung auf dem Rückflug von seinem ersten Besuch in der Provinz beschreiben: »Um Gottes willen, geben Sie mir einen großen Whiskey. Was für ein grauenhaftes Land!«

Allmählich zeichnete sich eine Konfrontation zwischen den Provisionals und der britischen Armee ab. Im Juli 1970 stürmte die Armee die Falls Road, es kam zu einem Aufstand und schließlich zu einer bewaffneten Auseinandersetzung. Im weiteren Verlauf wurden viele Häuser verwüstet und fünf Zivilisten getötet; die Armee fand bei Durchsuchungen Waffen; nun aber wendeten sich die schutzsuchenden Belfaster Nationalisten der IRA als Beschützer zu. Die Armee wurde als Marionette der Regierung von Stormont und ihrer sektiererischen Interessen betrachtet. Im Februar 1971 wurde der erste britische Soldat getötet, danach überschlugen sich die Ereignisse: Im selben Jahr erschossen die Provisionals noch 41 Soldaten, Heckenschützen im darauffolgenden Jahr weitere 64. Im August 1971 überzeugte Faulkner eine zögernde britische Regierung und widerstrebende Armee, daß Internierungen das Problem lösen würden. Unglücklicherweise war das Ergebnis eher kontraproduktiv, da nur republikanische Verdächtige verhaftet worden waren und sich unter diesen 300 Verhafteten nur eine Handvoll echter oder aktiver IRA-Mitglieder befand. Die meisten Anführer der Provisionals hatten sich versteckt. Ein Offizier der britischen Armee erinnert sich an

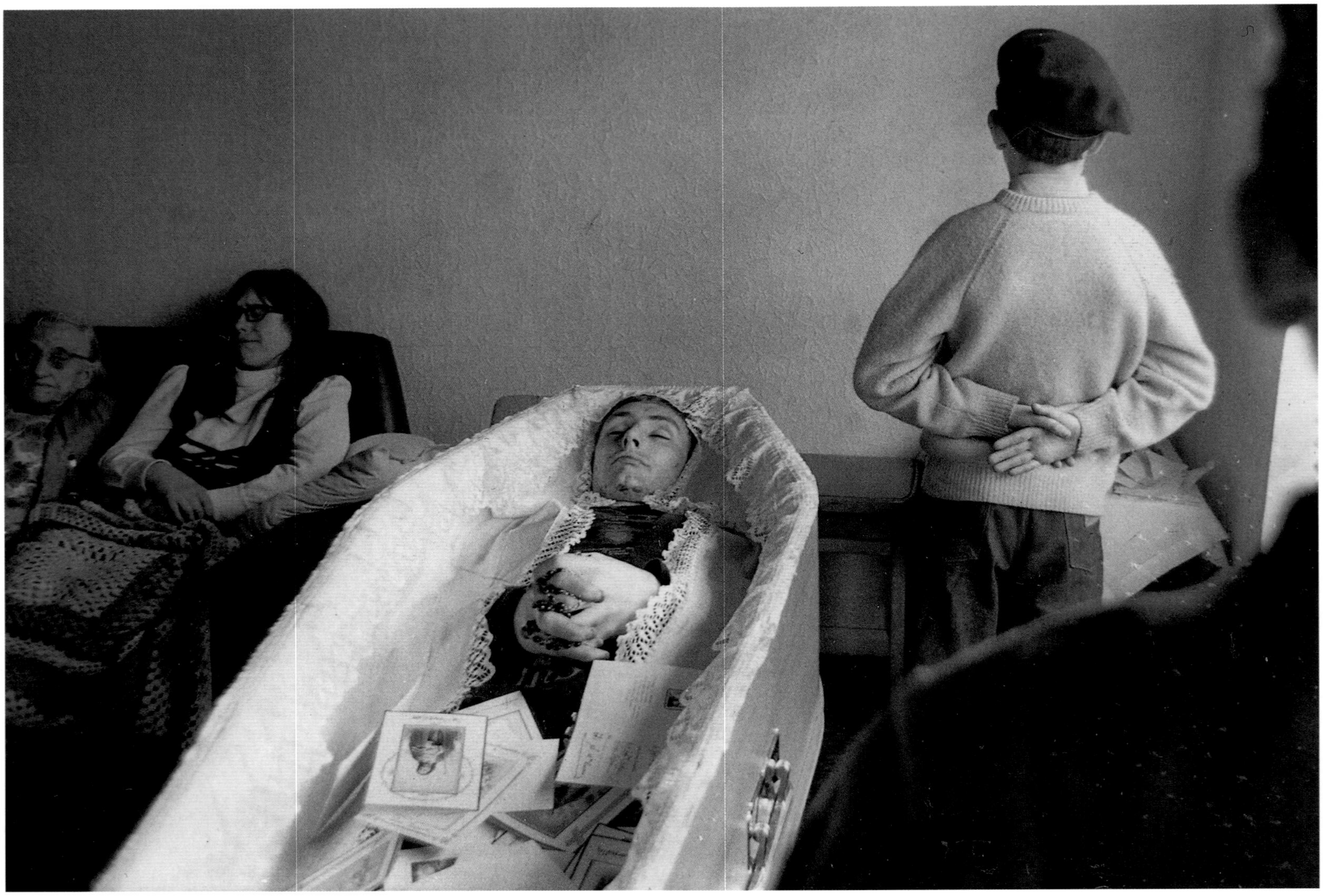

Verlorene Jugend. *Ein kleiner Junge mit IRA-Barett wacht am Sarg von Joseph McGann (oben), einem führenden IRA-Mann; es heißt, er habe 15 britische Soldaten erschossen. 1972 durchfuhr er eine Straßenkontrolle und starb, wie er gelebt hatte. Für eine ganze Kinder-Generation ist der Ausnahmezustand die einzige Erfahrung ihres Lebens.*

Ein kleiner Kämpfer mit Mülleimerdeckel *imitiert die RUC und Soldaten mit ihren Schilden und Schlagstöcken (rechts). In der Bogside und Falls Road wurde auf solche Mülleimerdeckel geschlagen, um vor auftauchenden Soldaten und Polizisten zu warnen.*

einen gut 80jährigen, der sehr glücklich über seine Verhaftung war: »Ich bin entzückt, mir vorzustellen, daß ich für die britische Regierung immer noch ein Ärgernis bin, aber ich muß Ihnen gestehen, daß ich seit dem Osteraufstand nicht mehr aktiv war.« Viele Verhaftete wurden mißhandelt und waren nach ihrer Freilassung begeisterte Rekruten der IRA. Anfang 1972 ereignete sich ein Vorfall, der schließlich zum Ende der unionistischen Regierung in Nordirland führte. Monatelang hatte es in Derry immer wieder Unruhen gegeben, und Soldaten waren regelmäßig mit Steinen beworfen worden – meist gegen vier Uhr nachmittags, wenn die Kinder aus der Schule kamen. Trotz des von Stormont verhängten Demonstrationsverbots war eine Demonstration gegen die Internierung organisiert worden, und als die ersten Steine flogen, schritt die Armee ein und erschoß 14 Zivilisten. Die Vorgänge sind bis heute umstritten. Es scheint jedoch festzustehen, daß 15 Minuten zuvor an jenem Tag auf die Armee geschossen worden war (wenngleich nur ein Schuß abgegeben worden war) und daß entgegen späterer Behauptungen von Lord Widgery keiner der Getöteten eine Waffe trug.

Der Bloody Sunday, wie er rasch von der Presse genannt wurde, spielte der IRA wieder willige Rekruten zu. Die Provisionals verübten noch mehr Anschläge, auch mit Autobomben. Und die Loyalisten trugen zu den Verwüstungen und Morden bei. Die Provinz schien in Anarchie zu versinken. Im März 1972 verkündete die britische Regierung, daß die Regierung in Stormont aufgelöst und Nordirland von einem Staatssekretär direkt von London aus verwaltet werde. Das wurde allgemein und ganz richtig als Sieg der Nationalisten betrachtet. Am Ende ihres 1969 erschienenen Buches *The Price of My Soul* hatte Bernadette Devlin diesen Tag vorhergesehen: »Nun waren wir Zeugen der letzten Zuckungen (der unionistischen Regierung). Und mit dem traditionellen irischen Mitgefühl werden wir die Besiegten sicher in den Staub treten.« Aber wie so oft bei den Entscheidungen der britischen Regierung in der Irlandpolitik kam diese Entscheidung zu spät. Die Lawine war losgetreten. In dem Jahr waren 470 Menschen in Nordirland auf unterschiedliche Weise ums Leben gekommen – und die Weichen für die nächsten 20 und mehr Jahre gestellt worden.

Der Big Man aus Ballymena. *Hochwürden Ian Paisley in der Pose der Statue von Edward Carson vor Stormont Castle. Unbeirrbarer Feind des Republikanismus und Papismus, brillanter Selbstdarsteller und brutaler, aber hervorragender Redner – seit den 1960er Jahren hat er so bedrohlich wie eine schwarze Gewitterwolke über Ulster gehangen und der IRA in seiner Unnachgiebigkeit in nichts nachgestanden. Aber bei vielen Menschen in Ulster braucht es kaum große Überredung, sich ihm und seinem Extremismus anzuschließen.*

Ethnische »Säuberung«. *Eine katholische Familie, ausgebrannt oder von protestantischen Nachbarn aus ihrem Haus vertrieben, auf dem Weg nach Dublin – Flüchtlinge aus ihrem eigenen Geburtsort. Die Protestanten wurden ebenso behandelt, die Auseinandersetzungen zwischen den Konfessionen verlaufen immer nach demselben Muster. Man schätzt, daß zwischen 1969 und 1972 60 000 Menschen aus ihren Häusern vertrieben wurden, davon 80 Prozent Katholiken.*

KAPITEL ACHT

IRLAND HEUTE

Die Bewohner der Republik Irland verfolgen heute eine wesentlich unverkrampftere Politik gegenüber Nordirland als noch vor 40 Jahren. Die Wiedervereinigung ist zwar nach wie vor Staatsziel, trotzdem entspricht die Stimmung mehr St. Augustines »O Herr, gib uns Einheit, aber erst später«, und die Mehrheit ist für eine »friedliche Vereinigung mit Zustimmung Nordirlands«. Man kann dies natürlich nicht verallgemeinern, aber das ehemalige Mißtrauen gegenüber der Rolle, die Großbritannien in Nordirland spielt, hat sich inzwischen zu einer eher partnerschaftlichen Zusammenarbeit gewandelt. Ein Hinweis darauf ist die Tatsache, daß die republikanischen Politiker und Verwaltungsbeamten heute von »Nordirland« statt von den »sechs Grafschaften« sprechen, wie noch in den 1960er Jahren üblich war. Letztgenannter Ausdruck zielte eher auf eine Übergangssituation und einen unabgeschlossenen Prozeß ab. Besonders sture Republikaner nannten sogar den den Süden nur »die 26 Grafschaften«, weil sie diesem Rumpfstaat den »heiligen« Titel Republik nicht zuerkennen wollten. Katholische wie protestantische Nordiren nennen die Republik gelegentlich noch »Freistaat«. Wohlmeinende Ausländer, die keinen Fehler machen wollen, bezeichnen den Süden als Eire – der offizielle und heute von fast allen Iren verwendete Titel lautet Republik Irland.

Die heutige Republik ist ein sehr viel souveränerer Staat als der Freistaat von 1921. Nicht nur in verfassungsrechtlichem Sinne, sondern auch aufgrund der wirtschaftlichen Entwicklung der letzten 40 Jahre; mittlerweile hat sich die Republik Irland zu einem der kleineren, wohlhabenden westeuropäischen Staaten entwickelt. In den letzten Jahren verzeichnete sie die höchste Wachstumsrate in Europa und erwarb sich so den Spitznamen »keltischer Tiger«. Im Laufe einer Generation hat sie sich zu einem selbstbewußten, modernen und vor allem europäischen Staat entwickelt. Wirtschaftshistoriker nennen im Zusammenhang mit den Anfängen dieser Entwicklung meist den Whitaker-Bericht von 1958 und die keynesianischen Reformen des damals neugewählten Premierministers Sean Lemass. Der Staat begann Interesse an der Industrie zu zeigen, förderte Auslandsinvestitionen und nahm hohe Anleihen auf; auch wenn es in den letzten Jahren zu einem Kurswechsel kam, ist die Wirtschaftspolitik immer noch sehr dirigistisch im Vergleich zu Amerika oder England. 1969 wurde die Industrial Development Authority, IDA, gegründet, die mit großem Erfolg die Ansiedlung ausländischer Industriebetriebe förderte – . Mitte der 1990er Jahre gehörten 40 Prozent der Industrie ausländischen Unternehmen, hauptsächlich amerikanischen, englischen und deutschen, die 70 Prozent aller Exportgüter produzierten. Diese Unternehmen siedelten sich aufgrund der von der IDA vergebenen großzügigen Regierungszuschüsse und der geringen Steuersätze in Irland an, aber auch wegen der vergleichsweise niedrigen Löhne und des relativ hohen Bildungsniveaus der Bevölkerung. Mitte der 1990er Jahre hatte sich das Verhältnis zwischen Arbeitnehmern

Die Zentrale der Allied Irish Banks, *Ballsbridge, Dublin. In den 1950er Jahren bereits hatte der Architekt Michael Scott moderne Architektur nach Dublin gebracht – was damals aber noch recht schäbig wirkte und vor allem zum Schaden der georgianischen Häuser geschehen war. Heute stehen die restaurierten und mittlerweile wertgeschätzten georgianischen Häusern neben den phantasievollsten und teuersten Firmensitzen Europas. Die Aufgeschlossenheit gegenüber Europa und eine sehr junge Stadtbevölkerung haben Dublin zu einem bevorzugten Wirtschaftsstandort und Reiseziel für Touristen gemacht.*

Ab in den Kochtopf. *Die Windhunde (oben) wurden gedrillt, die kleinen Jungen ebenso, und ein glückloser Hase wird bald im Kochtopf landen. Hinter den Männern steht eine Bank, nicht die für die englische Landschaft typische Hecke; dahinter das hügelige Land – ohne Bungalow.*

Handschlag *zur Bestätigung eines Kaufs in Castlewellan, Grafschaft Down (links). Pferde spielen im Leben der Iren noch immer eine wichtige Rolle. Der viele Regen läßt saftige Wiesen wachsen, genau richtig für gesunde und schnelle Pferde.*

Die Jungen nehmen die Zügel in die Hand *(oben) bei der Ballinasloe-Pferdeschau in Galway. Ein Junge reitet ein Pony ohne Sattel und führt potentiellen Käufern die verschiedenen Gangarten vor. Dieses Bild aus den 1880er Jahren symbolisiert, welche Fortschritte Irland unter der Führung neuer Kräfte gemacht hat. Der Weg führte nach Europa – weg vom Land und von der Macht der Kirche. Dank des rasanten Wachstums zu Hause müssen junge Leute wie dieser Junge nicht mehr auswandern, um eine Anstellung zu finden, wie dies in den 1950er und 1960er Jahren noch der Fall war.*
[FOTOS OBEN LINKS UND OBEN: K. FRANCKE; UNTEN LINKS: B. HANVEY]

und Arbeitgebern überaus gut entwickelt. Darüber hinaus bestärkt die konservative Haltung des Südens ausländische Investoren.

Auch Irlands Mitgliedschaft in der Europäischen Union hat Auslandsinvestitionen gefördert. Irland hat durch seinen Beitritt zur EU im Jahre 1973 (gemeinsam mit Großbritannien) unschätzbare wirtschaftliche Vorteile genossen. Mit einemmal hatte es Zugang zu den Töpfen einer kostspieligen Agrarpolitik, die wie gemacht war für ein so stark landwirtschaftlich orientiertes Land, und nach der Industrialisierung zu dem schnell wachsenden EU-Markt. Die Mitgliedschaft bedeutete auch eine Befreiung von der britischen Dominanz: Bis dahin waren 70 Prozent aller irischen Exporte nach Großbritannien gegangen, bis 1987 war diese Zahl auf 34 Prozent gesunken. Dem 1979 gegründeten Europäischen Währungssystem EWS trat Irland, anders als Großbritannien (das auch schneller wieder austrat), sofort bei. Seine eigenständige Währung, das Punt, ist allgemein als stabil anerkannt, und alle größeren Parteien befürworten den Beitritt zur Europäischen Währungsunion. Die Iren sind nicht zuletzt darum sehr gute Europäer, weil sie genau wissen, wie sie das System nutzen können. Irland hat Milliarden aus den Strukturfonds der EU erhalten (zwischen 1973 und 1991 ca. 14 Milliarden Punt), und obwohl Regierungen solche Zahlen gerne verschweigen, wird zu bestimmten Gelegenheiten, wie bei der Abstimmung über den Maastrichter Vertrag, gerne auf sie verwiesen. 1992, als die Verträge abgeschlossen wurden, hat Irland das Sechsfache seiner eingezahlten Beiträge zurückerhalten. Der Großteil der Gelder wurde im Rahmen der Gemeinsamen Agrarpolitik vergeben, die es den Iren viele Jahre lang ermöglichte, Unmengen von Milchprodukten zu festen Interventionspreisen abzusetzen. Selbst von dem strengeren Quoten- und Subventionssystem profitieren die Iren noch. Die Wachstumsrate von 1997, die auf etwa 8 Prozent beträgt (mehr als doppelt soviel wie die britische), ist zum Teil durch die Subventionen aus Brüssel zu erklären. Ein Wirtschaftswissenschaftler hat errechnet, daß die EU-Gelder 3 Prozent der irischen Wirtschaft ausmachen; zu Beginn der 1990er Jahre lag diese Zahl noch bei 5 Prozent. Aber die Iren sind nicht nur aus wirtschaftlichen Gründen zu Mustereuropäern geworden, sondern ebenso aufgrund eines ehrlichen Idealismus für europaweite Initiativen sowie des Bestrebens, sich von der politischen Abhängigkeit von Großbritannien zu befreien. Das irische Selbstbewußtsein ist durch die Mitgliedschaft gewachsen, auch weil Irlands turnusmäßige Präsidentschaft so erfolgreich verlief.

Natürlich ging die Modernisierung nicht ohne Opfer vonstatten. Es war seit vielen Jahren voraussehbar, daß es in einem Land mit vielen Kleinbauern zu Veränderungen kommen mußte, die durch die Landwirtschaftsreformen der EU noch beschleunigt wurden. Die Landflucht schreitet von Jahr zu Jahr voran – mit dem Ergebnis, daß Dublin heute bereits über eine Million Einwohner zählt, fast ein Drit-

Das neue Irland. *Teenager bei einem Open-air-Konzert von U2 im Croke Park in Dublin, ebenso ausgelassen wie andere Jugendliche überall in Europa. Es heißt, der Beitrag dieser Gruppe zur irischen Wirtschaftsbilanz sei eine Zeitlang nur von den EU-Subventionen übertroffen worden.* [FOTO: D. SPEIRS]

U2
U2
U2
TOUR 1987

Höhen und Tiefen. *Pilger auf dem heiligen, nebelverhüllten Berg Croagh Patrick in der Grafschaft Mayo beten in den 1880er Jahren einen Rosenkranz (rechts). Einige besteigen den Berg barfuß und holen sich blutige Füße von den spitzen Steinen. Oben links: Der abtrünnige Bischof Eamon Casey (rechts) und sein Vorgänger, Bischof Michael Browne, aus Galway.*
[FOTO RECHTS: K. FRANCKE]

tel der Gesamtbevölkerung der Republik. (Welches andere Land hat eine so große Metropole im Verhältnis zu seiner Gesamtbevölkerung?) Die abnehmende Zahl der Landbevölkerung verändert auch das Erscheinungsbild der ländlichen Gegenden. Viele der wohlhabenden Landwirte sind aus ihren Cottages in Bungalows gezogen, meist Fertighäuser aus einem Katalog namens *Bungalow Bliss* [Bungalow-Glück], der von den Dubliner Intellektuellen »Bungalow Blight« [Bungalow-Leid] genannt wird. Die Landschaft wurde übersät mit diesen niedrigen weißen Gebäuden, viele von ihnen mit arabesken Bögen und Veranden – die Alhambra von Skibbereen, die Kasbah von Ballydehob. Umgekehrt wurden einige der verlassenen Cottages von Engländern aufgekauft und in Ferienhäuser umgewandelt; so ist ein befriedigender Kreislauf entstanden.

Mit der Landschaft veränderte sich die Gesellschaft, insbesondere die Rolle der Kirche. Sie genießt nicht mehr dieselbe selbstverständliche Hochachtung und Autorität wie in der Vergangenheit. In vielen Fragen traf ihre Meinung auf Widerstand oder wurde übergangen: Irland ist nicht mehr das einzige europäische Land, in dem Verhütungsmittel und Ehescheidungen verboten sind. Der Wandel wurde im wesentlichen durch öffentliche Debatten und Diskussionen in den Medien herbeigeführt. Die alte Garde machte das Fernsehen verantwortlich – »in Irland gab es keinen Sex, bis das BBC-Fernsehen kam« –, tatsächlich wurden viele Themen zum erstenmal in Gay Byrnes *Late, Late Show* angesprochen. In Fragen der Empfängnisverhütung, Scheidung und Abtreibung mußte die Kirche nachgeben oder Kompromisse eingehen, auch wenn sie sich energisch gegen diese Entwicklung gewehrt und so das Vorpreschen der Liberalen stark gebremst hat. Die Frage der Empfängnisverhütung beispielsweise wurde in den 1960er und 1970er Jahren zwischen den Reformern, der Regierung und den Gerichten ausgefochten (die Kirche zog im Hintergrund die Fäden); 1979 schließlich wurde beschlossen, daß verheiratete Paare auf ärztliche Verschreibung hin Verhütungsmittel in der Apotheke kaufen durften. Der Minister, der den Gesetzesentwurf im Parlament einbrachte, bezeichnete dies als »eine irische Lösung für ein irisches Problem«. Erst seit den 90er Jah-

ren sind Verhütungsmittel unabhängig vom Ehestand für jedermann erhältlich. Abtreibung ist nach wie vor illegal, aber der Hinweis auf die Möglichkeit dazu in Großbritannien darf inzwischen öffentlich gegeben werden – wieder nur nach einem schweren Kampf. Der Widerstand der Kirche gegenüber sexueller Liberalisierung wurde auch durch eine Reihe von Skandalen in den 1990er Jahren, in denen die Fehltritte von Pfarrern ruchbar wurden, nicht schwächer; der spektakulärste Fall waren die Enthüllungen über Bischof Caseys Kind. Sofort gab es im ganzen Land T-Shirts mit dem Aufdruck »Wear a condom – just in Casey« [»Benutz ein Kondom – für alle Fälle«, wobei »casey« ein Wortspiel mit dem Namen des Bischofs und dem englischen Wort »case«, »Fall«, darstellt].

Obwohl die Kirche in den letzten Jahren einige Rückschläge erlitt, ist Irland nach wie vor eines der gläubigsten Länder Europas. Die Zahl der Kirchgänger ist sehr viel höher als in anderen katholischen Ländern wie Frankreich, Italien oder Spanien. Jedes Jahr finden Pilgerfahrten nach Knock, Lough Derg, Croagh Patrick statt, um sechs Uhr läuten im Fernsehen die Glocken zum Angelusgebet,

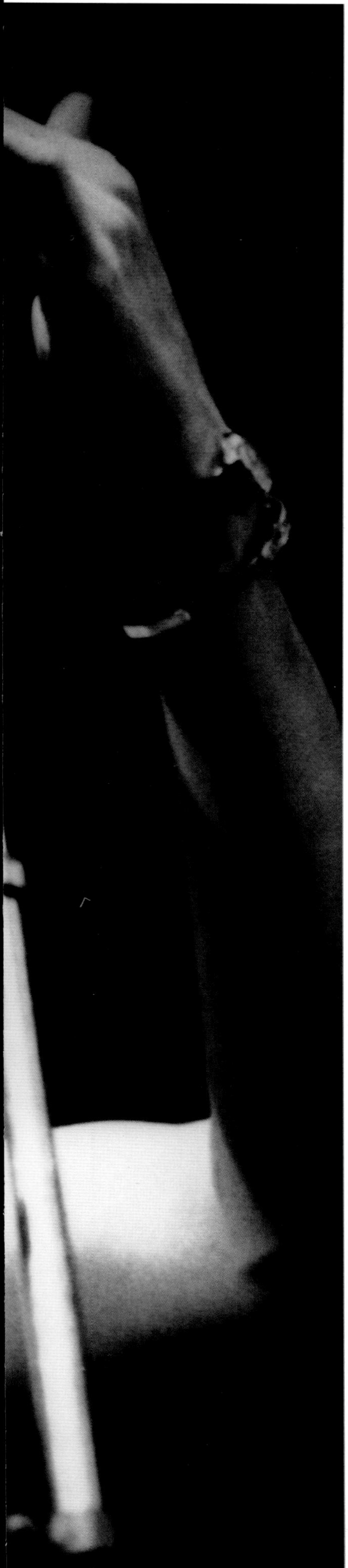

Setzt sich ein für eine bessere Welt. *Bob Geldof (rechts), ehemaliges Mitglied der Boomtown Rats, engagierte sich für die hungernde Bevölkerung in Afrika und rüttelte die Öffentlichkeit wach. Sie spendete daraufhin Millionen für die von ihm ins Leben gerufene Organisation Live Aid. Hier mit Präsident Hillary bei der Übergabe eines Live-Aid-Schecks; hinter ihm seine damalige Frau, Paula Yates. Das Talent von Sinead O'Connor (links) wurde oft von ihren aufsehenerregenden Aktionen in den Schatten gestellt, zum Beispiel, als sie ein Foto des Papstes auf der Bühne zerriß. Michael Flatley (oben), ein Ire aus Chicago, arbeitete mit dem Rummel, dem Aufwand und der Disziplin, wie sie am Broadway üblich sind, am traditionellen irischen Tanz und schuf so die unglaublich beliebten Shows* Riverdance *und* Lord of the Dance.
[FOTO OBEN RECHTS: P. MACBRIAN]

und die Menschen bekreuzigen sich, wenn sie an einer Kirche vorbeigehen. Außerhalb der meisten Dörfer und Ortschaften gibt es eine der Heiligen Jungfrau geweihte Grotte. Im Jahre 1985 wurde beobachtet, daß die Madonna in Ballinspittle in der Grafschaft Cork sich bewegte, und trotz offizieller Mißbilligung der Kirche zogen Gläubige in Scharen zu dem Ort. Gläubig oder nicht – die Iren praktizieren Nächstenliebe mehr als andere Länder. Bob Geldof, natürlich ein Ire, hat Live Aid ins Leben gerufen, und die Iren spenden pro Kopf mehr Geld für die Dritte Welt als die übrigen europäischen Länder.

Andere traditionelle Formen des irischen Lebens wirken unberührt, doch der Schein trügt. Es gibt so viele Pubs wie eh und je, glaubt man aber den Statistiken, gehört der Alkoholkonsum in Irland zu den niedrigsten in Europa. Diese Entwicklung hat die britische, amerikanische und europäische Begeisterung für irische Pubs und Unterhaltung in den 1990er Jahren jedoch nicht getrübt. Überall in der Welt trinken die Menschen schwarzes Bier und erfreuen sich ausgesuchten irischen Plunders. Die Reklame für neu entwickeltes »traditionelles« Bier zeigt dunkelhaarige Jugendliche, rotwangige Mädchen, ein oder zwei Pferde, mehrere Pfarrer, Hurlingspieler und alte Frauen – alles, was nach Ansicht der Werbeleute (und die müssen es schließlich wissen) eine unwiderstehliche Anziehungskraft hat. Natürlich hat auch die irische Musik treue Anhänger, und bekannte traditionelle Gruppen wie die Chieftains haben sich mit Altrockern wie dem Belfaster Van Morrison zusammengetan. Traditionelle irische Tänze wurden durch den internationalen Erfolg

Bono in Las Vegas. *Der Leadsänger von U2 und Irlands wichtigstes Rockidol singt 1997 in den Staaten (rechts).*

Celtic Rock *hat Guinness als wichtigstes Exportgut Irlands abgelöst. Die Kombination von Instrumenten traditioneller Volksmusik – Akkordeon, Flöten und Geigen – mit Akustikgitarren findet international Anklang. Andrea Corr (links) bildet mit ihren Geschwistern die Gruppe Corrs; Tony Lambert (unten links) war bis zu seinem Lottogewinn Mitglied der Saw Doctors; Shane McGowan (unten rechts) von den Pogues.*

von *Riverdance* wiederbelebt. Und der Celtic Rock hat Gruppen wie Horselips, Pogues und Saw Doctors hervorgebracht. Und dann gibt es natürlich auch noch die Band, die seit über 15 Jahren zu den bekanntesten der Welt zählt, U2. Neue Bands kommen und gehen – jeden Tag; eine energiegeladene Szene, die in dem Film *The Commitments* brillant dargestellt wird.

Der Sport spielt in Irland eine unverändert wichtige Rolle. Fußball ist im Süden aufgrund der Erfolge der Republik bei zwei Weltmeisterschaften immer beliebter geworden. Es gibt getrennte Fußballmannschaften für den Süden und den Norden, während andere Sportarten wie die GAA-Spiele und Sportarten der Mittelschicht wie Rugby und Golf gemeinsam ausgetragen werden. Pferderennen erfreuen sich immer noch großer Beliebtheit in dem Land, in dem das Hindernisrennen erfunden wurde. Das große Geld wird jedoch mit

Sportler. *David O'Leary (rechts) macht einen Freudensprung, als er bei der Fußballweltmeisterschaft 1990 im Endspiel Irland–Rumänien beim Elfmeterschießen das entscheidende Tor schießt. Die Nationalmannschaft wurde unter dem Management von Jack Charlton umgekrempelt; ganz rechts ist er mit Andy Townsend, einem seiner Spieler, zu sehen. Weder der große Jack noch Andy Townsend waren Iren, aber Opel ist ja auch kein irischer Autohersteller. Pat Taafe (unten rechts) auf dem legendären Arkle besiegt seinen Landsmann, den Iren Willie Robinson, auf Mill House beim Gold Cup von Cheltenham, 1964. Barry McGuigan (unten), der ehemalige Weltmeister im Fliegengewicht, streift seine Handschuhe für die nächste Trainingsrunde über. Er wurde zum Vorbild für katholische und protestantische Jugendliche, die sich im Boxring – auf neutralem Gebiet – treffen konnten.*

adidas
OPEL
adidas
PEL

Schriftsteller. *(Im Uhrzeigersinn von oben links:) William Trevor* (Fools of Fortune, The Ballroom of Romance), *der zweimal den Whitbread-Preis gewann; der Dramatiker Brian Friel, Autor von* Translations *und* Dancing at Lughnasa, *Roddy Doyle, dessen Roman* Paddy Clarke Ha Ha Ha *1995 den Booker-Preis gewann; Maeve Binchy, Bestsellerautorin; der bekannte Dichter Michael Longley* [FOTOS (IM UHRZEIGERSINN VON OBEN LINKS): M. GERSON; B. HANVEY; D. WYLIE; M. GERSON; B. HANVEY]

normalen Pferderennen gemacht, wie überhaupt die Pferdezucht eine wichtige Rolle in der irischen Wirtschaft spielt. Viele berühmte Siegerpferde der letzten Jahrzehnte kamen aus Irland: Red Rum, Shergar, der entführt wurde und grausam zu Tode kam, und das wohl bekannteste von allen: Arkle.

Auch die politischen Parteien scheinen sich kaum verändert zu haben, die beiden führenden sind immer noch Fianna Fail und Fine Gael, in Wirklichkeit jedoch haben bedeutende Veränderungen stattgefunden. Die bisher selbstverständliche Familientreue zu der einen oder der anderen Partei hat stark nachgelassen. Fianna Fail ist vielleicht etwas republikanischer als Fine Gael, aber dieser Unterschied ist sehr viel schwächer ausgeprägt als in der Vergangenheit. In der Nordirlandfrage sind sich alle Parteien, auch in Großbritannien, einig. Das Verhältniswahlrecht in der Republik hat dazu geführt, daß auch unabhängige Abgeordnete und Minderheitenparteien, wie die Progressive Democrats, eine von ehemaligen Fianna-Fail-Mitgliedern gegründete Partei, vertreten sind. Weiterhin erlebte Irlands älteste Partei, die Labour Party, in den 1980er und 1990er Jahren unter ihrem Vorsitzenden Dick Spring eine Renaissance. Der Politiker, der in den letzten 30 Jahren Wähler wie Journalisten am meisten fasziniert hat, ist Charles Haughey, ein sehr fähiger, ehrgeiziger und in vielerlei Hinsicht skrupelloser Mann. Haugheys politische Karriere war unglaublich: viele Male politisch fast am Ende, tauchte er immer wieder auf, machtvoll wie eh und je. Den stärksten Eindruck in der jüngeren Vergangenheit aber hinterließ jemand, der über die geringste politische Macht verfügte, Mary Robinson, die irische Präsidentin von 1990 bis 1997. Ihre Wahl kam unerwartet, denn sie war gegen Kandidaten der beiden Hauptparteien angetreten und nur von Labour unterstützt worden. Der Kandidat von Fianna Fail brachte sich selbst zu Fall, was ihr zum Durchbruch verhalf. Ehemals eine mächtige Kämpferin für grundlegende soziale Reformen, wird ihre Amtszeit allgemein uneingeschränkt als Erfolg angesehen, auch wenn ihr das Präsidentenamt eine Einmischung in die politische Diskussion verbot. Ihr geschicktes Auftreten und ihre behutsamen Gesten ver-

Macht und Geld. *Premierminister Charles Haughey. Der Boß in seinen besten Tagen (links), als ihm die Polizei die Autotür aufhielt, anstatt seine Verstrickungen in verschiedene Skandale zu untersuchen, wie es heute geschieht. Die Iren bewundern mittlerweile eher Personen wie Michael Smurfit und Tony O'Reilly (rechts und unten). Reiche Geschäftsleute und Personen von internationalem Rang haben in den verschiedensten Unternehmen Einfluß.*

schafften dem Land Ansehen und die so notwendige Integrität, um sich von den schmutzigen Mätzchen anderer Politiker abzuheben.

Mary Robinsons Ansichten zu Nordirland vor ihrer Wahl hatten den Führern der Unionisten gefallen, nach ihrer Wahl mußte sie sich jedoch auf Gesten beschränken. Einige dieser Gesten gefielen den Unionisten auch weiterhin, zum Beispiel, daß sie der Königin die Hand reichte, andere hingegen nicht, etwa daß sie Gerry Adams, dem Vorsitzenden von Sinn Fein, ebenfalls die Hand schüttelte. Damit wollte sie zeigen, daß Sinn Fein, in den 1980er Jahren eine Partei geworden und bei Wahlen regelmäßig unterstützt, nun nicht länger an den Rand gedrängt und als eine politische Fassade der Terroristen betrachtet werden durfte, sondern in den politischen Prozeß integriert werden mußte. Auch die Regierungen in Großbritannien scheinen dies in den letzten Jahren gelernt zu haben.

Seit Beendigung der unionistischen Herrschaft in Nordirland mit der Abschaffung der Regierung 1972 haben die Regierungen in der Republik versucht, parteiübergreifende Lösungen zu finden und mit Großbritannien ähnliche Übereinstimmung zu erzielen. Dies wurde durch den ersten diplomatischen Schritt nach Einführung der britischen Verwaltung Nordirlands demonstriert: das von der britischen und irischen Regierung sowie einigen Unionisten und der SDLP ausgehandelte Sunningdale-Abkommen von 1973. Es sah einen zweigeteilten Council of Ireland vor: eine an der Regierung beteiligte Exekutive für Nordirland unter der Führung des Unionisten Brian Faulkner und des Nationalisten Gerry Fitt als seinem Stellvertreter; alle weiteren Ministerien sollten zwischen den Unionisten, der SDLP und der Alliance Party aufgeteilt werden. Der zweite Teil des Council sollte aus einem beratenden Ausschuß mit Mitgliedern aus Nord- und Südirland bestehen. Mit der Zustimmung zum Sunningdale-Abkommen erkannte die Republik – anders als in ihrer Verfassung von 1937 – die Existenz Nordirlands an und akzeptierte darüber hinaus, daß der Status Nordirlands nur mit Zustimmung der Mehrheit geändert werden durfte. Ian Paisley war – man bemerke! – gegen das Abkommen, ebenso natürlich die IRA, die ihre Bomben- und Mordkampagne fortsetzte. Trotzdem war diese Initiative ein Hoffnungsschimmer; Faulkner verlor jedoch die Unterstützung vieler Unionisten, als er seine extreme Haltung aufgab. Loyalistische Gruppen gründeten den Ulster Workers Council [Arbeiterrat] und organisierten einen Streik in der Hoffnung, die Exekutive zu stürzen. Trotz der deutlichen Worte von Harold Wilson (der den Streik als »den gezielten und berechneten Versuch« verurteilte, »jedes verfügbare undemokratische und unparlamentarische Mittel einzusetzen … um einen sektiererischen und undemokratischen Staat aufzubauen, der ein Drittel der Bevölkerung ausschlösse«) griffen die Sicherheitskräfte nicht ein. Brian Faulkner, ein Opfer der unionistischen Betonköpfe, mußte zurücktreten, die Exekutive brach zusammen.

Die Unruhen hielten an, forderten bis Anfang 1998 3270 Menschenleben. Im schlimmsten Jahr 1972 starben 470 Menschen, seit Mitte der 70er Jahre lag die Zahl der Opfer pro Jahr bei 50 bis 100. Leider hielten die meisten Briten und Ausländer die Kämpfe überwiegend für Auseinandersetzungen zwischen der IRA und der britischen Armee, seit den 70er Jahren jedoch waren die RUC und die ehemalige UDR (jetzt Royal Irish Regiment) Hauptziel der Angrif-

Mary Robinson *(links), irische Präsidentin von 1990 bis 1997, früher Rechtsanwältin, katholisch, aber mit einem Protestanten verheiratet, ist eine der Frauen, die die Vormachtstellung der Männer in der irischen Gesellschaft gebrochen haben. Ihr nationalistischer Hintergrund und verwandtschaftliche Bindungen in der britischen »Kolonialverwaltung« machten sie zu einer unparteiischen Diplomatin in der Nordirlandfrage. Sie gab dem Präsidentenamt Einfluß und Würde.*
[FOTO: P. MARLOW]

Mary McAleese *(unten links), die zweite irische Präsidentin, folgte 1997 Mary Robinson nach. Katholikin aus Ulster, somit britische Staatsbürgerin, muß sie sich den Sicherheitskontrollen an der Grenze unterziehen, wenn sie heim nach Nordirland fährt. Sie ist noch relativ unbekannt.*
[FOTO: B. HANVEY]

Monica McWilliams *(rechts), Gründerin der Woman's Coalition (rechts auf dem Bild), im Gespräch mit einem Parteimitglied. In Nordirland war sie beliebt bei denjenigen, die nicht mehr auf die Vernunft der Männer warten wollten, und bei den Müttern der Toten in beiden Landesteilen.*

Dana *(unten rechts), die in Derry geborene Rosemary Brown, hatte 1970 den Grand Prix de la Chanson gewonnen und trat 1997 als Präsidentschaftskandidatin auf. Einige waren überrascht, daß die ehemalige Predigerin aus dem amerikanischen Fernsehen auf den dritten Platz kam, aber 1997 hatten Frauen in Irland die Stellungen erobert, die Menschen bewunderten Danas ehrliche Haltung. Vielleicht hat man sich an die einfach gekleidete Frau erinnert, die das kleine keltische Lied »All Kinds of Everything« gesungen hatte. In ihrer Heimatstadt waren damals seit mehr als einem Jahr – für alle Welt sichtbar – Gewalttaten verübt worden.*

fe. Die IRA war übrigens nicht die einzige Terrorgruppe. Zahlreiche Zivilisten fielen Mordanschlägen sektiererischer loyalistischer paramilitärischer Einheiten zum Opfer. Traurige Berühmtheit erlangten die von den »Shankill Butchers« gefolterten und zerstückelten Katholiken in den 1970er Jahren; die Bande wurde schließlich für 19 Morde verurteilt. Man schätzt, daß von den 1000 während der Unruhen Getöteten mehr als 600 unbeteiligte Katholiken waren, der Rest aktive Republikaner. Einmischung aus dem Ausland, hauptsächlich auf republikanischer Seite, hat die Lage zusätzlich angeheizt. So zum Beispiel die Amerikaner irischer Abstammung, die mit Hilfe des »Noraid«-Programms keineswegs nur humanitäre Hilfe für die Katholiken in Nordirland geleistet haben. Oberst Gaddafi hat sehr viel offener damit geprahlt, der IRA Waffen geliefert zu haben, in den 1970er und 1980er Jahren wurden mindestens zwei Waffenlieferungen aus Libyen abgefangen, während viele andere wahrscheinlich durchkamen. Noch viel düsterere Einflüsse deckte ein englischer Reporter zu Beginn der 1970er Jahre auf, als es ihm gelang, fernöstliche Revolutionäre bei der militärischen Ausbildung von Provisionals zu fotografieren. (Nach Beendigung der Aufnahmen durften die chinesischen Kellner ihre paramilitärischen Uniformen wieder ausziehen und in ihr Restaurant nach Derry zurückkehren.)

In den letzten Jahren brachten immer neue nationalistische und loyalistische paramiltärische Einheiten immer neue Akronyme hervor. Die IRA hat sich in Provisionals und Officials gespalten (letz-

Sieg der Unvernunft. *Ein Freudenfeuer der Loyalisten, die das Scheitern des Sunningdale-Abkommens von 1973 feiern (rechts). Es hatte eine gemeinsame Exekutive aus nationalistischen und unionistischen Parteien vorgesehen, die grenzüberschreitend arbeiten sollte. Einige extremistische Unionisten vereitelten das Abkommen durch einen Streik und spielten damit der IRA in die Hände. 25 Jahre später ist man mit dem Karfreitag-Abkommen wieder an genau derselben Stelle angelangt, diesmal aber mit der Zustimmung der meisten Gewalttäter und, so bleibt zu hoffen, mit einer britischen Regierung, die sich stärker dafür einsetzt, dieses Abkommen zum Erfolg zu führen.*

Eine trauernde Mutter, *1981 (links). Wer er war und welchen Glaubens, spielt keine Rolle mehr. Ihr Sohn wäre vielleicht nicht gestorben, wenn man dem Sunningdale-Abkommen eine Chance gegeben hätte.*

tere zogen sich nach 1972 aus den Unruhen zurück), in die Irish National Liberation Army und – in jüngerer Zeit – die schattenhafte Army Continuity Movement; zu ihren loyalistischen paramilitärischen Gegnern gehören die Ulster Defence Association, die Ulster Freedom Fighters, die Ulster Volunteer Force und in letzter Zeit auch die Loyalist Volunteer Force. Ethnische »Säuberungen« haben dafür gesorgt, daß die Trennung zwischen den beiden Konfessionen streng eingehalten wird: In einem offiziellen Bericht wird die Zahl der zwischen 1969 und 1972 aus ihren Häusern vertriebenen Menschen auf 60 000 geschätzt, darunter 80 Prozent von Loyalisten vertriebene Katholiken. Bis zum Zerfall Jugoslawiens in den 1990er Jahren war dies die größte gewaltsam erzwungene Völkerbewegung seit dem Zweiten Weltkrieg. Vereinfacht ausgedrückt, hatte die Taktik der Republikaner ein Ziel: »euch Briten loszuwerden«, wie ein IRA-Mitglied einem Regierungsvertreter 1972 erklärte, »und zwar so, wie überall in eurem Empire verfahren wird, mit Gewalt. Irgendwann werdet ihr genug davon haben und abziehen.« Die Antwort der Briten war über viele Jahre hinweg genauso einfach: Die IRA-Mitglieder waren Terroristen, die militärisch besiegt werden mußten, um Nordirland zu befrieden. Die Republikaner mißdeute-

Friedhof in Milton, *kurz nach einem Attentat, März 1988: Michael Stone, ein Loyalist, hat gerade eine Granate in die Menge der IRA-Anhänger geworfen, die einer großen IRA-Beerdigungsfeier beiwohnen und jetzt hinter Grabsteinen in Deckung gehen. Die beigesetzten IRA-Mitglieder waren von einem SAS-Team in Gibraltar erschossen worden, bevor sie ihren Auftrag ausführen konnten. Am 14. Mai 1998 wurde Stone von einer Menge extremistischer Loyalisten jubelnd vor dem Belfaster Rathaus empfangen. Stone war ein Killer, der für jeden arbeitete. Selbst die UVF und die UDA hielten ihn für zu unzuverlässig und extrem und sahen in ihm eine Gefahr.*
[FOTO: CH. STEELE-PERKINS]

ten Nordirland als eine weitere unruhestiftende britische Kolonie, indem sie bequemerweise die protestantische Mehrheit übersahen, und waren der Ansicht, die Briten hätten Maos großartigen Rat, daß man Terroristen am besten bekämpfe, indem man die unterstützende Bevölkerung umstimme, nicht richtig befolgt, was in bezug auf Nordirland einige grundlegende Änderungen bedeutet hätte.

Der erste dieser Versuche nach dem Sunningdale-Debakel war das von Margaret Thatcher und Garret FitzGerald 1985 unterzeichnete Anglo-Irische Abkommen. Dies war zum Teil eine Reaktion auf den kometenhaften Aufstieg von Sinn Fein, der seinerseits eine Folge der Niederschlagung des Hungerstreiks im Gefängnis »Maze« durch die Regierung war. Zehn Häftlinge, unter ihnen Bobby Sands, der kurze Zeit Abgeordneter gewesen war, hatten sich 1981 zu Tode gehungert, weil sie die alten Haftbedingungen für Terroristen, ähnlich den für Kriegsgefangene geltenden Bedingungen, wiedererlangen wollten. Das Abkommen gab der Regierung in Dublin die Möglichkeit, über die – noch heute bestehende – Anglo-Irish Conference auf das Geschehen in Nordirland einzuwirken. Auch dieser Schritt bewies, daß die irische Regierung Nordirland anerkannte und Veränderungen nur nach mehrheitlicher Zustimmung der Nordiren durchgeführt werden könnten; trotzdem stimmten die Unionisten lautes Protestgeschrei an. Mrs. Thatcher konnte es jedoch nicht zu-

Agitprop. *Schulkinder (oben) werden mittels nachgestellter Szenen von den »schmutzigen Protesten« der IRA-Häftlinge Ende der 1970er Jahre indoktriniert. Diese trugen damals nur Decken und beschmierten die Wände ihrer Zellen mit ihren Exkrementen.*
[FOTO: K. FRANCKE]

Letzter Segen *von Vater Alec Reid für einen der beiden britischen Offiziere, die sich in Andersontown verirrt hatten und auf eine IRA-Beerdigungsprozession gestoßen waren, drei Tage nach dem Massaker auf dem Friedhof in Milton, März 1988. Als einer von ihnen seine Pistole zog und in die Luft schoß, wurden sie vom Mob umringt, obwohl ein Armeehubschrauber über ihnen kreiste. Man zerrte sie in ein Auto, folterte sie und warf ihre nackten Leichen auf die Straße. Selbst für nordirische Verhältnisse ein besonders brutaler Mord.*

lassen, daß sich der loyalistische Mob über eine *ihrer* Entscheidungen hinwegsetzte, und befahl den Sicherheitskräften, die Lage zu klären. Zunächst wurde Sinn Fein – wie beabsichtigt – durch das Abkommen geschwächt, die Partei verlor bei den Wahlen 1987 2 Prozent der Stimmen, Gerry Adams seinen Parlamentssitz. Zu Beginn der 1990er Jahre gewann Sinn Fein die frühere Unterstützung zurück, die alte Pattsituation war wiederhergestellt. Wieder erfolgten Gewalttaten, allein im Oktober 1993 wurden in Nordirland 27 Menschen ermordet, die meisten von loyalistischen Schützen.

Der Erfolg bei den Waffenstillstandsverhandlungen, denen die IRA im August 1994 beitrat, wird unter anderem John Hume zugeschrieben. Er hatte seit 1988 immer wieder mit Gerry Adams verhandelt, und trotz der feierlichen Erklärungen des Sinn-Fein-Vorsitzenden, nicht für die Provisionals sprechen zu können, schien es doch klar, daß diese einer Entscheidung Sinn Feins folgen würden. Zu Beginn der 90er Jahre führte die britische Regierung auch geheime Gespräche mit der IRA (was damals bestritten, später aber zugegeben wurde), und die Hoffnung keimte auf, daß Sinn Fein und die IRA ihren bewaffneten Widerstand im Gegenzug zu einer gewissen Selbstbestimmung für Nordirland und Einbeziehung von Sinn Fein in die Verhandlungen aufgeben könnten. Der irische Premierminister Albert Reynolds und der britische Premierminister John Major veröffentlichten im Dezember 1993 nach harten Verhandlungsrunden die Downing Street Declaration. Die Möglichkeit eines vereinten Irland wurde dabei zwar erwähnt, gleichzeitig aber auch die Notwendigkeit einer mehrheitlichen Zustimmung Nordirlands erneut bestätigt – im großen und ganzen das alte unionistische Veto. Ian Paisley gelang es, dies als den Versuch Majors darzustellen, »Ulster an republikanischen Abschaum zu verkaufen«; Sinn Fein blieb trotz der vollmundigen Ablehnung etwas realistischer. Durch das Abkommen kam es jedenfalls zu einem Stimmungswechsel, die Zensur Sinn Feins wurde aufgehoben, und im August 1994 verkündete die IRA den Waffenstillstand; sechs Wochen später zogen die loyalistischen paramilitärischen Einheiten nach.

Die britische Regierung begann jedoch bald darauf zu klagen, daß der Waffenstillstand nicht »andauernd« sei, und nach einigen Monaten zu fordern, die IRA solle ihre Waffen abgeben. Erst dann könnten die Verhandlungen mit der IRA aufgenommen werden. Dies führte dazu, daß der erste Waffenstillstand nach 17 Monaten gebrochen wurde. Obwohl eine große IRA-Bombe am Canary Wharf in London diesen Bruch auf dramatische Weise besiegelte, flammten die Kämpfe in Nordirland nie wieder richtig auf. Im Juli 1997 erneuerte die IRA den Waffenstillstand, und Sinn Fein wurde die Teilnahme an den Allparteiengesprächen zugesichert. Verschiedene paramilitärische Splittergruppen haben sich dem Waffenstillstand nicht angeschlossen – die INLA auf republikanischer und die LVF auf unionistischer Seite – aber trotz Mißtrauen und gelegentlicher Ausschlüsse verhandelten die übrigen Gruppen seit Anfang 1998.

Am 10. April schließlich wurde auf der Grundlage der Vorschläge von Senator Mitchell ein Abkommen zwischen der irischen und der britischen Regierung und – vor allem – zwischen der wichtigsten unionistischen Partei, der SDLP, und Sinn Fein geschlossen.

Chance für den Frieden? *Gerry Adams (rechts außen) und Martin McGuinness (rechts), die Führer von Sinn Fein, mit David Trimble, dem Vorsitzenden der Ulster Unionists (unten rechts), haben ihre Positionen seit den 1970er Jahren deutlich geändert. Trimble hatte das Sunningdale-Abkommen gebrochen, Adams und McGuinness standen der IRA-Führung nahe, wenn sie nicht gar dazugehörten. Die Vermittler, die sie an den Verhandlungstisch brachten, links: John Hume von der SDLP (oben) und der ehemalige US-Senator George Mitchell (unten).*
[FOTO OBEN LINKS: B. HANVEY]

Es sieht eine nordirische Versammlung mit einer möglicherweise gemeinsamen Exekutive in der Zukunft vor, darüber hinaus eine grenzüberschreitende Zusammenarbeit. In den darauffolgenden Wochen gelang es David Trimble, seine unionistische Partei dafür zu gewinnen, was Gerry Adams bei Sinn Fein ebenfalls gelang. Einige in beiden Lagern lehnen das Abkommen ab, aber die Referenden am 22. Mai haben gezeigt, daß die große Mehrheit das Abkommen befürwortet: 71 Prozent im Norden, 94 Prozent im Süden.

Am Übergang zum 21. Jahrhundert scheint Irland endlich die Gewalt der letzten 30 Jahre hinter sich zu lassen. Natürlich – kaum äußert man sie, erscheint eine solche Hoffnung schon leichtsinnig, ist sie meist unweigerlich Vorbote neuer Gewalt und Morde. In den

Seamus Heaney *auf der North Wall in Dublin. Katholischer Abstammung, aber mit einer Leserschaft in der gesamten englischsprachigen Welt, steht der Dichter als Symbol für die Überwindung des Hasses und für die literarischen Gaben, die Irland unaufhörlich darbringt.*
[FOTO: B. HANVEY]

letzten Jahren scheint sich das Bild jedoch geändert zu haben. In einer Hinsicht haben die Unionisten gewonnen, nämlich bei der Schlüsselfrage nach dem Territorium und der Souveränität. Nordirland bleibt britisch und wird auch in Zukunft britisch bleiben, es sei denn, die Mehrheit entschiede sich dagegen. Die Mehrheit der irischen Nationalisten akzeptiert das, die Regierungen der Republik haben dies bereits seit über 20 Jahren anerkannt – 1973, 1985 und 1993. (Das ist einer der Gründe, warum eine Streichung von Artikel 2 und 3 der Verfassung, wofür sich viele stark machen, nichts ändern würde – am wenigsten an festgefahrenen Einstellungen der Unionisten im Norden, es würde jedoch ihren Handlungen den Boden entziehen, den die Artikel gegenwärtig noch bieten.) Die Befürworter der Gewalt des 19. und 20. Jahrhunderts haben verloren: Ein mit Waffengewalt vereinigtes Irland wird niemals entstehen. In einer anderen Hinsicht dagegen haben die Nationalisten gewonnen: Das alte Nordirland mit seiner Einparteienherrschaft besteht nicht mehr, und eine vor 30 Jahren undenkbare grenzüberschreitende Zusammenarbeit funktioniert seit 1985 und wird wohl auch in Zukunft weiterbestehen. Die Minderheit im Norden hat Selbstbewußtsein entwickelt. Ein sehr morbides Graffito aus den schlimmen 1970er Jahren in Belfast lautete: »Gibt es ein Leben vor dem Tod?« Endlich könnte die Frage mit Ja beantwortet werden.

BIBLIOGRAPHIE

Von den zahllosen Büchern über Irland im 20. Jahrhundert waren die folgenden besonders hilfreich für den Text dieses Buches.
Für allgemeine Politikgeschichte F. S. L. Lyons, *Ireland Since the Famine* (1973); J. J. Lee, *Ireland, 1912–1985* (1989); R. F. Foster, *Modern Ireland, 1600–1972* (1988). Tieferen Einblick in die Kultur bietet R. F. Foster, *Paddy and Mr Punch* (1993). Für das Verständnis der anglo-irischen Welt unersetzlich ist das Buch von Elizabeth Bowen, *Bowen's Court* (1942), ebenso Bence-Jones, *Twilight of the Ascendancy* (1987), gespickt mit interessanten Anekdoten, die ich ungeniert für dieses Buch benutzt habe. Über das Wiederaufleben irischer Literatur um die Jahrhundertwende und die Auswirkungen auf die irische Identität berichten die ersten Kapitel von Conor Cruise O'Brien, *States of Ireland* (1974). George Moores Autobiographie aus dieser Zeit, *Hail and Farewell* (1914), ist pfiffig, boshaft und amüsant. Über den Widerstand von Ulster gegen die Homerule empfielt sich A. T. Q. Stewart, *The Ulster Crisis* (1967); George Dangerfield, *The Strange Death of Liberal England* (1935), ist überholt, unzuverlässig und den Unionisten gegenüber ungerecht, bereitet aber großen Lesespaß. Das Buch desselben Autors über den Osteraufstand 1916, *The Damnable Question* (1977), ist etwas zuverlässiger. Der anglo-irische Krieg ist in Charles Townshend, *The British Campaign in Ireland, 1919–21* (1975), und, von demselben Autor, in dem Buch *Political Violence in Ireland* (1983), bestens behandelt. Carlton Younger, *Ireland's Civil War* (1968), untersucht eine noch dunklere Episode irischer Geschichte. Von den vielen Biographien über Michael Collins waren die von Rex Taylor (1958) und T. P. Coogan (1990) die hilfreichsten. Das unabhängige Irland als kulturelle und soziale Einöde in der Zeit vor den 1960er Jahren beschreibt Heinrich Böll in seinem *Irischen Tagebuch* (1957) sehr eindringlich aus der Perspektive eines Ausländers. Aus der Perspektive eines Amerikaners beschreiben das Land Donal Connery, *The Irish* (1968), oder der Essayist Hubert Butler, *Escape from the Anthill* (1985). Literaturklatsch findet sich bei John Ryan, *Remembering How We Stood* (1987). Politische Entwicklungen finden sich in Ronan Fanning, *Independent Ireland* (1983). Das wichtigste Werk über Irland im Zweiten Weltkrieg stammt von Robert Fisk, *In Time of War* (1985); weitere Geschichten finden sich bei Tony Gray, *The Lost Years* (1997). Nordirland wird sehr umsichtig beschrieben von David Harkness, *Northern Ireland Since 1920* (1983), und, etwas leidenschaftlicher, von T. P. Coogan, *The Troubles* (1996). Zwei ältere Werke über den Norden sind auch heute noch grundlegend: Conor Cruise O'Briens Buch (siehe oben) und Dervla Murphy, *A Place Apart* (1978). Was die Befürworter der Gewalt betrifft, scheinen Patrick Bishop/Eamon Mallie, *The Provisional IRA* (1987), und Peter Taylor, *Provos: The IRA and Sinn Fein* (1997), so genau wie nur möglich zu sein. Den modernen Süden beschreibt John Ardagh, *Ireland and the Irish* (1994). Einen herzlich Glückwunsch schließlich dem Journal *History Ireland*, das seit 1993 erscheint und viele interessante Neubeurteilungen und ungewöhnliche Informationen enthält.

Links: »The Raider«, fotografiert von Fr. Browne S. J., Dublin 1948.

DANKSAGUNG

Wir danken besonders folgenden Personen für ihre freundliche Hilfe, ihren Rat und ihre Sachkenntnis:

Ken Anderson, Ulster Folk & Transport Museum; Rachel Bowtel and Leni McCullagh, Radio Telefis Eireann and The Cashman Collection; Nick Coveney; David and Edwin Davison, Davison & Associates Ltd and The Fr. F. M. Browne S. J. Collection/Irish Picture Library; Mrs G. A. Duncan; Patrick and Lady Anthea Forde; Klaus Francke; Tom Graves, Weidenfeld & Nicolson; The Knight of Glin; Bobby Hanvey; David and Judy Lindsay; Grainne Machlouchlain, National Library of Ireland; Pat McLean, Ulster Museum; Nick Nugent; Derek Speirs.

Für die Bilder:

AllSport UK Ltd, London: 217 o. l., 217o. r.
Connaught Tribune, Galway, Republik Irland: 210
Davison & Associates Ltd & The Fr. Browne S. J. Collection/Irish Picture Library, Dublin, Republik Irland: 5, 13, 41, 57, 61, 74 o. l., 75, 88, 89, 116, 129, 133, 142 o., 143, 144, 152, 175, 176, 178, 234, 237.
Mrs G. A. Duncan, Dublin, Republik Irland: 4, 149, 150 o., 150 u., 151, 154, 156, 168, 174.
Bobby Hanvey, Downpatrick, Nordirland: 161, 191, 198, 202, 206 u., 218 u. l., 219 l., 222 u., 230 o., 232–233.
Arthur J. England Collection, Dublin, Republik Irland: 66 l.
Tom Graves, Waterford, Republik Irland: 36, 155.
Mark Gerson, London: 218 o. l., 219 u. r.
Klaus Francke, Hamburg: 166–67 (alle Fotos), 190, 206, 207, 211, 228.
Hulton Getty Picture Collection, London: 1, 6, 9, 12, 24, 30, 37 M., 37 r., 38, 39, 44, 45 o., 45 u., 46, 52, 53 o., 53 u., 54 o., 54, 54 u. r., 56, 58, 60 o., 60 u., 62, 64, 65, 68–69 (alle Fotos), 71, 72, 73, 76, 77, 78, 79, 80 o., 80 u., 81, 82, 83, 84, 87, 92, 93, 94, 95, 96, 97, 98, 99, 100, 101, 102, 104, 106, 107 l., 107 r., 108, 109, 110, 111, 112, 114 o., 114 u., 117, 118, 119, 120, 121, 123 o., 123 u., 125, 126, 127, 132, 134 o., 134 u., 135, 136, 142 u., 146, 147, 148, 153 l., 153 r., 162 l., 162 r., 163 l., 163 r., 164 l., 164 r., 165 l., 165 r., 169 o., 169 u., 171, 172, 173, 177, 183, 184, 186, 187, 188, 189, 192, 193 l., 193 r., 194, 195 o., 195 u., 196, 199, 200, 201, 203, 216, 217 u., 224, 225.
Imperial War Museum, London: 67, 74 u.
Irish Times, Dublin, Republik Irland: 170 o., 170 u.
Lensmen, Dublin, Republik Irland: 140, 179, 180, 181, 213 r. 220.
Magnum Photos, London: 197, 219 o. r., 222 o., 226–27.
National Library of Ireland, Dublin, Republik Irland: 22, 31, 59, 115, 122, 160, 182.
National Museum of Ireland, Dublin, Republik Irland: 42.
Pacemaker, Belfast, Nordirland: 223 o., 230 u., 231 o., 231 u.
Redferns, London: 212, 213 l., 214–15 (alle Fotos), 223 u.
Rex Features, London: 221 o., 221 u.
R. T. E. & The Cashman Collection, Dublin, Republik Irland: 63, 85, 91, 103, 130, 131, 138, 138 o., 139 u., 145, 158–59 (alle Fotos).
Sean Sexton/Hulton Getty Collection, London: 10, 17 r., 20 o., 20–21 (alle Fotos), 23, 29, 43.
Slide File, Dublin, Republik Irland: 205.
Derek Speirs/Report, Dublin, Republik Irland: 208
Ulster Museum, Belfast, Nordirland: 15, 17 l., 19, 26, 35, 40.
Ulster Folk & Transport Museum, Belfast, Nordirland: 2–3, 18 o., 18 u., 25, 27, 32, 33, 34, 48, 50, 51.
Weidenfeld Archive, Weidenfeld & Nicolson, London: 37 l.

Das Gedicht auf S. 85 (Auszug) wurde mit freundlicher Erlaubnis des Verlages abgedruckt: »Sixteen Dead Men«, *The Collected Poems of W. B. Yeats,* A. P. Watt Ltd im Namen von Michael Yeats.

Anmerkung des Verfassers: Ich danke Charles Merullo, dessen Idee dieses Buch war, Richard Collins, dessen ruhige Art dafür gesorgt hat, daß das Buch rechtzeitig fertig wurde, Bill Bagnell, der nicht nur die Bilder, sondern auch viele Informationen über irische Besonderheiten geliefert hat, und nicht zuletzt Roger Hudson für seine Fähigkeiten als Herausgeber, die Bildunterschriften und seine unerschöpflichen Ratschläge.

Rechts: Fusilier Arch, St Stephen's Green, Dublin, 1945. Der Bogen wurde zum Gedenken an die im Burenkrieg gefallenen Männer der Royal Dublin Fusiliers errichtet
[FOTO: FR. BROWNE S. J.]

REGISTER

Kursive Seitenzahlen beziehen sich auf Bildunterschriften